YINGKE® 盈科 | 盈科全国业务指导委员会系列丛书

"盈"的秘密

有效辩护的47个制胜思维

THE SECRET
OF
EFFECTIVE DEFENSE

盈科律师事务所 / 编
赵春雨 / 主编

法律出版社 LAW PRESS · CHINA
北京

序 言

春节过后，收到了赵春雨律师送来的书稿。本以为这是一部刑事律师集体编写的案例分析或者办案总结，但仔细一读，感觉颇有新意，这是一部很有分量的刑事辩护实务著作，值得向律师界推荐。

全书由47位律师在总结案件办理经验的基础上编写而成。看得出来，组织者经过了精挑细选，不仅从全国盈科系律所中挑选出了颇有声望的刑事律师，而且要求每位律师精选出一个较为成功的案例，在此基础上提炼出了独特的办案心得。

律师们的案例分析大体沿用了统一的编写体例，分为“思维边界”“案情简介”“办案过程”“复盘”“思维运用”等几个部分。编写者除了简要介绍了办理案件的整个过程，描述了刑事辩护中遇到的困难，分析了克服困难的办法，而且还从具体案件的办理中总结出了一些规律性的因素。编写者在刑事辩护实务中能够保持乐观、积极的态度，注重对办案经验的概括，这是特别难能可贵的。

每个案例分析后的“思维运用”部分，是这部书的精华之所在。编写者提炼出了诸多颇具新意的思维方式，给人留下深刻印象的有“多维思维”“求证思维”“建构性思维”“谈判思维”“共情思维”“交叉思维”“逆向思维”“延伸思维”等。通过对这些思维方式的分析，编写者将个案的经验上升到理论的高度，向读者展示了刑事辩护律师的智慧和艺术，给人以较大的启发。

我特别欣赏一些律师在案例分析中所提炼出来的带有格言式的“金句”。为使读者更好地领略刑事辩护律师的才气，特将部分“金句”摘录如下：

“律师的辩护不能仅仅停留在撰写书面意见上，要通过不断递交调查、申请等书面材料拉长审判进程，赢得充分准备的时间，同时，充分了解法官的关注点以及内心的顾虑，适时提供专家意见作为理论支撑，争取办案人员的内心确信。”

“辩护目的应与当事人及其家属充分沟通，获得当事人的认可；辩护策略的实施更应取得当事人的配合，唯此才能真正收到实效。律师有责任引导和说服当事人理性地确定辩护目的，如果脱离案件基本事实，无视对其不利的证据，盲目确定不切实际的辩护目标，不仅很难达到预期目的，反而可能南辕北辙。”

“诉讼律师在长期的执业过程中特别容易陷入要件思维模式，始终将诉讼当作一场零和博弈的游戏，但对于刑事案件的当事人来说即使案件获得胜诉也可能会付出惨痛的代价。在个案正义和普遍正义的权衡过程中，谈判可能是一种更好的解决方法，而谈判的核心就是利益。”

“在存在刑民交叉、刑行交叉，甚至刑民行交叉的情况下，首先要从法律关系进行分析，根据案件特点，将案件性质降低为民商事案件或者行政案件，否定其存在刑事犯罪；从证明标准进行分析，刑民行案件的构成要件和证明标准不同，对在民事案件或者行政案件中形成的证据要进行排除，否定其证明力，以实现差异化区分和结构化辩护，形成交叉立体性辩护的思维习惯，是实现有效辩护的新路径。”

“延伸思维的运用，要立足于我国民营企业家普遍存在的资金短缺且融资难问题，把行为人的行为放在大的社会背景和环境中，以此分析判断行为人当时的主观心态，充分论述其不具备非法占有他人财物的诈骗故意。”

类似这样的精彩“金句”还有很多很多。读者如要全面了解这本书的精华，深入探究刑事辩护取得成功的奥秘，还是要全面地阅读这部书，细细体会律师辩护的酸甜苦辣，感受一下律师在遇到困难和阻力时是如何实现自我超越，为客户利益的最大化而进行抗辩、协商、对话和斡旋，了解一下律师如何善于运用法律制度提供的空间，为客户争取最好、最现实的诉讼结局。如果说这个行业有什么成功秘诀的话，那就是以下三句话——“忠实于客户的利益”，“坚守职业行为底线”，“总结经验上升到辩护思维的高度”。由此，则有可能收获一个又一个成功的案例。

以上寥寥数语，谨与盈科刑事律师同仁共勉。祝愿在刑事辩护的道路上飞得更高，走得更远，做得更加专业化。

是为序。

陈瑞华

2020 年 4 月 16 日

目 录

CONTENTS

学术研究思维：如何运用法理有效解决法律冲突？

赵春雨 [1]

思维边界

说到学术文章，很多朋友会觉得在司法实务中没有价值，大段引用甚至会引起法官的反感。不错，直接引用的纯学术理论，不能作为判决的依据。本文讲的是在某些特殊环节，合理运用学术思维，突破常规的辩护策略，可以另辟蹊径，发挥力挽狂澜的关键作用。

案情简介

2012年6月至2013年9月，赵某在日本购买象牙制品并在网上发布信息，通过QQ与苏某、杨某、吕某、赵某某、甄某、董某、王某、姚某、郭某国内买家分别取得联系，双方在QQ上商定购买象牙制品的数量、规格及价格，之后由赵某提供淘宝链接，国内买家通过淘宝网站拍下象牙制品并通过支付宝向赵某支付货款，赵某在日本将象牙制品藏在书籍、光盘等货物中邮寄至太原，由其母亲接收并按照赵某提供的联系方式分别邮寄给国内各个买家。苏某、杨

1　盈科第三届全国刑事诉讼法律专业委员会主任，盈科刑辩学院院长。

某、吕某、赵某某、甄某、董某、王某、姚某、郭某9名被告人涉嫌非法收购象牙制品一案，由太原市中级人民法院一审。太原市中级人民法院经审理认为，各被告人均构成非法收购珍贵、濒危野生动物制品罪，判处郭某有期徒刑4年，分别判处其他被告人8年到11年不等刑期。郭某不服一审判决，上诉至山西省高级人民法院。

在内陆城市，非法收购珍贵、濒危野生动物制品罪这类罪名较为少见，本案有"太原第一案"之称。上述人员均有正当职业，有人是医生、有人是教师、有人是国企职工，购买象牙碎料系出于个人爱好，用于制作手链、耳钉等饰品，收藏或者赠送亲友，如此重刑不免令人唏嘘。我接受委托，担任郭某的二审辩护人。本案的特殊性在于，早在2000年最高人民法院《关于审理走私刑事案件具体应用法律若干问题的解释》（以下简称法释〔2000〕30号文件）与《关于审理破坏野生动物资源刑事案件具体应用法律若干问题的解释》（以下简称法释〔2000〕37号文件）同期颁布，两个司法解释调整的犯罪对象有相通之处，比如象牙制品，实践中既存在非法收购行为，也存在走私行为。依照法理以及过往的司法实践，在涉案金额相同的情况下，走私珍贵动物制品罪的量刑要略重于非法收购珍贵、濒危野生动物制品罪，因为走私罪侵犯了双重法益。但是，在本案一审期间，最高人民法院、最高人民检察院于2014年9月10日发布了《关于办理走私刑事案件适用法律若干问题的解释》，将走私珍贵动物制品罪情节较轻和情节特别严重的数额标准大幅上调，而法释〔2000〕37号文件并没有修改，同样的犯罪对象、同样的犯罪金额，按照两罪现行有效的司法解释规定，走私行为要比非法收购行为量刑轻5年，出现了轻重罪倒挂的现象。本案一审判决适用法释〔2000〕37号文件规定的量刑数额标准，是典型的轻罪重判。

办案过程

接受委托之后，我第一时间到山西省高级人民法院与承办法官沟通，承办法官态度很明确，司法解释没改，她也没有办法，言外之意会维持原判。当时，恰巧碰到了几位其他上诉人的辩护人，其中有一位律师也来自北京，通过沟通，我们一致认为，如果走私珍贵动物制品罪的司法解释没有修改，则另当别论；但是既然改了，本案判决便不能熟视无睹，否则，对上诉人不公平。几位辩护人中，有一位是当地的人大代表，他带着我们一起去找庭长和主管副院长，但并未取得沟通实效，显然法院对突破现有法律裁判没有什么意愿。

回京后，我反复思考这个案件，究竟可以找到哪些辩点？

第一，一审象牙碎料的鉴定价值不应当采信。单块象牙碎料材质不能代表全部碎料的种属，作为一审主要证据的鉴定意见，采取抽检方式进行鉴定且未列明抽检比例，其结论不具有排他性，不能排除合理怀疑，不能作为定案的证据使用；同时，9 名上诉人持有的象牙碎料，其购买价格与鉴定价值相差 10 倍之多，国家林业局《关于发布破坏野生动物资源刑事案中涉及走私的象牙及其制品价值标准的通知》规定，对于无法确定是否属一根象牙切割或者雕刻成的象牙块或象牙制品，应根据其重量来核定，单价为 41,667 元 / 千克。但本案所涉象牙碎料，是制作象牙制品剩余的边角料，与象牙块和象牙制品不能等同。我检索到了相关案例，浙江省高级人民法院 (2013) 浙刑二终字第 9 号《刑事裁定书》明确阐述，“边角料与前述通知所述象牙块差别较大，如果按照前述标准核定价值则明显不合理，有失公正”。故本案应在查明象牙碎料种属的情况下，根据其材料性质和数量重新核定公允价格。

第二，应当认定郭某的自首情节，予以从轻处罚。最高人民法院《关于处理自首和立功若干具体问题的意见》规定，在司法机关未确定犯罪嫌疑人，尚在一般性排查询问时主动交代自己罪行的，应当视为自动投案。郭某在尚未被采取强制措施、未接受讯问前，主动交代了犯罪事实；在公关机关没有搜查的情况下，积极带办案人员来到家中，上交了全部象牙碎料，后又经电话传讯到案，应当构成自首。对此，大同海关缉私局程某、刘某以及秦皇岛海关缉私局范某和郭某的同事潘某都可以证明。一审法院未予认定自首情节，导致对郭某量刑不当。

以上两点辩护意见，均言之有据，亦言之有理。但是，本案所涉情形，不属于法律规定非常明确，或者说非常典型的，在这种情况下，法官的自由心证很关键。而实践中，二审仅针对量刑问题进行改判的比例很低。鉴于此，我认为法律适用的冲突问题必须据理力争，这不仅对我的当事人有帮助，亦对全案改变结果具有重要价值。考虑到就同一观点再去找法官沟通的意义不大，我决定另辟蹊径，通过撰写学术文章并公开发表的方式引起二审法院的重视。办案之余，我用了约一周的时间构思文章，提笔时有种心潮澎湃的感觉，已然山穷水尽，能否柳暗花明？由于本案是未决案件，刊载格外困难，我多次向主编阐述这篇文章对于本案以及同类案件可能产生的影响，才得以在《民主与法制时报》和《中国法院网》先后发表，主要内容摘录如下：本案一审判决适用的法律规定，主要为以下三个：一是《刑法》第341条规定，非法收购、运输、出售国家重点保护的珍贵、濒危野生动物及其制品的，处5年以下有期徒刑或者拘役，并处罚金；情节严重的，处5年以上10年以下有期徒刑，并处罚金；情节特别严重的，处10年以上有期徒刑，并处罚金或者没收财产。二是最高人民法院法释〔2000〕37号文件规定，非法收购珍贵、濒危野生动物制品价值在10万元以上的，属于“情节严重”，价值在20万元以上的，属于“情节特别严重”。三是国家林业局《关于发布破坏野生动物资源刑事案中涉及走私的象牙及其制品价值标准的通知》(林濒发〔2001〕234号)规定，按照41,667元/千克的单价核定各被告人收购象牙碎料的价值。据此，郭某涉案金额为9万多元，接近“情节严重”标准，一审法院依法判处其4年有期徒刑看似合理，但是，必须要注意的是，以“10万元以上”作为“情节严重”的标准本身是否适当?

早在2000年，最高人民法院同期出台了法释〔2000〕30号文件和法释〔2000〕37号文件，两个司法解释关于“情节严重”“情节特别严重”的珍贵动物制品价值的数额标准界定保持一致,均以10万元和20万元为限。实践中，对珍贵动物制品的鉴定价值较高，走私人往往易于突破20万元的标准，并由此面临10年以上有期徒刑甚至无期徒刑的重刑,社会各界普遍反映量刑过重，人民法院在综合考虑犯罪行为社会危害性的情况下，报请最高人民法院在法定刑以下量刑的情况时有发生。正是在这一大背景下，最高人民法院、最高人民检察院《关于办理走私刑事案件适用法律若干问题的解释》(以下简称法释〔2014〕10号文件)于2014年9月10日正式实施，替代了法释〔2000〕30号文件，将量刑数额标准调整为“二十万元以上不满一百万元”、“一百万元以上”，且明确规定“不以牟利为目的，为留作纪念而走私珍贵动物制品进境，数额不满十万元的，可以免予刑事处罚”。可见，在同等涉案金额情况下，适用新司法解释量刑大幅减轻。众所周知，非法收购珍贵、濒危野生动物制品罪与走私珍贵动物制品罪的犯罪对象有相同之处，且走私珍贵动物制品罪在其实施过程中往往包含收买、倒卖的行为，其侵犯的是国家珍贵动物保护制度和国家外贸管理制度的双重客体，故在犯罪对象和数额相同的情况下，走私珍贵动物制品罪的量刑一般要重于非法收购珍贵、濒危野生动物制品罪。但是，随着法释〔2014〕10号文件的出台，原本刑责相对较重的走私珍贵动物制品罪的量刑大幅降低，而法释〔2000〕37号至今尚未修改，如果坚持按原数额标准量刑，势必会造成轻重罪刑期倒挂，逻辑不通、背离法理。以郭某为例，若其在国外购买象牙碎料，之后再逃避海关监管入境，便构成走私珍贵动物制品罪，由于犯罪数额不满10万元，可以免予刑事处罚；若其在购买象牙碎料时明知是走私物品，根据《刑法》第155条的规定，按走私珍贵动物制品罪论处，同样也可以免予刑事处罚。但若其置身本案，花同样的钱、买同样的东西，只因少了走私意愿和走私行为，便要承担更重的刑事责任，以致丧失4年的人身自由。为此，法释〔2000〕30号文件既已废止，举重以明轻，法释〔2000〕37号文件亟待修改，其滞后性已不容忽视，在新的司法解释出台之前，郭某的量刑可以通过从轻加以平衡，其他上诉人可以通过向最高人民法院请示的方式在法定刑以下量刑解决。

我第一时间将“证据”邮寄给主审法官、庭长和主管副院长。印象中，材料刚刚送到，我便接到了主审法官的电话，她很惊讶我还在为这个案件努力，态度也有所转变，表示会重视我的意见。接下来是漫长的等待，法官的电话很难打通，在这种情况下，我仍然保持每两周与她通话一次。判决结果迟迟不出，当事人很焦虑，我告诉他“要想快很容易，维持原判最快，只要一天没有维持，就说明我们有希望”。或许是被我的执着感动了，法官同我通话的态度越来越好，后来开始安慰我不要着急，相信结果是值得期待的。

直到有一天，法官向我问起社区矫正的事，我意识到：我成功了，我的当事人要改判缓刑了。二审历时将近一年时间，郭某从有期徒刑4年改判为有期徒刑2年，缓刑3年，其他上诉人分别由有期徒刑8年、10年、11年改判为有期徒刑3年、5年和6年，每个人减少了5年刑期，在法定刑以下的量刑，报请最高人民法院核准后生效。

复 盘

本案争议的焦点是量刑，核心在于罪刑法定原则与罪责刑相适应原则的矛盾问题，在某些具体问题立法相对滞后的情况下，司法机关是否应当具有能动性？显然，一审判决具备合法性，但违背了公平合理原则。关于法律冲突问题，法官并非没有关注到，只是相对于突破来说，适用现有的司法解释更稳妥。本案得益于学术文章的推动，主审法官的思路逐渐转变，判决结果也随之发生了逆转，可见，在常规辩护的基础上，适当运用学术文章的专业力量是有价值的。回顾这个案件，除了专业文章的驱动外，律师与二审法官的沟通同等重要，每一个法官都会欣赏专业并敬业的辩护人，辩护人赢得了法官的尊重，才能更好地引导和说服法官。本案报请最高人民法院在法定刑以下量刑，也就是说，报请作为改判的前置程序，显然，仅依靠律师的力量远远不够，是法官的积极作为合力推动了改判结果。

本案结束后，郭某专程赠送了一面“最美律师”的锦旗，吾心甚慰，亦备受鼓舞。学术思维是辩护思维的一部分，尽管在实践中应用得不多，但运用得当往往可以发挥奇效。律师培养学术思维，应以严谨治学为品格基础，以追求公正为价值目标，以与时俱进为内在精神，钻研法理、锤炼文笔，都将服务于刑事辩护，推动案件取得法律上最好的结果。

思维运用

此时，我也在思考，本案只是同类案件中的一个，是否每个辩护人都会发表一篇文章？是否每个法官都会报请最高人民法院？是否每个案件都获得了改判？

答案肯定是否定的。那么，学术思维的运用有哪些注意事项呢？笔者认为，以下几点思路可供参考。

第一，在刑事辩护中运用学术思维，前提要建立在某一时段法律对于某一具体问题的规定尚不明确或者存在冲突，抑或理论界与实务界就某一法律规定的理解存在分歧。

第二，相对于在辩护词中的大幅阐述，公开发表文章更能体现学术思维的权威性与普适性，学术观点必须以法学基础理论为依托，与刑法基本原则相契合，从立法目的和实质角度进行剖析。

第三，学术观点既要有学术价值，又要有实际意义，切忌只有理论没有实证研究，如果援引其他学术资料，应做到准确、规范和有的放矢，应适当结合数据与实例，避免给人以堆砌之感。

第四，刑事辩护中运用学术思维的核心在于逻辑，要注重逻辑的严密性与表达的层次性，尽量采取简练易懂的语言，切忌过于文绉晦涩；同时，应以普遍联系和辩证的方法分析问题，增加文章的客观性。

合理怀疑思维：如何动摇控方的证据体系？

康　烨[1]

思维边界

辩护人大多都会在法庭上遇到一种情况，公诉人在宣读起诉书时会称“本案犯罪事实清楚，证据确实、充分”。案件果真像公诉人宣称的那样牢不可破吗？“综合全案证据，对所认定事实已排除合理怀疑”，是“证据确实、充分”的必要条件，随着控方对于证据收集能力以及程序合法意识的强化，在今后的控辩对抗中，辩方以绝对优势证据证明无罪的空间会越来越小，但如果辩方利用合理怀疑思维，动摇控方的证据体系，最终实现定性与量刑上的辩护利益，不失为一种行之有效的工作思路。

案情简介

2017 年 12 月 29 日 14 时 20 分许，空都（化名）乘坐他人驾驶的助动车至上海市静安区一处弄堂门口，将 2 小包毒品海洛因（重 1.97 克）以人民币 900 元的价格贩卖给马某某，后被民警当场抓获，民警从现场另查获其扔出的毒品海洛因 59 小包（重 18.92 克）。2018 年 1 月 3 日，空都在上海市静安区看守所监房内从体内排出 1 小包毒品海洛因（重 0.21 克），其供述该毒品系

1　盈科第三届全国刑事诉讼法律专业委员会副主任，盈科上海刑事法律事务部主任。

其在民警实施抓捕的过程中吞服至体内的。本案经公安机关侦查终结，以空都涉嫌贩卖毒品罪移送至检察机关审查起诉。

2018 年 4 月 23 日，法律援助中心打电话给我，指派我担任这起贩卖毒品案件的辩护人。我接手这起案件时，检察机关已将案件移送到法院，由于临近开庭，事不宜迟，当天我联系了静安区法院阅卷。拿到卷宗后，我发现只有薄薄的两本卷宗。通过阅卷，我了解到空都具有毒品犯罪的前科，2017 年 2 月，空都因犯贩卖毒品罪被黄浦区人民法院判处有期徒刑 7 年，因其是正处哺乳期的妇女，被暂予监外执行。到案后，空都从侦查阶段到审判阶段一直否认贩毒。

现场的监控录像、马某某的证言，当场抓获空都并缴获的毒品、毒资可以证实交付毒品的经过，空都构成贩卖毒品罪并无悬念，但是空都称自己系受“新疆老板娘”雇佣，如果能够将空都受人指使贩毒的情节充分呈现到法庭，对其或可从轻判处。在主犯、同案人均没有落网，仅有被告人“一面之词”的情况下，通过对案卷的细致研究，我决定挖掘案件中的疑点，为空都争取疑点利益，获得从轻判处。

最终，经过庭审充分的辩论，结合庭前辩护人提交的多份申请及疑点证据，隐身的“新疆老板娘”浮出了水面，为法官的内心确信奠定了基础。虽然主犯及同伙均未到案，法官出于谨慎考虑，未能认定主从犯，但从量刑结果上来看，法官还是“手下留情”了。空都贩卖海洛因的数量达到 21 克，法定刑期在 7 年以上 15 年以下，且系毒品再犯，法院最终当庭判处空都 7 年有期徒刑，与前罪所判 7 年，数罪并罚执行 11 年。空都对判决结果表示接受，其与同期在押的其他被告人相比，获得了较大幅度地从轻。

办案过程

接手案件后，我通过卷宗了解到，空都到案后一直拒绝认罪，那么，如果空都没有贩卖毒品，为何本案被一路送到法院？带着疑问，我决定尽快会见空都。由于空都是新疆人，语言不通，只懂得简单的汉语，为避免沟通障碍，我提前联系好了维语翻译。

第一次会见空都，我表明了自己法律援助律师的身份，通过翻译人员告诉她检察机关的指控罪名。空都听到后，情绪很激动，告诉我她是受“新疆老板娘”热娜（化名）的指使才贩毒的。“新疆老板娘”以介绍工作为名，把她从老家骗出来，并安置在宾馆，利用她是孕妇的身份交易毒品。空都前一次被抓也是因为帮“新疆老板娘”交货，被判了刑后离开监狱没多久，“新疆老板娘”又联系上她，让她继续帮助交货。案发当天，空都和同伙阿孜（化名）一起，按照“新疆老板娘”的指令，将毒品带给马某某，在现场交易时被人赃并获，但是同行的阿孜寻机溜了，“新疆老板娘”得到消息后也跑了。由于她们一个都没有被抓，只有自己独自受审，空都内心很排斥，吞服毒品想自残，也抗拒向警方交代。

证据是刑事案件的核心。案卷材料显示，购毒人马某某一口咬定，空都就是贩毒团伙的头目“新疆老板娘”，并称案发前与空都通过数次电话，约定交易时间、地点。空都辩称自己并没有与他人通过话，通话的是将毒品交给阿孜的“新疆老板娘”热娜，对此双方各执一词。

在主犯、同案人并没有落网的情况下，为了证明“新疆老板娘”另有其人，我向法院申请调取现场扣押的一部红色手机机主信息。据空都讲，该部红色手机是“新疆老板娘”专门用于联系贩毒的，每一个毒贩都有几部这样的“珍贵手机”，上面存有大量的“客户”号码。同时，我申请对涉案毒品的塑料包装袋进行指纹鉴定，申请证人阿孜出庭作证。另外，更重要的一点，为了使马某某对“新疆老板娘”就是空都的指证不成立，我与律师助理小朱按照空都口述的路线沿路走访现场，根据几个路口的经过时间，计算了从起点到终点的行程时间。通过时间推算和比对，可以证明在行程时段外，与马某某通话的人是“新疆老板娘”，不是空都。因为马某某证言中曾提出以900元价格购买2包毒品，并与“新疆老板娘”有过通话，空都称当时红色手机是阿孜在出发前往交易地点时才交到自己手中的，其间只有临近交易地点时与马某某有通过一次电话，出发前联系交易毒品的通话人一定是“新疆老板娘”热娜。

开庭之前，我再次前往看守所会见空都，告知庭审流程以及庭前准备工作。庭审过程中，控、辩双方对证据进行了充分质证，辩方提供调查实验同步录像，开庭过程长达3小时，合议庭认真听取了辩方意见。法庭上我发表了如下意见。

一、马某某的证言不真实

侦查人员问：“新疆老板娘”是谁？答：“具体是谁我不知道，反正就是今天和我交易的那个坐后座的黄头发的维吾尔族女子……”从马某某的证言可以看出，实际上他并不清楚谁是“新疆老板娘”，反正抓到谁算谁，说明马某某的证言具有很大的随意性和不真实性。通过公安机关提供的材料可以看出，马某某是公安机关的特情人员，本案系属“控制下交付”。在只剩下一名贩毒人员的情况下，特情人员将抓获的毒贩夸大为贩毒团伙的头目，不排除有邀功请赏的动机。

二、阿孜的证言不真实

阿孜声称，“我的朋友空都让我骑助动车开到一处弄堂门口，我们在约定地点见面后我便骑车带空都去了这个地方，对其他事情一概不清楚。”但是，从常理来讲，送朋友，而且还是一名孕妇，会对其出行的原因和目的一无所知吗？同时，阿孜是本案重要的同案人员，侦查机关只简单做了一份笔录即将其释放，本可以有条件查明的案情，却因侦查机关的工作疏漏，无从查证。

三、“新疆老板娘”是热娜

根据辩方调查实验，阿孜骑助动车搭乘空都到达交易地点需要20~30分钟车程，当时视频显示的时间是 14：21，向前推 20~30 分钟，其二人最晚系在 14：00 前出发。几段沿路的录像画面显示，当时手机控制在阿孜手中，不在空都手上。另外，马某某提供的电话录音只有 60 分 12 秒，录音显示 50 分 16 秒被告人在现场被抓获，马某某手机通话记录显示此前 12 时 39 分、12 时 50 分、12 时 58 分、13 时 9 分的 4 次通话均不在录音中，无法证明与马某某通话的人员身份，更合理的解释是，通话人应当是“新疆老板娘”热娜。毒贩通常都不会轻易出现，雇佣“马仔”出面交易是常情，而空都等人就是“马仔”，对毒品来源不清楚，对交易对象不清楚，并非本案的主犯。

四、空都受贩毒团伙操控

公诉人出示经公安机关调取的机主信息，称红色手机机主并非空都指认的热娜。对此，我申请法庭将调取的机主信息交由空都辨认，空都当即辨认出机主就是“新疆老板娘”的姐姐，此人与热娜为同一个姓氏，而且早在检察院提审空都时，她就提及“我要揭发‘新疆老板娘’，她和她的姐姐一起贩卖过毒品，她的姐姐已经被抓了”。机主信息与空都反映的情况相吻合，这时我明显感觉到，法官对“新疆老板娘”热娜及其姐姐是真实存在的贩毒团伙、空都实际上受贩毒团伙操控的事实，又增加了几分确信。

经过律师的努力，运用证据说话，呈现出了一个本案另有主犯，毒品经公安机关控制下交付的案情脉络，为本案罪轻辩护打下了扎实基础。

复　盘

当控方也“足够小心，不露破绽”时，辩方仅仅提出合理怀疑是远远不够的，而是要主动“证明”真相并非如此。所以，在案件中，辩护人应当充分运用各种辩护手段，有现场的案件，尽可能察看现场；有证据尽量申请调取证据；鉴定意见存疑时，不妨申请专家证人出庭。例如，在本案中，通过时间比对，可以说明与特情人员通话的毒贩另有其人；又如，公安机关没有在毒品包装物上提取指纹，可以质疑警方未能排除其他人也接触过毒品的可能。

除此之外，辩方采用“排除合理怀疑”这个武器时，还要详细审查控方构建的证据体系。不但要审查单个证据的证据能力和证明力，而且还要审查全案证据的印证关系，如存在不一致或者矛盾，需要作出合理解释，合理怀疑无法排除的，应当存疑有利于被告人。曾经有一起诈骗案件，对诈骗数额的质疑，我运用的就是综合审查证据的方法，指出被害人的言词证据相互矛盾，言词证据和电子数据相互矛盾，不能排除合理怀疑，结果将诈骗数额从 18 万元降到了 9 万元。

思维运用

1. 张明楷教授提出，合理怀疑的判断标准是理智正常的、不带偏见的一般人的认识，由法官根据一般人的观念以中立的身份作出是否达到确信的判断。[1] 所以，怀疑的合理性需要辩方论证，越是符合一般人的认知，越是合理，越是可信，怀疑的程度越高，就越有可能动摇控方的证据体系。

2. 辩方采用“合理怀疑”思维，还应当贯穿于刑事诉讼的各个阶段。从侦查、检察阶段早期介入，发现疑点，提出无罪、疑罪、罪轻的法律意见，往往能较早地纠正定性上的偏差，甚至使案件在侦查阶段撤案，检察阶段不起诉。所以“合理怀疑”思维要用早用好。

---

1 张明楷:《“存疑时有利于被告”原则的适用界限》，载《吉林大学社会科学学报》2002 年第 1 期，第 54 页。

3. 辩方采用“合理怀疑”思维，要注意防止只是提出难以查证的幽灵抗辩，[1] 而是要用证据说话，用逻辑和经验规则作为证明方法写入。例如，在上述案件中，如果仅仅提出存在一个没有归案的“新疆老板娘”，就有可能成为幽灵抗辩，通过对特情人员指证动机、通话记录的分析和对机主的辨认，让抗辩具有了一定的客观基础，从而形成裁判者心证。

辩方的合理怀疑，就像黑泽明执导的日本电影《罗生门》，该电影讲述的是拥有 4 个“真相”的凶杀案。疑点素材越多，剧情就越扑朔迷离，控方的证据体系就越容易被动摇、被削弱。

1 “幽灵抗辩”又称“海盗抗辩”，是指犯罪嫌疑人或被告人针对公诉机关的指控提出无罪或者罪轻的辩解，但又不能提出确切的证据予以印证。该名称源于台湾地区士林地检署所办理的一起走私香烟案，被告人到案后做无罪辩解，辩称是在海上遇上海盗，海盗将 1000 盒走私香烟丢到船上将其捕获鱼抢走。其称自己也是被害人，而非嫌疑人。台湾地区法官审查后认为，被告人所提海盗具有存在的可能性无法排除，作出无罪判决。自此判决作出后，检察官发现很多走私案件被告人都提出了相似辩解，由于海盗真实身份无法查清如同幽灵般虚无缥缈存在，台湾地区陈瑞仁检察官把被告人的此种答辩称为“幽灵抗辩”。

非线性思维：如何有效突破思维定势？

丁一元[1]

思维边界

律师办案的核心技能是思维而不是知识，思维方式运用的娴熟程度直接决定着律师办案能力和水平的高低。非线性思维的综合运用，可以为寻找事实破绽、挑剔证据瑕疵、引导庭审方向、突破思维定势、切中案件要害、准确为被告人（嫌疑人）进行辩护提供有效的路径支持。巧妙运用非线性思维，在处理疑难案件时会收到“峰回路转、柳暗花明”的奇效。

案情简介

2015年6月初，时任广东省某市市委常委、宣传部部长的周某召集当地的几位富商，共投资1.3亿元，委托Mi博士成立一只私募基金，专门炒股和理财。由于Mi博士系美籍身份，故其借清华校友李某岑的名义代持出资、注册企业、开立账户等，并使李某岑成为注册合伙企业中的一名有限合伙人（LP），另一名丁某成为普通合伙人（GP）。此时，恰逢中国股市火热，为了不错过赚钱的机会，产品未经备案发行后，便匆忙投入二级市场进行股票交易和期货买卖。

1　盈科第三届全国刑事诉讼法律专业委员会副主任，盈科广州刑事法律事务部主任。

可惜，证券市场跌宕起伏。该基金入市不到半个月便遭遇中国历史上最大的股灾，不到两个月的时间，基金净值就已经“腰斩”，几位富商成了最后一棒“接盘侠”。担任操盘手的基金经理张某戈为了维系高额的薪酬，进行数据造假，并未如实报告基金净值财产，欺瞒 Mi 博士、李某岑和投资人，最终出现部分投资人不能兑付的情况。

2017 年 4 月初，在发现操盘手数据造假的“秘密”后，李某岑不但没有以代持人身份推卸责任，反而选择了站出来帮助 Mi 博士承担责任。事实上，如果按《合伙企业法》以及与出资人签署的《资管合同》，李某岑仅需承担 99 万元的有限责任，但为了弥补投资人的损失，在 4 月 7 日和 6 月 9 日，她与 Mi 博士共同与投资人签订了两份《还款协议》，并先拿出自己前期创业所得的 800 多万元个人财产对投资人进行了补偿，此后又用自己持有的公司 20% 的股权做抵押，担保《还款协议》的履行。

但正当《还款协议》履行之际，个别投资人却急于“连本带利”地要回投资款，便向公安部门报案，称被 Mi 博士、李某岑等人诈骗、挪用资金，希望利用刑事手段逼迫他们立刻还清全部本金及利息。

2017 年 9 月 19 日，广东省某市公安局以“投资人被挪用资金”为由，将李某岑刑事拘留，同年 10 月 25 日，经广东省某市人民检察院批准以挪用资金罪将李某岑逮捕。

2018 年 3 月 21 日，广东省某市公安局以 Mi 博士、李某岑涉嫌合同诈骗罪、职务侵占罪、挪用资金罪将案件移送广东省某市人民检察院审查起诉。

本案经多次延长侦查、退回补充侦查、5 次审查起诉以及两次改变管辖，最后经最高人民检察院协商最高人民法院，才指定广东省梅州市人民检察院审查起诉。

2018 年 12 月 15 日，广东省梅州市人民检察院以 Mi 博士、李某岑共同侵占本单位资金104万元，共同挪用本单位资金累计人民币4935万元，涉嫌职务侵占罪和挪用资金罪向广东省梅州市中级人民法院提起公诉。

2019年6月18日、24日，在梅州市中级人民法院先后两次开庭用了7天审理本案。8月16日辩护人接到通知，其申请调取的电子新证据到了，可以去阅卷，第三次开庭时间待定。

办案过程

接受委托后，作为辩护人，我们团队先后16次会见了李某岑，与其建立了相互信任的关系。综合会见、阅卷、查找法律法规、搜集案例等基础信息，经充分论证，我们最后制定了一套完整的辩护方案和辩护策略。

一、撤销部分指控——迎来审前辩护的阶段性胜利

为了办好此案，我们绞尽脑汁、费尽周折，先后10余次与经办检察官交换意见，起草法律意见书10余份，在我们的不懈努力下，检察机关最终接受了我们的部分法律意见，将《起诉意见书》的合同诈骗罪（指控合同诈骗591万余元）撤销，仅以涉嫌职务侵占罪、挪用资金罪提起公诉，且挪用资金未归还数额由2078万余元降为71万元，职务侵占数额由273万元降为104万元。三个罪名变成两个罪名。

二、把握关键——全力准备辩护意见

因李某岑长期被羁押，我方多次申请对其取保候审和羁押的必要性进行审查，但均被“要取得出资人谅解”为由驳回。对此，我们并没有气馁，继续主动与办案单位积极沟通案情，理性阐述我方的法律意见。

经过前期的披荆斩棘，后期的辩护工作主要围绕两点展开。

（一）关于公诉机关对李某岑涉嫌构成职务侵占罪的指控，辩方主要从如下5个方面展开辩护

1. 现有证据证明，划转104万元认购费至李某岑个人账户是执行事务合伙人张某戈的自主决定，并经普通合伙人丁某凡认可授权后，由张某戈操作完成的，属于单位公开同意的合法行为。

2. 指控李某岑为兴宇公司（化名）资金监管人与事实不符，缺乏证据证明李某岑利用职务便利划转104万元认购费至其个人账户。

3. 现有证据证明，分配认购费104万元符合兴宇公司《合伙协议》关于利润分配的约定，没有侵犯兴宇公司的单位利益。

4. 为发行基金和成立合伙企业，Mi博士、李某岑代为垫付了各项准备工作的费用，该费用应当从认购费104万元中支出。

5. 分配认购费104万元是正当的业务行为，因听信了张某山关于退还争议款项的建议，故李某岑于2017年9月15日，即刑事拘留前，已将兴宇公司转至其个人账户的认购费超额归还。

（二）关于公诉机关对李某岑涉嫌构成挪用资金罪的指控，辩方主要从7个方面展开辩护

1. 主观上，李某岑没有挪用资金的故意；客观上，李某岑缺乏利用职务上的便利。

2. 兴宇公司以单位名义借款给李某岑及其他公司，李某岑将资金用于借款用途，不应认定李某岑构成挪用资金罪。

3. 投资款进入基金账户后，该基金财产独立于基金管理人的固有财产，李某岑所借款项不属于兴宇公司的单位财产。退一步说，即使认为借款构成挪用基金财产，也应当由中国证券监督管理委员会处罚。

4. 转款500万元用于为某基金交易股票拉净值一事，没有证据证明李某

岑对此表示过同意，事实上也不需经过李某岑回复同意，张某戈自己可随意划款。

5. 借款用于申报政府对企业项目的资助，开具银行资信证明，不属于盈利活动，且时间极其短暂，经过单位同意，不应评价为挪用资金罪。

6. 基金财产由张某戈负责运营、管理和监督，从兴宇公司转款至李某岑个人账户，用于拉净值、借款资金周转、借款开具资信证明的行为是经过执行事务合伙人张某戈同意后操作的，对李某岑而言不具有违法预测可能性，属于正当业务行为。

7. 赎回某基金的款项来自兴宇公司的账上资金，完全违背了李某岑的本意，挪用资金行为与李某岑无关。

三、庭审主战场，创新运用多媒体

终于盼到了开庭，法院对初定 4 天的庭审进行全程网络直播，因第一被告为美籍华裔，庭审还配备了全程翻译。为节省时间，庭审采用语音同步记录，这是梅州市中院首次使用，科大讯飞的工作人员全天候在现场，随时准备解决出现的问题。因本案大量证据是 QQ、微信聊天记录、邮件和语音等电子数据，而案宗中聊天记录的截图不清晰，语音更是无法辨别内容。为此，辩护人在开庭前申请使用多媒体设备来播放电子证据，得到了法官同意。于是我们自带投影仪，从发问开始到质证阶段，涉及语音微信记录的内容，我们便用投影仪清晰播出对话，向被告人发问。因为系统直观，庭审效果非常好，不仅被告人，而且法官也能迅速渗透理解案件的焦点，明白我们发问质证的目的。但 4 天过后仅仅完成了质证，后来庭审只能再延长 3 天，两名被告人的案件开庭用了 7 天创造了梅州市中院庭审时间的最新纪录。如此漫长的庭审，不仅考验庭审参与人员的智力，更考验身体的韧劲和耐力。

法庭就是律师的战场，每一个环节都是“真枪实弹”，容不得半点掺杂造假。

为了办好此案，我们曾挑灯夜战，早已对案件内容烂熟于心，对相关法律更是如数家珍，在质证及辩论阶段，我们运用大量的反问、排比、类比等修辞手法，努力创造语言波澜，以此增加说服力和感染力，力求帮助法庭查清事实，分清是非，尽量还原事物的本来面目。尤其是使用投影仪，更能无死角地全面进行质证，没有遗漏对被告人有利的材料，控方选择性提供的证据，隐藏的部分也被展露无疑。

为了让法庭接受辩护方的辩护意见，我们准备了两轮辩护意见，且全程向合议庭传达两个核心观点：其一，李某岑系被动接受企业利润分配，不构成职务侵占罪；其二，借款行为与挪用资金不同，本案缺乏证据证明李某岑实施了挪用资金行为，在《行政处罚法》与民法尚能处罚和调整的情况下，不应认定李某岑构成挪用资金罪。

值得一提的是，我方申请的 4 名证人中，除张某和丁某没有到庭外，另外两名关键证人顺利出庭。

经过 7 天的唇枪舌战，基本达到了辩护方澄清事实、说明是非的预期效果。

复　盘

本案社会关注度很高，辩点也很多，其中最大的辩点就是罪与非罪的问题。此前，我曾办理过 5 起民营企业家涉嫌刑事犯罪的大要案，这些案件无一例外的都是以民事纠纷为起点，后来演变成了刑事案件。

在办案过程中，为了维护和捍卫委托人的合法权益，我们想尽办法与办案部门沟通，积极交换我们的法律意见，虽未能达到全案不起诉的目标，但检察机关最终还是部分采纳了我们的法律意见，撤销了对 Mi 博士、李某岑涉嫌合同诈骗罪的指控（如构成可处 10 年以上有期徒刑），并将指控的涉嫌职务侵占罪、挪用资金罪数额中的大部分不合理部分予以剔除，获得充分应对的机会。

我曾不止一次地说过：“我们办的不是案子，而是别人的人生！”作为刑事辩护律师，针对控方的指控，需要积极发挥主观能动性，综合运用非线性思维等思维方式，准确分析、判断案件事实和法律关系，通过正当合法的途径大胆与控方展开交锋与辩论，利用专业知识最大限度地维护当事人的合法权益。

思维运用

通俗地理解，非线性思维就是与常规线性思维不一样的思维方式。非线性思维不是单一的学术概念，而是一个思维方式的小集合，具有系统辩证思维、发散思维、逆向思维、直觉思维、灵感思维等基本形式，非线性思维在办理案件过程中可做如下运用。

1. 系统辩证思维要求我们用联系、发展、全面的观点和一分为二的方法来分析、解决问题。其实，律师办案的过程，就是分析案件、处理案件的过程，系统辩证思维有助于律师精准分析案件，有助于透过现象看本质。

2. 面对当事人混乱的描述，律师应充分运用发散式思维，大胆进行联想和推敲，将事实和证据重新拼图，尽量还原本来面目。

3. 在某些情况下，法律适用犹如“反弹琵琶”，采取逆向思维先入为主确定答案，再按图索骥寻求答案的正当性，未尝不是一个好的选择。

4. 有些疑难案件，一时很难厘清法律关系，在头绪不清的情况下，依靠直觉思维可能会迅速突破对事物常规的认知，达到对事物准确且深刻的本质洞察。

5. 某些常规思维解决不了的问题，可能会被偶然的灵感所激发，进而使大脑中原本中断的信息突然迅速地重新实现有序化，使问题得到妥善解决。

即兴思维：如何有效建议侦查机关撤销案件？

张文明[1]

思维边界

刑事辩护业务中，有许多常规的做法和习惯的思维。比如，接受委托后立即向办案机关申请取保候审。其实，刑事辩护是门艺术（陈瑞华《刑事辩护的艺术》对此有详细的论述），在复杂多样的案件中，不可以过于刻板地按照这些惯常思维去处理问题。即兴剧场是没有剧本的表演。即兴戏剧的演员在舞台上，与观众展开多元化互动，演员引导观众“创造”命题，演员与观众“合作”，在简易的舞台上现场加工一段未经“打磨”的小品。律师在辩护策略和方式方法上必须结合具体的情形进行调整。

案情简介

2016年11月10日，郝某某（李某某的丈夫）通过他人居间，并约定使用其母亲的证券账户进行股票配资理财，由李某某出资1200万元，林某某出资300万元，投资某股票，并按月收取利息，到期收回全部本金。郝某某委托

1 盈科第三届全国刑事诉讼法律专业委员会副主任，盈科广州经济职务犯罪法律事务部主任。

居间人与林某某签订《股票投资合作协议》，其中约定："由于本协议约定期限届满或约定的其他结算事由实现，甲方（居间人，郝某某）有权收回其投入资金，如结算后甲方未足额收回其所投入资金的，乙方（林某某）应在结算完成后三个工作日内向甲方补足，否则甲方有权在通知乙方后，从乙方与甲方合作的其他交易账户（如有）中划扣乙方应缴未缴部分的费用。"据此约定，在此次合作中，林某某应承担股票投资的所有风险和损失。此后，股价持续下跌，直至 2018 年 2 月 22 日该股票被居间人卖出时，郝某某已亏损近 600 万元。在合同履行期间，林某某拖延向郝某某支付利息，且未按照约定补偿亏损。郝某某多次通过居间人要求林某某按约履行，但均被林某某拒绝。郝某某与林某某之间关于山西证券账户近 600 万元亏损的经济纠纷迟迟未能解决。

2018 年 2 月 6 日，李某某通过居间人，与林某某签订借款合同，约定李某某出资 3200 万元作为借资，林某某出资 640 万元作为担保金，林某某负责股票投资操作，并按月向李某某支付利息，到期后向李某某偿还 3200 万元本金。合同签订后，因春节假期推迟履行，2 月 25 日，居间人通知李某某和其丈夫郝某某合同可以履行了。2 月 26 日 8 时 26 分，林某某向李某某的建设银行账户转入担保金及首月利息共 678.4 万元，李某某收到款项后，立即将 3200 万元资金从其证券账户转入其银行账户。就在此时，居间人无意间向郝某某透露林某某正是之前运作证券账户导致 600 万元亏损的操盘手。听此消息，郝某某立即强烈要求居间人与林某某协商，妥善解决上次亏损后再履行本次合同。但经过居间人的沟通，林某某以自己不是操盘人、郝某某未签订合同、郝某某与李某某的夫妻关系得不到证明等理由明确拒绝偿还 600 万元亏损。2 月 28 日 16 时许，李某某将上述 678.4 万元保证金转到郝某某的账户，并以此为条件与林某某协商赔偿亏损事宜，林某某拒绝协商和赔偿，声称如不转回保证金就一定要李某某及其丈夫郝某某坐牢。

2018年2月28日，某市公安局某分局对此立案侦查。一般情况下，经济类犯罪案件立案非常难，且需要两个月的审查期，而本案涉嫌复杂的经济犯罪案件，警方居然可以在案发的几小时内立为刑事案件。3月17日，办案民警异地抓捕犯罪嫌疑人李某某并将其刑事拘留。

办案过程

张文明律师团队接受李某某委托后，仔细阅读了委托人提供的上千页书面资料，从中找到了突破口，发现了连李某某一方都不曾留意的合同依据，即基本案情中提及的股票投资合作协议中的约定。据此约定，在双方第一次合作中，林某某应承担股票投资的所有风险和损失。因此，李某某转走保证金，有合同依据，理由如下：第一，根据合同约定，林某某应当承担损失的赔偿责任。作为实际投资者，李某某享有股票投资合作协议项下的权利和义务，代为签订合同的居间人仅作为李某某的代理人，且林某某在签订协议时已明知该代理关系的存在。因此，李某某直接向林某某主张权利并不违反合同相对性原则。第二，该条款的另一层法律含义为：林某某以签署合同的方式向合同相对人承诺，同意在特定情形下放弃自己特定财物的所有权，并将其转让给合同相对人。因此，李某某划扣林某某部分担保金的行为并未侵犯林某某的财产所有权。第三，由于林某某造成李某某亏损600多万元，按照股票投资合作协议的约定，林某某应当在结算完成后三个工作日内向郝某某补足该部分亏损，但李某某多次通过居间人等人要求林某某依约履行补足义务，均被林某某拒绝。在此情形下，林某某违约在先，李某某按照股票投资合作协议约定划扣双方其他合作账户中的部分担保金，并不违反法律规定，更谈不上刑事犯罪。综上所述，无论李某某出于何种目的转走保证金，都有合同依据。这个关键证据就像一把利刃，直击要害，斩断了警方的证据体系。

经过进一步分析，辩护律师认为，嫌疑人李某某既没有在客观上实施合同诈骗的行为，也没有主观上的非法占有目的，双方存在债权债务关系，应按照合同违约条款处理。

一、李某某客观上并未实施合同诈骗的行为

根据《刑法》第224条的规定，合同诈骗罪的客观行为是行为人在签订、履行合同的过程中，以欺骗的手段骗取对方当事人的财物。在本案中，通过对案件经过的分析，辩护人认为，李某某在签订、履行借款合同的过程中并未采用欺骗的手段骗取对方当事人财物。首先，李某某有进行股票配资理财的习惯，签订借款合同是正常的商业行为。2016年起，李某某在居间人朱某某的推介下开始从事股票配资理财，先后使用多个证券账户进行6次股票配资理财，至今尚有中天证券账户和海通证券账户仍在正常运作。因此，签订借款合同是正常商业行为的延续，符合常理，并不存在欺骗。其次，李某某一直与朱某某等人合作，贸然实施欺诈并不符合行为逻辑。2016年起，李某某在朱某某的推介下开始从事股票配资理财，此后一直与朱某某合作，所进行的全部6个理财账户均由朱某某作为居间人或保证人。此种情形下，李某某欲通过合同诈骗方式骗取对方当事人财物，于情于理，均不符合逻辑。再次，李某某在签订、履行借款合同时不存在虚构事实、隐瞒真相等欺诈行为。李某某签订借款合同时，向对方提供了详细、准确的个人信息，包括姓名、身份证号码、电话号码、银行账号等。最后，从李某某的经济实力和之前配资理财的行为来看，完全具备实际履行合同的意愿和能力。2018年2月26日，李某某在收到林某某汇入的678.4万元款项后，立即将3200万元资金转入建设银行账户，这也表明李某某有积极履行合同的行为。

二、李某某主观上不具有非法占有目的

根据《刑法》第224条的规定，认定合同诈骗罪要求行为人具有非法占有他人财物的目的。李某某不存在非法占有他人财物的目的。首先，从李某某签订合同时的情形分析。如果行为人在签订合同时明知自己没有履行合同的能力，仍故意夸大自己的经济实力，与对方签订合同，属于具有非法占有目的的情形。但在本案中，从李某某实际经济实力和之前股票配资的理财行为分析看，完全具备履行合同的实力，且商业信誉良好，签订合同是其真实交易意思的表现，没有非法占有他人财物的目的。其次，从李某某履行合同的过程分析。如果行为人收到对方财物后，实施转移、隐匿或者挥霍财产，躲避对方当事人或者携款逃匿等行为时，表明行为人原则上具有非法占有的目的。在本案中，李某某虽然将678.4万元款项从自己的银行账户转至郭某某（郝某某的母亲）和郝某某的银行账户，但实际目的是向林某某证明三人之间的亲属关系，并非意图转移、隐匿财产。李某某在转账之后，仍积极主动与朱某某联系，要求其继续与林某某协商解决600万元亏损的事情，不存在躲避当事人、携款逃匿等行为。最后，从李某某当时的心理分析，李某某与林某某之间存在600万元的经济纠纷，且一直未能妥善解决。在突然得知本次合同的对方当事人林某某即为之前600万元亏损的操盘手时，李某某失去对林某某和本次交易安全的信任，同时要求林某某首先解决亏损事情的要求，符合一般人的心理变化。李某某当时的心情应当是急切、焦急和无助，采取转出林某某部分担保金的行为也是无奈之举，尚可理解。

三、李某某与林某某之间存在债权债务关系

从双方签订的股票投资合作协议、证券合作协议和两份借款协议，以及本案当事人之间的微信聊天记录等证据材料可知，李某某等投资方与林某某等操盘方的合作模式是：投资方提供本金，操盘方提供担保金，并负责股票运作。

操盘方定期向投资方支付利息，并在合同到期后向投资方返还全部本金。股票投资期间的风险和亏损全部由操盘方承担。

林某某操盘导致李某某亏损600多万元，就应当按照约定向李某某偿还该部分亏损。双方存在债权债务关系。即使双方对李某某是否拥有追偿权存在争议，该争议也属于民事争议范畴，理应首先通过民事诉讼等方式解决。

四、李某某转出林某某担保金的行为仅是违约行为，应依据合同违约条款处理

林某某于2018年2月6日签订的借款合同中对双方的权利义务有明确的约定。其中，借款合同第9条第2款约定，“任何一方若违反本合同条款，造成本合同不能正常执行，由此产生的一切经济损失和法律责任将由违约方承担。因诉讼所发生的律师费、法院案件受理费等损失由违约方承担”。第9条第4款约定：“若纠纷不能协商解决，任何一方可向当地人民法院提起诉讼。”因此，即使不考虑双方之间的债权债务纠纷，李某某转出林某某部分担保金的行为也仅仅能够认定为借款合同的违约行为，应当优先采取协商、民事诉讼等方式解决。在借款合同已对违约行为及其解决方式明确约定的情况下，不宜贸然将本案定性为刑事案件。

梳理清楚本案的脉络后，辩护律师做出了李某某不构成犯罪的基本判断。与此同时，辩护人查阅了大量法律条文和指导案例，在代理此案的20多天时间里，形成了不构成犯罪、撤案放人、不予呈捕、不予批捕4份高质量的法律意见书并递交相关部门。在约见主办检察官时，辩护律师郑重提出办案单位涉嫌违法插手经济纠纷问题，要求检察机关对此进行侦查监督。检察院采纳了辩护律师的建议，对李某某作出不予批准逮捕决定，并向公安机关发出《撤销案件检察建议书》，公安机关最终撤销案件。4月20日19时，李某某走出看守所，恢复了人身自由。

复　盘

本案的焦点是犯罪嫌疑人是否构成犯罪，对此办案机关在很短的时间内的确很难作出准确判断。辩护律师的任务就是帮助他们研判案情，准确定性，防止错误。嫌疑人被刑拘后，其家属先后在上海、广州找了3批6位律师与警方交涉，办案警官拒绝听取律师意见、拒绝收取法律意见书，收取委托手续拒绝出具收件凭据，甚至称“你们的法律意见书我们从来不看，因为会干扰我们的办案思路”。这种做法不符合法律规定，但这只是个别现象，大多数办案机关对律师的法律意见肯定是会认真阅读的，高质量的法律意见书甚至能够影响办案人员的办案决心和取证积极性。依据公安部《关于公安机关不得非法越权干预经济纠纷案件处理的通知》和《关于严禁公安机关插手经济纠纷违法抓人的通知》等一系列规定，辩护律师向相关部门投诉，往往会取得意想不到的效果。

思维运用

本案嫌疑人李某某不构成刑事犯罪确定无疑，但如果按常规辩护手段很难达到公安机关撤销案件的良好效果。现将本案辩护的三点即兴思维总结如下。

第一，在不构成犯罪的情况下，坚决不递交取保申请。嫌疑人被羁押后，其亲属一般都会要求律师尽快向办案机关申请取保候审，鉴于法律规定3日之内答复的要求，取保申请几乎毫无例外地会被驳回。取保的前提在一般情况下是认为嫌疑人已经构成犯罪，只是没有社会危险性不适合羁押而已。基于对本案嫌疑人不构成犯罪的法律层面的基本判断，张文明律师说服委托人坚持不向警方递交取保申请，实践证明取得了很好的辩护效果。

第二，积极向检察机关提出建议。本案是否构成犯罪需要专业的法律分析和判断，办案警官限于各种原因定性错误也是可以谅解的，但对于办案机关明显的程序违规，则需要大胆、策略地进行投诉和披露。检察机关负有法律监督的职责，但司法实践中此职责少有履行，辩护律师更是缺乏要求检察机关进行法律监督的意识。需要说明的是，律师向检察机关提出法律监督并没有想象中的那样困难，在新的司法环境下，检察官也需要借助律师的力量加大监督力度。

第三，适时利用对辩方有利的突发事件。如鸿茅药酒事件正好发生在此案的侦查呈捕阶段，辩护律师抓住这一有利契机，向相关部门投诉办案单位的违法违规行为，对公安机关撤销案件起到了一定的推动作用。

同理心思维：如何建立委托人的信心？

刘大桥[1]

思维边界

同理心思维，是指在办案过程中，换位思考被告人的处境，消除其悲观和绝望的情绪。很多人会认为，在办案过程中，无须考虑当事人的心理因素，只需根据本案事实和法律规定，制定合适的辩护方案即可。但在实践中，很多案件正是因为被告人的意志消沉而导致很多工作无法进行。

案情简介

唐某原本是一名优秀的在校研究生，高中时以小说《遥望》参加了“第十届全国中学生语文报杯作文大赛”，在上百万名的参赛者中获国家级特等奖，创作能力无可限量。唐某还是“晋江文学城”的一名签约网络作者，其先后将自己撰写的《肋骨之花》《诱惑法则》《德萨罗人鱼》等5部小说在“晋江文学城”上公开发表。2015年年底至2017年8月，唐某在读者、粉丝通过微博等平台的再三要求下，本着给读者收藏的初衷，根据读者的预定，仿照行业内其他网络作者的做法，在淘宝上找到有关工作室，将自己的网络出版物定量、定向地“定制印刷”少量纸质版书籍，仅供读者收藏。唐某对工作室有无相关

1 盈科第三届全国刑事诉讼法律专业委员会副主任，盈科武汉刑事法律事务部主任。

出版资格均不知，对其工作模式以及出版流程毫不知情，只是在委托出版发行时商议了费用承担及原稿提供等问题，具体事宜均由委托出版的工作室负责，包括联系印刷厂印刷、联系物流、支付相关费用、收款等都是代理商负责，代理商仅通过 QQ 发给作者看一下作品的文字初样，作者并不参与其中。

基于这样的行为，唐某被别人举报出版的小说涉嫌“淫秽物品”，后唐某等人被公安机关指控涉嫌非法经营罪，在被警方逮捕关押近 9 个月后，其父母找到我并委托我担任唐某的辩护人。

本案由武汉市武昌区人民法院一审，武昌区法院经审理认为，被告人唐某构成非法经营罪，且唐某熟知小说内容，主动委托淘宝店工作室出版。法院将唐某认定为该非法经营罪犯意的提出者及主要事项的决策者，认定其有所谓加重情节而判处 4 年有期徒刑，淘宝店工作室和负责人仅被判处 3 年 6 个月有期徒刑，印刷厂实际经营人仅被判处 2 年 6 个月有期徒刑，对被告人唐某的判决高于其他进行非法经营行为的所有人，排行榜首，显然有失公平。

从 2017 年 11 月至今，被告人唐某已被关押近 21 个月，一直生活在黑暗中。虽然我们认为一审判决有失公平，但我们在一审辩护中加入了被告人原学校老师和同学对其的评价，这份证据表明唐某本身是非常优秀的，使法院实际量刑低于检察院的量刑建议近两年。

办案过程

接受委托之后，我第一时间前往看守所会见这位当事人。长达 9 个月没有见到自己的家人朋友，唐某一直过着惶恐的生活。我见到这位当事人时，她眼里满是绝望，在 20 岁出头的豆蔻年华，她难以承受如此经历。当时我只是尽力去开导她，帮她疏通心理的惶恐和悲伤。后来我了解到，唐某之前的代理律师，在为数不多的几次会见中，每次都只是告诉她停滞不前以及束手无策的案件进展，带给她的是一次又一次的失望直至绝望。

从那次会见后，我开始研究案情，思考本案的辩护方案，在查阅卷宗以及深入了解唐某本人之后，决定从法律内的框架和法律外的因素两方面入手，不仅分析本案的事实与法律，更要把唐某本身的特殊性考虑在内，并且将后者作为办理本案的重点，具体的办案过程主要分为两个方面。

一方面，从事实与法律的角度出发，制定专业的辩护方案。第一，唐某并不是非法经营罪的主体，她是通过网络委托出版代理商淘宝店工作室代理其网络小说的"出版、印刷、发行"，出版、印刷、发行的经营主体是淘宝店代理商和印刷厂。唐某不知工作室是如何操作具体出版事宜的，不知其程序合法与否，更未与其分享利益或进行勾结。第二，唐某没有非法经营的主观故意，唐某此前曾经咨询过晋江文学网站的编辑，被告知正规出版社要求达到6000本以上的数量才能出版发行，并非是因"题材"不符合正规出版要求而未出版。唐某是一名在校学生，一名小作者，并非出版行业的经营者，也未参与过具体经营，其不了解也无法得知出版行业的流程、相关要求及限制，只能仿照行业内其他网络作者的做法找工作室出版自己的作品。第三，唐某出版的作品在客观上没有扰乱市场秩序，唐某委托出版代理商淘宝店工作室代理出版的5部小说，事先均在具有网络出版经营资质的网络文学网站"晋江文学城"进行了网络出版，根据《网络出版服务管理规定》，该作品是合法的网络出版物。唐某作为作者，是在读者、粉丝通过微博等平台的再三要求下，本着给读者收藏的初衷，出版一些已经公开发表过的小说。因此，唐某在本案中不应作为非法经营罪的主犯被追责，其最多是一个无知的从犯。

本案一审开庭时，我们按照预先制定好的辩护方案与公诉人进行辩论，针对事实不清、法律依据不足的地方，我们会义正词严地表达我们的观点。例如，唐某本身是否能够成为非法经营罪犯罪主体的问题，从事实与法律的角度出发，我们坚定地认为唐某不构成非法经营罪。首先，从法律的角度出发，《出版管理条例》第61条“法律责任”，是指“未经批准”而擅自从事出版物的出版、印刷、发行业务的行为。这些从事出版经营活动的经营主体没有获得相应的主体资格，未经批准而擅自从事出版经营的行为，才构成非法经营行为，因此非法经营的主体应是出版者、印刷者、发行者，显然作者并不在其列。本案中，印刷厂违反《出版管理条例》中“不得接受非法出版单位和个人的委托印刷”的规定，在没有获得“图书、期刊印刷委托书”的情况下长期与淘宝店工作室合作从事非法印刷，是此案非法出版得以顺利进行的关键。唐某仅为网络出版物的作者，是出版代理商淘宝店工作室众多“客户”中的一员，其不应列为非法经营罪的犯罪主体。其次，从事实的角度出发，唐某的行为是一种委托出版发行的行为，而非实际参与经营的行为，更没有与淘宝店工作室和印刷厂“共同经营”出版、印刷、发行业务。故唐某不应是非法经营罪的经营主体。

另一方面，这一点也是本案最重要的一点，即运用共情思维，从法律的框架内跳出来，考虑如何可以减轻唐某的心理压力，让她找回曾经的自己，以及如何运用唐某自身外的综合因素对本案产生影响。我们了解到，唐某本科毕业于武汉理工大学设计艺术学院，是一个很有才华的网络作家，现为湖北美术学院视觉传达设计专业的在读硕士研究生。她自小爱好写作和设计艺术，高中时以小说《遥望》参加“第十届全国中学生语文报杯作文大赛”，在上百万名参赛者中获国家级特等奖，整个湖北省仅有三人获此最高奖，武汉市仅她一人，实属非常优秀的创作人才。这一方面的办案过程，又分为庭审前的会见以及审判阶段时充分运用社会评价等综合因素进行辩护，具体如下。

第一，在整个办案过程中，从接受委托开始，我一直坚持每周会见唐某一次，如遇节假日更会在第一时间会见她，不仅仅是为了案件，更多的是对这个才女的惋惜。迄今为止，长达近一年的每周会见，已经成为唐某在狱中最期待的事情。犹记得最初见到唐某时她眼里的绝望和无助，她甚至尝试过自杀。那时的我，只能尽力去疏导她，但效果并不明显。后来，我开始阅读她写的每一本小说，尝试从小说中了解她、接近她，希望可以有针对性地开导她。阅读了她写的小说后，我不禁感慨，如此年轻有为的作家，若此后再也无法创作，无疑是文学界的一大损失。于是，从我经常跟她讨论文学，她自己的作品以及经典文学中的名人磨难、伟人理想、信念等，帮助她从案件的绝望中解脱出来，直至恢复正常状态。同时，我会为唐某带去家人的问候，读者的关心，与她谈论从古至今的文学典故。渐渐地，她与我侃侃而谈，甚至还向我讲述她新的创作想法。现在，唐某终于找回曾经那个文思泉涌的自己，开始在看守所中进行创作，以草稿的形式记下自己的构思，现在已经构思了三部小说框架，这样的精神状态，着实令人欣慰。

第二，在本案进行到审判阶段时，我同样运用同理心思维，将学校评价、社会评价等内容融入辩护意见中，例如，湖北美术学院评价唐某政治思想表现好，成绩优秀，有较高的文学创作才能和文化创意产品设计才能；唐某年轻有为，父母均为高级知识分子，本案发生后，其本人学校，父母单位，均对她表示同情和惋惜。除此之外，我还将唐某全国获奖证书、网络上对她的积极评价等在法庭上进行逐一展示，以此影响法官的心理印象，从而成功取得在公诉人量刑建议之下近两年的从轻量刑。

我们在制定二审上诉状和辩护方案时，依旧从法律和法外两方面考虑。一方面，指出一审判决中事实不清、证据不足的部分，提出我们的意见。例如，一审判决认定唐某“参与了整个图书的出版活动，包括参与商定价格、约定费用分担、确定印刷数量、出售等环节，直至图书印刷成品之后，唐某对于图书是否符合出版要求应当清楚”，以及唐某“作为作者……其与他人在共同协商中完成出版活动，是具有决定权的主要者，应视为非法经营的共同主体”，此观点显然与客观事实不符。唐某是通过网络委托出版代理商淘宝店工作室代理其网络小说的“出版、印刷、发行”，出版、印刷、发行的经营主体是淘宝店代理商和印刷厂，在整个出版过程中唐某仅按照淘宝店工作室已有的固定流程与其商议好基本事项后，所有的工作均由淘宝店工作室去完成，唐某并未参与。淘宝店工作室与印刷厂均是独立的经营主体，唐某作为作者，与淘宝店工作室和印刷厂没有共同投资、共同经营、共同的利益分配。

另一方面，我依旧坚持每周一次的会见，从一审判决至今，每次见到唐某时，她都是笑容满面，坚信此案已经得到很好的结果。

我们不少人在办案过程中，往往只注重法律框架内的因素，却很少考虑到法律之外的因素，如在押人员的心理问题、周围人员对当事人的良好评价，以及当事人自身的出众才华等。其实，只有让当事人自己产生自信，辩护工作才能够顺利进行。

复　盘

本案争议的焦点是，唐某作为一名网络作者，究竟是否属于非法经营罪的犯罪主体？唐某将自己合法出版的网络小说定量印刷成册只供读者收藏，是否触犯非法经营罪。通过对法律法规的分析可知，本案中的非法经营，是淘宝店工作室这些出版代理商作为经营主体，没有获得相应的行政许可，亦未履行其代理职责，寻求与合法出版单位合作使其出版行为合法化，唐某作为作者，既不是非法经营的主体，亦没有从事非法经营的行为。

相比于本案的争议焦点，同理心思维的运用显得更加重要。如果按照惯常的办案思路，以及 3 到 5 次的正常会见，无法消除当事人的心理困境。正因如此，我选择更注重同理心思维，不仅在会见过程中对唐某的进行心灵疏导，更是在辩护意见中加入了法外证据，即社会对唐某的评价以及唐某本身的优秀才华，使一审法院在公诉人量刑建议之下从轻量刑。

思维运用

同理心思维，要求从当事人的角度思考，不要局限于法律思维，在恰当的时候运用法律思维之外的综合有效因素，往往可以得到意想不到的收获。通过这个案件，深深地认识到，我们刑事律师办案不仅要有专业精神，还要有人间的温度。

多维思维：如何多渠道解决辩护难点？

严如春[1]

思维边界

维是在数学领域中出现的一个概念，“维”就是维度，多维思维指的就是在多个维度上进行思考的方式。刑事审判是一个系统性工程，刑事辩护就要具备多维思维。纵向多维让我们对问题理解得更深刻，横向多维可以使我们面对一个问题时考虑更全面。要从审判者的角度思考问题，从案件的事实、证据维度出发，从实体和程序维度考虑问题，在法律框架内，穷尽所有途径，认真分析研究，进行有理、有据、有节的辩护，从而打破常规，妥善处理案件。

案情简介

2013 年 1 月，某置业公司向朱某某借款人民币 2000 万元作为土地保证金，通过竞买竞得某县境内 201273 号地块的建设用地使用权，后某置业公司与某县国土资源局签订《国有建设用地使用权出让合同》，约定土地出让金总额为 9400 万元。某置业公司因资金紧张与朱某某约定共同开发该地块，朱某某即以上述 2000 万元入股投资并与某置业公司、王某某合伙成立景廷置业，但因政策原因，景廷置业未能取得该地块建设用地使用权。2015 年下半年，朱某某为

1 盈科第三届全国刑事诉讼法律专业委员会副主任，盈科苏州刑事法律事务部主任。

取得其与某置业公司合伙交纳给某县国土资源局的土地出让金，伙同并指使李某某、王某某以某置业公司的名义，根据往来的银行流水凭证伪造借条8张合计2000万元，后以要求某置业公司偿还借款为由，于2015年12月22日向某县人民法院提起民事诉讼，同年12月29日该案以调解结案，上述款项得到法院民事调解书的确认。2016年1月19日朱某某向某县人民法院申请执行，导致该案进入执行程序。

2015年1月，李某某与王某某共同商议，利用系某置业公司实际经营人的职务便利，将该公司所有的某县城海韵嘉园小区内275间地下车库、8个地下停车位以人民币1620万元的价格出售给路某某，后将所售钱款1300万元用于偿还李某某的个人债务。直至目前李某某尚未向所在单位归还该笔钱款。

某县人民检察院起诉书指控被告单位某置业公司、被告人李某某、王某某犯虚假诉讼罪暨被告人李某某、王某某犯挪用资金罪，于2018年4月3日向某县人民法院提起公诉。某县人民法院判决被告人李某某犯虚假诉讼罪，判处有期徒刑1年，并处罚金人民币8万元；犯挪用资金罪，判处有期徒刑5年；与前犯单位行贿罪，判处有期徒刑1年，实行数罪并罚，决定执行有期徒刑6年，并处罚金人民币8万元。李某某不服一审判决，上诉至江苏省某中级人民法院。

办案过程

接受李某某的委托之后，我第一时间到看守所会见了李某某，紧接着到某中级人民法院领取了案件光盘，通过对虚假诉讼和挪用资金罪犯罪构成的研究，详细阅卷、进行法律和案例检索，我认为一审两个罪名都不成立，理由如下。

一、关于虚假诉讼

根据最高人民法院、最高人民检察院《关于办理虚假诉讼刑事案件适用法律若干问题的解释》第1条对“以捏造的事实提起民事诉讼”规定的7种情形，本案不符合其中任一情形，李某某不构成虚假诉讼罪。

（一）现有证据证明，李某某所在的某置业公司与朱某某之间存在真实的债权债务关系，李某某的行为不属于“捏造民事法律关系，虚构民事纠纷”，不构成刑法规定的“以捏造的事实提起民事诉讼”

1. 本案中，朱某某与某置业公司之间存在真实的债权债务关系。

一审认定的事实无误，但在2014年12月10日，某置业公司已与朱某某签订协议，朱某某缴纳的3200万元转为某置业公司向朱某某的借款。

2. 朱某某与某置业公司之间真实存在的债权债务标的额远超过一审法院据以认定虚假诉讼的8张借条的总金额。

朱某某与某置业公司存在3305万元的债权债务关系，足以覆盖8张借条合计2000万元的标的额。

3. 本案的争议焦点在于8张合计金额为2000万元借条的性质认定。现有证据证明，借条虽系伪造，但双方试图通过借条明确的债权债务关系真实存在，不是无中生有；且借条与双方日常经营产生的银行流水相吻合，不是凭空捏造的。

对于司法实践中如何理解与把握“以捏造的事实提起民事诉讼”，2018年，最高人民法院刑四庭的负责人曾在最高人民法院、最高人民检察院《关于办理虚假诉讼刑事案件适用法律若干问题的解释》发布时明确指出：“虚假诉讼犯罪仅限于‘无中生有型’行为，即凭空捏造根本不存在的民事法律关系和因该民事法律关系产生民事纠纷的情形。如果存在真实的民事法律关系，行为人采取伪造证据等手段篡改案件事实，向人民法院提起民事诉讼的，不能认定为虚假诉讼罪，构成犯罪的，可以以伪造公司、企业、事业单位、人民团体印章罪或者妨害作证罪等罪名追究其刑事责任。”

朱某某2000万元投资款已于2014年12月10日协议转为对某置业公司的借款，朱某某可凭此起诉要求还款。由于朱某某对此协议效力的认识有误，故向李某某、王某某提出打借条的要求。李某某、王某某同意并根据银行流水打了8张合计金额为2000万元的借条，恰恰印证了李某某、王某某也对股转债协议效力存疑，且认可2000万元的债务真实存在。

（二）现有证据证明，李某某不存在与朱某某“双方串通”虚假诉讼的行为

根据最高人民检察院法律政策研究室对“两高”《关于办理虚假诉讼刑事案件适用法律若干问题的解释》的解读，虚假诉讼罪包括“单方欺诈”和“双方串通”两种类型。一审法院认定虚假诉讼的是朱某某起诉某置业公司要求还款的民事诉讼。一审法院判决被告单位某置业公司、被告人李某某、王某某、朱某某共同构成虚假诉罪，即成立“双方串通”型虚假诉讼。

“双方串通”型虚假诉讼，指双方当事人恶意串通进行虚假诉讼，捏造身份、合同、侵权等民事法律关系，侵害案外第三人的合法权益，损害国家、公共利益，或者逃避履行法定义务，规避相关管理义务。本案中，朱某某与某置业公司、李某某、王某某之间不存在恶意串通，系双方对股转债协议效力认识有误而产生的错误处分，既没有侵害案外第三人的合法权益，也没有损害国家、公共利益，或者逃避履行法定义务，规避相关管理义务。

（三）现有证据证明，李某某的行为没有造成“妨害司法秩序或者严重侵害他人合法权益”的法定后果

根据《刑法》第307条之一的规定，“妨害司法秩序或者严重侵害他人合法权益”是虚假诉讼罪的入罪标准。本案中，朱某某与某置业公司之间的债权债务关系真实存在，人民法院根据双方当事人提供的伪造借条进行的民事调

解，既没有导致司法机关的多次审理，也没有导致司法机关进行调查取证，耗费大量司法资源，更没有导致人民法院作出错误裁判，因此未对司法秩序产生妨害。此外，该行为也没有侵犯任何案外第三人的合法权益。本案中，双方合意伪造的借条金额仍在双方真实存在的债权债务关系之内，不涉及任何第三人的合法权益。某县法院将国土资源局收取某置业公司4900万元中的2000万元予以冻结，冻结金额也在国土资源局应向某置业公司退还的2900万元之内。

二、关于挪用资金罪

（一）现有证据不能排除李某某向夏某某个人借款系用于公司经营的合理怀疑

1. 某置业公司具有特定的实际运作模式，李某某向夏某某借款用于公司经营的辩解符合某置业公司的实际运作模式。

某置业公司注册资金2100万元，李某某占50%，王某某占30%、朱某某占20%。某置业公司开发的海韵嘉园小区需资金约3亿元，由各股东按出资比例融资，大部分融资在公司体外循环周转，或由三位股东直接支付给公司的债权人。上述某置业公司的实际运作模式有在案口供、书证、证人证言等相互印证。

李某某承认以个人名义借款1300万元，但辩称全部用于海韵嘉园项目，这一辩解与某置业公司的实际运作模式相符，也与经一审庭审质证的夏某某证言相符。

2. 现有证据证明，在1300万元借款产生的同期，李某某存在以个人名义偿还公司债务的行为。

李某某辩称，在其向夏某某借款同期，陆续以个人名义归还某置业公司债务1455万元。这一陈述得到了公安机关调取的李某某银行卡记录的证实。李某某以个人名义向公司债权人偿还公司债务的行为，表面上看钱款直接从李某某个人账户流向公司债权人账户，实际上包括两个环节，一是公司向李某某借款，二是公司偿还公司债务的行为。不能因李某某直接从个人账户向公司债权人还款，就否定公司还款的性质和公司向李某某借款的实质。这一行为也符合某置业公司实际运作模式。

3. 现有证据不能排除李某某向夏某某个人借款系用于公司经营的合理怀疑。

李某某以个人名义借款用于公司经营的辩解，与其以个人名义向公司债权人偿还公司债务的行为，具有高度类似性，且均与某置业公司的实际运作模式相符。据此，李某某所做的向夏某某借款用于公司经营的辩解具有高度可能性，现有证据不能排除李某某向夏某某个人借款系用于公司经营的合理怀疑。

（二）现有证据证明，路某某将车库价款直接支付给李某某（夏某某的司机），系某置业公司的意思表示

某置业公司与路某某签署的《地下车库及地下车位买卖协议》，约定由路某某将价款直接支付给李某某（夏某某的司机），由某置业公司绝对控股股东和实际经营人李某某、王某某二人签字，并加盖公司印章，应视为某置业公司的意思表示，属某置业公司的正常经营行为，无须通过股东会决定。

《江苏省某置业公司有限公司章程》和《公司法》均没有使用公司资金需通过股东会决定的限制性规定。某置业公司的绝对控股股东和实际经营人李某某、王某某有权代表公司意志决定使用公司资金。

（三）在案证据未能达到“确实、充分”的证明标准，对李某某不应以挪用资金罪定罪处罚

一审法院认定李某某构成挪用资金罪，就是将李某某与夏某某的借款定性为个人债务。前述分析表明，现有证据不能排除李某某以个人名义借款用于公司经营，名为个人债务，实为公司债务的合理怀疑。即使认定为个人债务，

也不能否认某置业公司将公司资金偿还股东个人债务的意思表示。因此，在案证据对于“挪用资金归个人使用”未能达到“确实、充分”的证明标准，对李某某不应以挪用资金罪定罪处罚。

在本案的办理过程中，我一度获悉本案可能不开庭，维持裁定会尽快下发的消息。为放慢案件审理节奏，为辩护赢得空间，我一边向二审法院提交请求开庭审理、请求调查取证、请求调取录音录像、请求排除非法证据的书面申请，一边抓紧撰写辩护意见。辩护意见提交后，我又前往某中级人民法院，和承办法官当面沟通案情，进一步了解承办法官的思维维度和处理意见。承办法官肯定了我的辩护思路，但也提出，本案涉案金额较大，一审作有罪处理，作为二审法院在案件处理上还是有很大压力的。为了进一步推动案件，我专程前往北京，请来樊崇义、陈兴良、戴长林、陈瑞华、李奋飞 5 位国内顶尖的专家教授，就案件涉及的关键问题，给出权威的专家意见。在将专家意见呈送承办法官、相关领导以及某人民检察院后，我从多个维度同市检院和市中院的承办人进行沟通，我向他们申明，曾经的法官、现在的律师，我，作为法律共同体中的一员，我们与法官、检察官的目标是一致的，那就是办好每一个案件。既然国内顶级专家的观点和辩护人是一致的，这就说明这个案件确实存在问题，为避免直接改判产生的反感和抵触，我建议先发回重审。2019 年 7 月 12 日，我接到了中院的裁定书，内容为：原判决认定事实不清，证据不足，撤销原判，发回重审，同时决定对李某某取保候审（李某某系 2017 年 6 月 22 日被刑事拘留，至裁定作出刚好 2 年，一审判处有期徒刑 6 年，取保候审意味着二审法院基本认同李某某无罪的辩护意见）。

复　盘

本案争议的焦点是罪与非罪问题，作为律师虽然提出了专业意见，但是，法院对被告人宣告无罪受到诸多因素掣肘，实践中难度很大，就本案来说，权威的专家意见是打消法官顾虑的一剂良药。尽管如此，由于直接改判震动面较大，所以，我们没有一味追求二审阶段解决全部问题，而是争取将案件发回重审，这在一定程度上为后续检察院撤回起诉或者一审法院重审改判留下了余地，这一观点也得到了二审法官的支持和认同。

实践中，律师的辩护不能仅仅停留在撰写书面意见上，要通过不断递交调查、申请等书面材料拉长审判进程，赢得充分准备的时间。同时，要充分了解法官的关注点以及内心的顾虑，适时提供专家意见作为理论支撑，争取办案人员的内心确信。回顾这个案件，除了专家意见的驱动外，律师与二审法官的沟通同样重要。每位法官都会欣赏专业并敬业的辩护人，辩护人赢得法官的尊重，才能更好地引导和说服法官。多维思维，要求我们处理案件要进行发散性思考，在法律框架内，穷尽我们所能想到的途径。当然，具体问题需要具体分析，并非每个案件都需要做专家论证，并非每个案件都可以进行舆论、媒体监督，也并非每个案件都能够通过撰写学术文章的形式来解决。具体到个案而言，如果案件学术理论争议性很大，可以考虑由较为权威的专家、学者教授通过论证的形式来增强辩护意见的可采纳性；如果在某一时段法律对于某一具体问题的规定尚不明确或者存在冲突，抑或理论界与实务界就某一法律规定的理解存在分歧，可以考虑通过学术文章的形式加强理论支撑。不管采取什么方式，多维思维都是为辩护工作服务，致力于当事人合法权益的最大化。

思维运用

结合本案，笔者重点就专家论证的运用，提出以下几点思路供参考。

第一，在刑事辩护中运用专家论证的前提是案件存在一定争议，法律对于案件中的问题规定尚不明确或者存在冲突，抑或理论界与实务界就某一法律规定的理解存在分歧。

第二，要选择国内权威，口碑与学术俱佳的专家进行论证。现在国内的专家水平良莠不齐，选择原则性不强或者论证质量不高的普通学者，对辩护的效果可能没有多大的帮助。

第三，要运用多维思维发挥专家论证意见的作用。专家意见只是在法律问题上提供了相对权威的意见，但法官在案件之外可能考虑得比我们要多，我们切忌专家意见一交了之，要善于挖掘专家意见的作用，运用专家意见回应法官的关切。

求证思维：如何理解不轻信任何结论，验证会有不同？

李　明[1]

思维边界

刑事案件涉案事实纷繁复杂，即使类似案件，也会各有各的不同。

辩护人探寻辩点，无外乎从事实认定角度及法律适用角度这两方面着手研究。事实认定是研判案件的基础，如何确保认定事实正确？这就要跳出经验的藩篱，摆脱思维定式，多角度反复验证，不断求证，建立求证思维模式就成为必然。

求证思维模式要求辩护人对他人认定的所有事实不可盲从，应进行理性判断，验证真伪。司法实践中，对于公诉人而言，其据以认定被告人有罪事实的核心证据链条一旦被击穿，逻辑体系一旦被颠覆，法院依法无法认定被告人有罪，就成为必然的结论。

理性质疑公诉人认定的任何事实，不断求证可能存在的事实，培养质疑能力，建立求证思维，辩护效果定会有所不同。

1　盈科第三届全国刑事诉讼法律专业委员会秘书长，盈科沈阳刑事法律事务部主任。

案情简介

2011年6月25日，某防水工程公司员工李某某及4名同事正在辽宁省沈阳市某在建楼房楼顶进行防水工程动火作业。与此同时，某外墙涂料公司员工即被害人徐某某在该楼外墙进行墙面涂料粉刷作业。当时，被害人徐某某的安全承重绳捆绑在李某某工作区域内的排风筒上，李某某当时正在使用燃气喷枪进行楼顶防水材料的摊铺作业。后绑缚被害人徐某某的安全承重绳断裂，致使徐某某从16楼层高处坠亡。公安机关根据案涉安全绳断裂处为火烧熔断状，且仅有李某某作业区域具有与被害人徐某某绑缚安全绳熔断位置重合等情况，认定李某某在进行楼顶防水用火施工过程中，具有将被害人徐某某安全承重绳烧断后致徐某某坠亡的重大嫌疑，遂将李某某传唤至公安机关。经做工作，李某某对其在使用明火作业时因疏忽大意致徐某某所用承重绳索烧断致徐某某死亡的事实供认不讳。

2011年6月26日，李某某被公安机关刑事拘留，同年7月8日被公安机关变更强制措施为取保候审。8月31日，公安机关对本案侦查终结后，以李某某涉嫌过失致人死亡罪向检察机关移送审查起诉，9月15日，李某某被检察机关取保候审。该案经过退回补充侦查一次后，检察机关于2012年9月13日以李某某涉嫌过失致人死亡罪向一审法院提起公诉。

本案在审理期间，检察机关分别于2012年10月26日和2013年1月9日两次向一审法院建议延期审理，并分别于2012年11月26日和2013年2月4日向一审法院提请恢复法庭审理。2013年7月24日，一审法院作出刑事裁定书，准许检察机关撤回起诉。2013年8月19日，检察机关作出不起诉决定书，认为公安机关对于本案认定的事实不清，证据不足，不符合起诉条件，决定对李某某不起诉。

办案过程

2012年10月13日，经朋友引荐我见到了李某某。李某某给我的第一印象是一位比较木讷的农民工兄弟。取保候审后，他以为本案就此了结，没想到接到了检察官的电话，制作了笔录，并被告知案件马上就会起诉至法院。在问及事发当天徐某某的安全绳索是如何断掉的时，他的回答很让我吃惊。他说："怎么断的我真的不知道，我一直在楼顶用喷火枪铺毡子，有人到楼顶找到我的时候，我才知道有人掉下去摔死了。那人说绳子是被烧断的，我也不知道怎么回事。"我隐隐地感觉到，这个案件有些蹊跷。由于时间紧迫，我约他第二天早上办理委托手续。第二天，上班时间还没到，我就来到了律所，没想到他已经独自在所里等我了。委托手续办好后，我和助理载着李某某驱车来到了事发楼顶的现场进行查勘。首次查勘现场完毕，我便快马加鞭地赶往法院阅卷。到达法院，向书记员递交了委托手续后，我见到了本案的主办法官。他不到40岁，眼睛炯炯有神，人很和善，对律师也很尊重。卷宗材料不多，我很快就完成了卷宗复制工作。由于卷宗材料显示，部分物证已被扣押，我就向法官提出申请，请求对扣押物品，特别是涉案的安全绳、喷枪等重要物证进行查看。由于相关物证不便移送，还封存在公安机关，法官给了我公诉人的办公电话号码。联系上了公诉人后，我提出查看扣押物品的要求。公诉人很专业，答应通知公安机关下午把涉案物证移交至检察院，此时已近中午，我们便约定下午一上班就查看扣押物品。在公诉人的帮助下，下午我顺利地查看了现场提取的安全绳、火焰喷枪等物品并进行了拍照取证。回到办公室后，我全身心地投入到本案的全面办理工作中。

我首先对卷宗材料进行了细致的查阅。通过阅卷我发现，公诉人认定被告人李某某构成过失致人死亡罪的证据材料主要有现场物证、现场勘验检查笔录、侦查实验记录（确认被害人徐某某坠亡案承重绳索断裂原因及断面形成机制）、中国刑事警察学院司法鉴定中心的检验报告（承重绳索截断的原因分析）、法医学尸体检验意见书、被告人自己的供述与辩解、证人证言等。为了便于读者了解案情，我针对涉案的核心事实部分，摘录卷宗材料如下。

1. 李某某对案情的供述如下："事发时楼顶做防水作业的加我共 5 个人，楼顶西北角也就是事发区域的防水作业由我负责，我当时在该区域进行防水工程的明火作业，摔死的工人在做楼的外墙体粉刷工作，他做承重用的尼龙绳绑在楼顶的西南侧通风口上，绳索往下顺的方向正好通过我的作业面。由于我在干活时，正常铺油毡卷材时是用右手拿喷火的喷枪，烤油毡的地下，往前推进时是用脚踩牢油毡，在进行两卷油毡的接缝时，是用左手拿喷枪，用右手拿刮油的铲子勾缝，在干完一卷的时候，我还要到堆放油毡的地方取另一卷，在取的时候，就把喷枪放在旁边，也不闭喷枪。我也说不清是在左右手来回换喷枪的时候，还是在取油毡把喷枪放下的时候把系在楼顶西南侧通风口的尼龙绳给撩着了，造成了绳子断的。对方的人上楼顶关闭我的液化气罐，说有人摔下去人死了的时候，我还在干活呢，根本就不知道绳子断了的事。我知道尼龙绳怕火烧，那天风挺大，我不是故意的，我根本说不清是在干哪个工序的时候不小心烤到绳子的。"

2. 证人李某某（被害人徐某某的工友）对涉案情况的陈述如下："今天下午 3 点 30 分左右，我在干活的过程中，从 1 楼坐电梯上 34 层想检查一下安全的事，等上到 34 层时我看见吊板绳距固定处，也就是楼顶通风口 1 米多的地方断了，我见一个穿浅色半袖衣服、下穿深色裤子的男工人正在楼顶西南角处拿喷灯在烤沥青，喷灯的火苗有 80 厘米长，很大的火苗，我问他吊绳怎么烤断了，他没理我。这时，我接到王某某的电话，说有人掉下去了，我知道今天干吊板活的除了王某某之外就是徐某某。我一听不好，赶忙下楼。看见徐某某脸朝上躺在地上，别人打了120急救，120急救来之后，说徐某某不行了，死了。此时，我又上楼顶去看着拿喷灯考沥青的人了。吊徐某某的主绳是白色尼龙绳，直径是2.5厘米，去年10月份购进的，这次是第二次使用。”

3. 侦查实验记录

实验目的：确认徐某某意外坠楼死亡案承重绳索断裂原因及断面形成机制。

实验结论：“刑侦技术人员在5号楼顶，使用现场的燃气喷枪模拟防水施工作业，承重绳索在喷枪外燃的高温烘烤下熔化断裂，断点呈蜡化状态。现场使用的燃气喷枪足以烤燃死者生前作业的承重绳索，无须人为干预，自然形成光滑的斜切断面特征。”

4. 中国刑事警察学院司法鉴定中心的检验报告

检验目的：徐某某作业时使用承重绳索截断原因分析。

结论：徐某某作业时使用承重绳索断口处形态特征、单丝形态特征与由公安机关模拟并提供的、用燃气喷枪火焰高温熔断承重绳索断口处形态特征、单丝形态特征一致，呈现蜡状熔融态及熔球状。

5. 法医学尸体检验意见书

检验意见：徐某某系在高空作业时，因承重绳索断裂，由高空坠下，致颅脑、胸腹腔多脏器重度损伤，多器官功能障碍死亡。

通过对全案证据的研究，我首先发现本案没有任何一份证据可以直接证明安全绳索的断裂与被告人李某某的行为有关，安全绳索断裂系其行为所致的结论均系推测。那么，本案的真凶是否会另有其人？带着这样的疑问，我又紧急约见了被告人李某某，针对作案动机、现场人员等情况，现场开放程度、喷枪特点等细节问题，我向李某某进行了详细的询问，并来到案发现场进行了二次查勘。在本次工作中我发现，李某某与徐某某并不相识，两人没有任何矛盾。两家施工单位也没有发生过任何矛盾。施工现场是开放的，对进出人员没有管控。事故当天，案发前后至警方控制现场期间，涉案楼顶有 5 小时左右的时间无人看管。被害人公司没有依照施工规范的要求，配备安全员保障绳索安全。公安机关控制现场时，涉案绳索散落在楼面，并没有捆绑在烟筒上。喷枪在不离手且持续按压手柄高压喷射的情况下，喷火外焰为 50 厘米左右，放置在楼顶松开手柄的情况下火焰 3 厘米左右。绳索断开处绷紧状态下应距离楼面高不小于 30 厘米等。鉴于以上情况，对本案我又增添了很多疑惑。后经反复查看证据材料，我发现公诉人提供的所有结论都没有大的问题，但唯独对安全绳索引燃及持续燃烧这一核心问题，没有进行验证与论述，完全是凭经验推定的。这个环节会不会有问题呢？想到此，我立即拨通了被告人的电话，要求他准备好与涉案物品一致的同规格安全绳索及火焰喷枪，进行现场试验，挑战生活经验。试验进行得很顺利，果真有重大发现。该绳索并非像常人想象的那样，易于燃烧。通过试验，该尼龙材质绳索成股紧密捆扎后点燃较为困难，而且在有较大拉力的情况下，用急火烧断都需要 20 秒左右的时间。鉴于此，结合本案情况，我认为 34 楼顶，在风力较大的情况下，不经意间将距离地面 30 厘米左右的绳索烧断的可能性几乎没有。

开庭的日期很快到了，庭审中控辩双方的辩论异常激烈。我从以下方面进行了辩护：涉案绳索使用前存在安全隐患的可能；绳索断开后存在被他人伪造现场的可能；绳索断头在巨大拉力崩断的情况下，断头出现平滑斜面，且没有明显拔丝情况，对此没有合理解释；被告人工友过失致害的可能性无法排除；尼龙材质安全绳索紧密捆扎后的燃烧特点等。我指出，公诉人没有任何直接证据认定被告人实施了涉案行为，存在有罪推定的错误思维等。经合议庭多次评议，采纳了我的观点，本案最后以检察机关决定不起诉告终。辩护人的专业能力与责任心，赢得了所有诉讼参与人的一致好评。

复　盘

本案卷宗证据材料乍一看，公诉人证据组织得较为充分，既有被告人自己的有罪供述、证人证言佐证，又有侦查实验记录、现场勘查笔录、中国刑事警察学院的司法鉴定中心检验报告等一系列验证证据材料，同时，尼龙绳极易被明火点燃又符合大众的普遍认知，公诉人对于认定被告人李某某过失引燃安全绳索致徐某某坠亡的事实应是信心满满。但公诉人恰恰犯了经验主义及有罪推定思维的错误，将尼龙绳遇明火易燃的经验认知，想当然地适用到了尼龙绳材质紧密捆扎而成的直径达2.5厘米左右的安全保障绳索上。然而，笔者并未选择盲目地相信生活经验，而是运用求证思维，采用现场实验的方法，发现了尼龙绳材质经紧密捆扎后，较难燃烧且离开火源后很难持续燃烧的特点，一举击垮了公诉人逻辑的关键一环。致使公诉证据体系全线崩塌，最终检察机关不得不撤回了起诉，并最终做出了不起诉决定。

本案辩护取得了良好的效果，不仅被告人李某某恢复了无罪之身，同时，也挽回了企业数十万元的巨额损失。但时至今日，我仍有一个疑问无法解开，那就是——到底是谁干的？愿逝者安息！

思维运用

刑事案件办理中，查明核心事实是正确适用法律的前提条件，也就是说如果案件的核心事实无法查清的话，依照无罪推定的原则，依法认定被告人有罪就会变得极其困难。大部分刑事案件的辩点，均发生在事实认定环节，倾听被告人的陈述，怀疑公安机关、检察机关建构的有罪事实，并发现证据材料疑点，树立无罪推定思维等，是优秀的辩护人应具备的基本业务能力。笔者认为，在部分类型的刑事案件处理中，求证思维的正确运用意义重大。

正确运用求证思维需要努力做到以下几点：

第一，掌握足够多的社会生活经验，形成丰富的人生阅历。

第二，办理案件过程中，进行现场实地查勘，重构现场，细致排查疑点。

第三，办理案件过程中，既要善于运用常识、常理、常情来判断涉案的事实情况，也不能被既有的生活经验及权威认定所束缚，对于关键环节、关键事实，必须通过实践求证等。

总之，运用求证思维，要求辩护人摒弃惯常思维，不盲从常识判断，不盲信权威认定，建立怀疑思维，并通过努力，不断求证。无验证，无结论。正确运用求证思维，探寻事实，相信你一定会有收获。

建构性思维：如何帮助嫌疑人进行自我辩护？

潘忠平[1]

思维边界

建构主义理论认为，知识不是绝对现实的反映，而是在人与人、人与社会互动过程中对意义的自我建构。知识是由学习者基于自身的经验背景、知识积累等个体因素依据具体情境而建构起来的；知识传授者的任务是引导学习者从原有的经验出发，建构起属于自己的新的经验。建构性思维运用于会见犯罪嫌疑人，即帮助其建构法律知识，培育自我辩护的能力，在复杂无序的事实中建构逻辑自洽的有序事实。

案情简介

2015 年 9 月，何某创办某果业公司，并在互联网设立网上平台，主要销售新疆的干货和水果，将其产品取名为“依路果香”。公安机关对何某立案侦查后认定：何某以推广“依路果香”产品为名，以注册会员可以在网上平台购买产品享受优惠、获得奖励为诱饵，引诱参加者缴纳费用，通过层级吸收、

1　盈科第三届全国刑事诉讼法律专业委员会副秘书长，盈科嘉兴刑事法律事务部主任。

发展会员的方式开展传销活动。何某建立的传销组织层级超过 7 层，人数近 2000 人，从中非法获利 700 余万元，应当以组织领导传销活动罪追究刑事责任，并对何某及组织内的其他 4 位成员采取刑事拘留的强制措施。

在何某建立的组织里，会员分为普通会员、VIP 会员、高级 VIP 会员、董事、银董、金董：会员只要交 330 元买一个果篮（500 克装的干枣 1 袋、500 克装的宁夏黑枸杞 1 袋、500 克装的核桃仁 1 袋或 200 克装的葡萄干 2 罐），就可以成为普通会员，但没有发展下线的资格；VIP 会员需要缴纳 990 元，买 3 个果篮，并获得发展下线的资格；发展下线人数达到 20 人就可以晋升为高级 VIP 会员；成为高级 VIP 会员之后再卖掉 60 个果篮就可以晋升为董事。晋升的过程就是发展会员，缴纳会员费达到 2 万元，董事每月可以平分营业额的 4%；累计销售金额达到 80 万元可以晋升银董，银董除享受董事奖励之外，还可以平分营业额的 2%；累计销售金额达到 300 万元可以晋升金董，金董除享受银董的奖励之外，还可以再每月平分营业额的 2%。同时，VIP 会员，凡是直接发展会员，皆可提取其首次购买产品金额的 10%；可提取第二代、第三代、第四代首次购买产品金额的 5%。

我们接受何某近亲属的委托后，会见了何某，在向何某了解相关涉案事实之前，先为其分析和讲解了《刑法》第 224 条及有关司法解释的规定，并在与何某的互动中帮助其建构起关于组织领导、传销活动罪的知识。随后，我们在何某陈述的犯罪事实中，发现其在发展下线过程中还是存在商品销售行为的。综合分析各种碎片事实后，我们认为，何某等人虽实行团队计酬，但以销售真实商品为目的，据此我们提交了书面法律意见。随后，检察机关在审查逮捕后，依法对何某作出不批准逮捕的决定，在公安机关侦查终结并移送审查起诉后，检察机关经审查后认定何某的行为不符合组织、领导传销活动罪的构成要件，作出不起诉的决定。

办案过程

办案之初我们主要开展了两项工作：一是对刑法关于组织、领导传销活动罪的构成要件进行梳理，吃透定罪精髓；二是结合何某近亲属提供的信息碎片，寻找辩护的突破口。经过研判，我们初步认为何某建立并领导的组织在形式上确实存在发展下线并从中计酬的事实，决定案件定性的突破口在于何某是否真正存在商品销售，是否以销售商品为目的，推行团队计酬是否基于销售业绩。基于上述判断，我们有序推进对案件的办理工作。

一、集中会见，建构法律认知

律师为犯罪嫌疑人辩护，立足于查明的犯罪事实和证据，而犯罪嫌疑人是犯罪的亲历者，只有让其真正理解并领会犯罪构成，才能在实事求是供述犯罪的同时，精准地为自己辩解，并在辩护人的帮助下系统构建有利于无罪、罪轻的事实，最终成为决定案件走向的因素。

1. 第一次会见，建构知识概貌。我们在第一次会见何某时，并不急于向其了解犯罪事实，而是系统地向何某讲解组织、领导传销活动罪的有关规定及构成要件。由于《刑法》第 224 条的内容较为抽象，我们结合司法解释并具体举例，将组织、领导传销活动罪具体解读为：以推销商品、提供服务等经营活动为名，要求参加者以缴纳费用或者购买商品、服务等方式获得加入资格，并按照一定顺序组成层级，直接或者间接以发展人员的数量作为计酬或者返利依据，引诱、胁迫参加者继续发展他人参加，骗取财物，扰乱经济社会秩序的传销活动的行为。同时，向何某重点解读了最高人民法院、最高人民检察院、公安部《关于办理组织领导传销活动刑事案件适用法律若干问题的意见》（公通字〔2013〕37 号）的规定，其中明确以销售商品为目的、以销售业绩为计酬依据的单纯的“团队计酬”式传销活动，不作为犯罪处理。

在何某了解相关法律规定后，又与我们就该罪的规定进行互动问答，详细询问“以销售商品为目的”与“以销售商品或提供服务为名”的区别，拉人头获得加入资格与销售业务计酬的区别。第一次会见，我们只与何某解释、探讨法律规定，何某每次想讲述具体涉案事实时，都被我们制止。

2. 第二次会见，互动深化认知。在第一次会见结束 3 天后，我们再次会见了何某，此时何某对于前次关于罪名的法条、司法解释的知识已经消化并已经基本掌握，但对于一些法律规定的细节还有些不确定和疑惑。根据何某的提问，我们辅以案件举例向其说明，待何某已完全理解法条的规定了，我们要求何某将自己向侦查机关交代的犯罪事实进行陈述。从何某的陈述看，我们内心进一步确认，案件辩护的突破口在于是否存在商品销售，是否以销售商品为目的，并按销售业绩进行团队计酬。何某在陈述的过程中，也自觉发现一些有利于自己的碎片事实被自己忽略了,有一些碎片事实未在原先的笔录中完整反映，或是以含糊表述忽略了，并打算将有利于自己的碎片事实进行梳理，在以后的审讯中完整表达并要求公安机关做记录。

二、提出意见，建构有利事实

根据何某的供述，我们向公安机关提出何某的行为不构成组织、领导传销活动罪的辩护意见，并申请取保候审，但公安机关明确表示不同意。随后，案件报请检察机关查审逮捕后，我们提出了详细的辩护意见，重点立足何某的供述，将其零散的关于商品销售的事实整体建构出来，并结合法律规定予以论证。检察机关初步采纳了辩护意见，作出不批捕决定。我们的辩护意见主要基于事实梳理并重点建构了如下事实。

1. 何某等人系以销售干果商品为目的，并非以推销商品为名，要求参加者缴纳费用或购买商品方式加入。第一，何某从始至终均是以销售商品为目的，其原先从事新疆红枣、葡萄干等干果推销，并将商品打入嘉兴戴梦得购物中心设专柜销售。此后，又与他人成立公司，仍按原先渠道进货，从事干果销售。为加快干果的推广和销售，何某委托第三方建立了干果销售网站，探索类似直销方式推广商品，同时仍按原渠道进货，并由专门加工厂负责干果加工、包装，销售的干果价格与大型购物中心的同类商品持平。第二，加入者系购买商品后取得VIP会员，享受从其推销的首次销售额中提取一定比例收益的权利。VIP会员资格是购买一定金额商品的附赠权益，并非是以购买商品为名缴纳的"入门费"。第三，何某售销的干果主要以客户二次购买为主。根据售销规则，凡是首次订购1盒干果消费330元后，即获得会员资格，其与VIP会员一样，在之后购买干果时按不同商品种类享受3~9折的优惠，且第二次及之后的购买金额不纳入推广人员的推广费提取范围。2016年，何某销售干果的金额接近2000万元，2017年以来干果销售额也已超过1000万元。本案中，不少会员实际购买了产品，主要用于自食及馈赠他人，虽有大量会员尚未提货，但公司具备随时发货的能力。

2. 本案中虽存在VIP会员推广商品，形成一定售销层级，但并非是以发展人员的数量作为计酬或返利依据。按照规则，会员购买3个果篮后成为VIP会员，并可享受其推荐会员首次购买金额一定比例的奖励。在实行过程中，给予VIP会员奖励的依据在于其推广人员首次购买的金额，并非以发展人员数量计酬。给予VIP会员的推广奖励来源于销售干果的利润，且有比例控制，并非后续加入人员的"入门费"。

3. 何某等人不存在骗取财物的行为。骗取财物系构成组织、领导传销活动罪的一个要件。《关于办理组织领导传销活动刑事案件适用法律若干问题的意见》（公通字〔2013〕37号）明确规定，传销活动的组织者、领导者采取编造、歪曲国家政策，虚构、夸大经营、投资、服务项目及盈利前景，掩饰计酬、返利真实来源或者其他欺诈手段，实施《刑法》第224条之一规定的行为，从参与传销活动人员缴纳的费用或者购买商品、服务的费用中非法获利的，应当认定为骗取财物。何某等人未向购买干果的会员、VIP 会员虚构、夸大经营商品及盈利前景，首次销售给他人的干果的价格与同类商品相比也不存在明显的虚高价格，会员第二次及此后购买的干果价格更低，何某等人未实施骗取财物的行为，所获收益及 VIP 会员推广商品所得奖励均来自干果销售的合理利润。

三、强化观点，无罪辩护成功

在检察机关作出不批准逮捕后，公安机关对侦查的重点作出调整，转向何某提出的存在真实商品销售方面。何某在后续接受调查过程中，提供了其进货的协议、委托加工厂加工的协议及发货记录。同时，针对按奖励规则其产品利润较高的问题，何某提出在大型商场销售的同类产品价格与自己的产品处于同档，而且其还有部分利润来自会员第二次购买的大量产品。公安机关在侦查终结后，仍认定何某涉嫌组织、领导传销活动罪，并将案件移送检察机关审查起诉。

在审查起诉过程中，我们阅卷后进一步细化辩护意见，原先的辩点也找到了相应证人或书证的印证，辩护意见更具说服力。检察机关在 2 次退回公安机关补充侦查，但有关构成犯罪的证据仍无法补充后，最终认定何某的行为不符合组织、领导传销活动罪的构成要件，并作出不起诉决定。

复 盘

本案辩护成功的关键在于，我们找到了本案辩护的基础——关于是否存在真实商品销售这一事实。对于事实问题的最好辩护，就是让犯罪嫌疑人讲述自己经历的事情，把有利于自己的事实细节予以确认并不断强化。考虑到何某实施的发展人员以“拉人头”的方式推销其干果的事实有大量同案犯和证人的言词证据予以证实，相对较为客观，因此我们起初并不急于了解何某涉案的具体事实，转而向何某讲解法律规定，帮助何某建构组织、领导传销活动罪的法律知识。通过单向讲解和互动问答，让何某了解了与其定罪量刑有关的规定，进而让何某认识到是否存在真实商品销售、是否按商品销售业绩计酬等事实是案件认定的关键点。基于这些知识，何某在办案机关提审时，特别关注存在真实商品销售的表述，对于办案机关在笔录中记录的“名义上是卖干果的”等表述坚决要求修改。同时，将零散的关于干果销售的事实，进行系统而完整的表述，包括干果的进货、加工、销售，并合理解释了干果的利润率及预收货款等现象。最终，促使检察机关接受了辩护人的意见。

思维运用

建构性思维是关于知识学习和事实构建的办案思路，可以运用到所有刑事案件的办理过程中。建构性思维运用的前提是：承认知识是每个人依据自己原有知识对世界的理解，通过认知引导、场景构建、互动强化，将知识内化为个人的认识，并在该认知指导下从复杂无序的事实中筛选并建构符合认知的事实。建构性思维在运用过程中，需要注意以下问题。

1. 重视犯罪嫌疑人的个体差别。充分考虑每个个体原有的知识结构和认识水平，通过举例构建场景，将刑法知识传授给犯罪嫌疑人，并帮助其建构属于自己的刑法认知。

2. 遵循知识建构的渐进过程。抽象刑法知识的传递，是传授者通过案例具象构建场景的过程，以此引导犯罪嫌疑人最大程度理解并形成自己的刑法知识。这一过程，需要在办理之初通过集中会见、交流互动来实现。

3. 善于在纷乱无序的事实中围绕辩护观点建构有用的事实。我们所认定的所谓的客观事实，实际上是我们基于自己的认知从大量无序事实中筛选出来的，并按一定的逻辑关系组合而成。在涉嫌犯罪的事实繁纷复杂时，要围绕辩护观点筛选出相关碎片事实，按一定逻辑建构出有序的事实，从而为无罪、罪轻辩护提供事实支撑。

宏观思维：如何从全局角度办理案件？

朱卫永[1]

思维边界

宏观思维，就是整体的思维，具体到辩护上，就是从全局的角度，前瞻性地看待当事人的行为，而不局限于某个片段、某个情节。从立案侦查开始，辩护人就容易被侦查机关的侦查方向所误导，在公诉机关不持异议时，更是如此。作为辩护人，应该回到当事人行为本身，跳出司法机关的固有思路，全方位地思考，才能不被误导，为当事人寻得最有效的辩点。

案情简介

涉案的河南省某贵金属有限公司通过招徕客户到其自有平台投资（包括白银、原油、铜等）的方式进行盈利。客户若想进行相应的交易，需要在手机端先下载平台 App，开通个人账号，并将银行卡绑定在该账号上，通过银行卡充值后，平台个人界面会显示相应的金额。随着投资的盈利与亏损，客户个人界面的金额会出现相应的增减，如果出现爆仓，则需要继续充值补足亏损，如果想要将账户内资金取现，则需要向平台发出出金申请，经平台审核同意后，相应款项才会转入客户个人的银行卡中。客户充值后，资金实际上是流向涉案

1　盈科第三届全国刑事诉讼法律专业委员会副秘书长，盈科杭州刑事法律事务部主任。

平台控制的财付通账户，而平台的通常做法是，客户一旦入金，即将相应的资金从财付通账户提现到霍某等人控制的银行卡中。

王某入金总额为89万元，其间盈利数10万元，出金47万余元。截至2014年10月18日，被害人王某账面资金显示为71余万元。案发前，王某多次提出出金申请，均未获同意。案发当日，霍某伙同焦某、王某、杨某（另案处理）等人，在河南省郑州市该公司办公场所内，为避免公司的损失，采用后台刷单的形式，将王某个人账号上用于投资的资金虚假买卖30笔，使其账面资金以手续费的形式消耗至4万余元。事发后不久，霍某等人又虚构了一个IP地址，向王某谎称公司平台被该地址的黑客攻击，同样损失惨重，并向王某支付了6万元作为赔偿金。后王某辗转反侧，认为事情蹊跷，最终向浙江省长兴县公安局报案，至此本案案发。

浙江省长兴县公安局以霍某等人涉嫌盗窃罪立案侦查，浙江省长兴县人民检察院以霍某等人涉嫌盗窃罪提起公诉，2015年12月2日，湖州市长兴县人民法院作出一审判决，判决被告人焦某等人构成盗窃罪，判处被告人焦某有期徒刑10年，并处罚金人民币5万元。在收到判决书后，被告人焦某对一审判决不服，上诉至湖州市中级人民法院。

各机关从立案决定书、起诉意见书到起诉书，再到最后的判决书中，均使用了一个词形容各被告人的行为——“盗刷”，即认定各被告人采用盗刷的形式，盗窃了被害人王某个人账户中的资金，然而它们却都忽略了这样一个事实，即财物的转移占有，是否是基于这样的“盗刷行为”。

办案过程

2015年3月19日，焦某已经被逮捕，我接受了焦某家属的委托，第一时间到长兴县看守所会见了焦某。由于案件仍在侦查阶段，会见过程中，焦某向我详细地叙述了平台成立的时间，客户投资的方式，客户银行卡绑定的情况，以及案发当天的“盗刷”行为，并表示对自己构成盗窃罪没有异议。与焦某会见后，我并未对罪名产生疑问，认为事实相对清楚，针对具体量刑问题决定在公诉阶段查阅案卷后再做打算。

在公诉阶段，我查阅了案卷的全部材料，仔细核对了在案的银行交易流水，发现被害人王某从入金的那一刻开始，其资金就已被转到了涉案公司的财付通账户，并很快被提现到了被告人控制的银行账户，并没有第三方托管。也就是说，从入金开始，被害人王某就丧失了对资金的控制权，其多次的出金申请都不顺利，有时延迟，有时金额与申请金额不同，均从侧面反映了这一点。所谓的“盗刷”行为，只是修改了被害人王某账户上显示的“虚拟数字”，并没有实际发生财产的转移占有，转移占有早在入金时就已经完成了。

由于侦查机关的侦查方向一直在“盗刷”行为，所以案卷中并没有公司平台相关的电子数据材料，只有各被告人供述、被害人证言、银行流水以及公司现场的勘验笔录。于是我立刻安排了会见，在会见过程中询问到公司平台的资质和相关后台数据的情况后才发现，公司的软件是租来的，该软件是封闭的，是不与外界联通的虚拟盘。虚拟，即是不受外界的大盘数据及行情的影响，也不影响外界的大盘，且被告人等可以通过后台随时调整曲线、数据等。被害人王某在平台上操作，有亏、有赚，但是其涨跌仅仅是在虚拟盘中的数字而已。

公司设立这个软件的初衷是希望通过这个软件来赚钱，他们可以通过后台操作调整相关数据，让客户亏损以达到他们赚钱的目的。当然他们也有让客户小赚的时候，这仅仅是吸引客户进行更大的投资，以便赚取客户更多的资金。因公司和客户之间系对赌关系，客户亏损，则公司盈利，客户盈利，则公司亏损。一般情况下，鲜有几个客户能在这个平台上赚钱，不亏钱就算是高手了，毕竟平台的行情数据掌握在公司手中，公司可以随时调整。而本案的被害人王某就是高手中的高手，他在操作中不仅没亏，反而大赚，且其大赚之后准备离场。公司察觉到王某可能准备撤走投资，他们就不可能再通过这个平台赚取王某的钱了，所以他们在王某申请出金时设置了障碍。

至此，我初步确定了本案的辩护思路是往诈骗罪的方向靠。在浙江省，盗窃罪数额特别巨大的标准是40万元，诈骗罪则是50万元，如果确定诈骗罪之后金额还在50万元以上，对于当事人来说则毫无意义。于是我又让团队仔细核对了被害人王某的银行流水，发现他实际的总入金为89万元左右，出金为47元左右，而诈骗罪的金额认定，正是用总入金减总出金。因此如果罪名辩护成功，金额就成功地降到了50万元以下，再加上各被告人案发后以赔偿金的形式又支付了6万元给被害人，刑期降到10年应该是没有问题的。

确定了罪名辩护思路之后，我多次与公诉人沟通，希望在审查起诉阶段变更罪名，然并未如愿。在一审的庭审过程中，除了我们坚持认为是诈骗罪以外，其余的被告人及辩护人均对罪名没有异议，只对犯罪数额持有异议。大部分辩护人对金额的异议在于，被害人王某盈利的部分应当予以扣除，然而矛盾的是，如果认定盗窃罪，这样的扣除是没有依据的。

一审法院认为，各被告人在被害人不知情的情况下，采用秘密的手段和虚假买卖的方式，盗刷被害人王某账户上的钱款。该钱款一旦以手续费的方式进入被告人所控制的资金池以后，被害人随之失去了申请出金的可能，也就失去了对自己资金的支配权。因此，被告人的盗刷行为符合盗窃罪的全部构成要件。最终，被告人焦某被判处盗窃罪，有期徒刑10年，并处罚金5万元。

接到一审判决后，被告人不服，要求上诉。在二审阶段，就本案的定性问题，我与二审法官及湖州市检察院负责二审出庭的检察员多次沟通，并最终获得了检察员的认可。在二审庭审中，其余辩护人也均改变了原来的观点，认为本案应构成诈骗罪。湖州市中级人民法院二审认为：第一，上诉人霍某、焦某、王某以投资为名，通过虚假交易平台骗取投资人信任，进而非法占有投资人资金，数额巨大，其行为均构成诈骗罪。第二，关于各方意见，被害人王某以投资方式向涉案公司汇款，即是被害人基于错误认识向三上诉人处分自身财物的行为。被害人在公司交易平台上显示的数字与其实际持有的资金并不相互对应。第三，因被害人资金已经被上诉人霍某等非法占有，公司无法满足被害人的提现要求，故而经商议决定以刷单形式，将被害人王某账户内的资金从 70 万余元减少至 4 万余元。刷单是上诉人意图通过虚假交易、虚增费用、虚构亏损来掩饰非法占有他人财物事实的事后行为。上诉人霍某、焦某、王某的行为符合诈骗罪的构成要件。关于数额，被害人王某的陈述、上诉人霍某、焦某的供述和银行交易明细、收条等书证证实，被害人王某实际损失应为 415,990 元。最终，对被告人焦某改判诈骗罪，判处有期徒刑 6 年。

复　盘

本案的争议焦点在于，被害人王某财产的转移占有是否基于其个人的处分行为。如果执着于“盗刷行为”所带来的账面金额变化，而不去关注真实的资金流转情况，则很容易将本案定性为盗窃。回顾本案，不被司法机关的办案思路及倾向性的案卷材料诱导，回归当事人行为本身，跳出框架，重塑自己理解的犯罪行为体系，是至关重要的第一步。我一直坚信，一个律师过硬的专业技能和充分的庭前准备，是赢得法官和检察官尊重、获取观点认可的前提。在对自己的观点及依据充分打磨后，与法官、检察官的充分沟通，是本案至关重要的第二步，最终本案是在二审检察官完全认可我的观点，并与我一同说服二审法官的情况下，获得了改判。

思维运用

律师的思维是理性思维，一方面体现在寻求法律和制度依据；另一方面体现在建立事实的基础。这两方面统一起来，律师的理性思维，实际上是通过发现、梳理、分析证据后建构一个“事实”，然后与法律和制度规定的构成要素进行相互匹配。所以，律师应当具有对“事实”进行证据的“建构”和“解构”的本领。

宏观思维不是简单的概括、归纳，更不是打太极式的和稀泥、打官腔，避重就轻。宏观思维因为有了逻辑判断和方法论作支撑，可以使我们透过现象看本质。我们在办理每一个案件的过程中，都可以运用宏观思维，首先对当事人的行为做一个整体的分析，在每一个司法机关“建构”的案件事实之外，重构我们认为更客观的“事实”，建立自己的辩护证据体系。在此基础上，找到差异及突破点，破解控方的证据链条。先破后立，不断地超越自己，战胜困难，更是战胜自己。

还原思维：如何还原案发现场，发现事实真相？

唐小娟[1]

思维边界

我国《宪法》和三大诉讼法都明确规定，审判活动要“以事实为根据”。这里的“事实”究竟是客观事实还是法律事实，各界意见存在分歧。但就刑事案件而言，定罪与否往往关乎一个人最宝贵的生命和自由，只有还原客观事实，才能依法正确定罪量刑。因此我国刑事诉讼法规定，对一切案件的判处都要证据确实、充分。本文分享在一起故意伤害案件中，在公诉机关已经认定证据确实、充分的情况下，辩护律师如何运用还原思维，还原事实真相，找到无罪突破口的辩护经历。

案情简介

2017 年 10 月 6 日，正值国庆节放假，李某某独自在家。当其从阳台取下晾晒好的衣服走到客厅准备整理叠放时，隐约听到门口有异常声响，其根据经验判断，李某某认为是楼上的侯某某又下来了。李某某立即开门查看，果然看

1 盈科第三届全国刑事诉讼法律专业委员会副秘书长，盈科银川刑事法律事务部主任。

到侯某某就站在楼梯上，地上撒有沙子等垃圾。看到李某某开门，侯某某飞快地向楼上跑去。李某某从门口的鞋柜上抓起自家钥匙，未及放下抱着的衣服，就上前追赶。追到楼上，侯某某已经进屋关上门，气不过的李某某走上前去敲门。侯某某的丈夫平某某开门后见是李某某，又关门进屋。李某某站在门口与其理论起来，不一会儿，侯某某打开门，侯李二人争吵起来，继而相互撕扯在一起。侯某某的丈夫平某某见状上前拉架，后三人相继摔倒在地。

经鉴定，侯某某右股骨颈骨折构成轻伤一级。公安机关以李某某涉嫌故意伤害罪立案侦查，侦查终结后将案件移送审查起诉。检察院审查后起诉至人民法院，起诉书指控：2017 年 10 月 6 日 18 时许，被告人李某某因怀疑被害人侯某某到其家门口扔垃圾，而上楼找被害人侯某某理论，其间二人发生争执并相互拉扯在一起，在被害人侯某某的丈夫平某某拉架过程中，三人摔倒在地，致使被害人侯某某和被告人李某某不同程度受伤。被告人李某某被检察机关以故意伤害罪公诉至法院。

李某某接到起诉书后，对起诉书认定的两点事实不认可，其一，侯某某确实在她家门口撒垃圾，并不是她无端“怀疑”；其二，正是因为侯某某撒垃圾，她才追上去理论，自己不是故意上去找事，没有犯故意伤害罪。

原来，两家的矛盾起因在2014年春节前夕，李某某的丈夫在小区内散步时，看见住在自家楼上的侯某某擦窗户的脏水流到了自家阳台上，弄脏了自家阳台的玻璃，为此两家理论了一番。没想到自此以后，李某某家门口经常出现一些垃圾，包括石灰、水泥块、砂子等，并且往往是在保洁员刚打扫完不久后就会出现，甚至家里防盗门上还有被人用利器刮划的痕迹。后李家在自家门口装了监控，发现原来撒垃圾的就是侯某某。为此，李某某多次将这个情况向物业、社区居委会反映，并且还报了警。虽经居委会调解，但矛盾仍然没有化解。侯某某知道李某某装了监控，不再出现在监控画面中，但垃圾仍然不断从高处飘落下来，直至案发。

办案过程

由于被告人李某某60多岁，立案后公安机关决定对其取保候审。因此，李某某并未重视，直至案件移送至法院，才想到找律师委托。

看到起诉书中“期间二人发生争执并相互拉扯在一起，在被害人侯某某的丈夫平某某拉架过程中，三人摔倒在地”的描述，我的第一反应是起诉书中并未明确表述侯某某的损伤后果与李某某的行为之间的因果关系，那么指控故意伤害罪的逻辑是什么呢？三人又是如何摔倒的？会不会是意外呢？

接受委托后，我带着一系列的问题，立即前往法院阅卷，得知案发现场有监控视频，便立即拷贝回来反复观看。视频反映的案发现场两人撕扯倒地的经过是这样的：李某某左手抱着衣服，右手抓着侯某某的衣领，侯某某右手抓着李某某的衣领，左手抓着李某某抓自己衣领的右手，平某某站在两人中间试图将两人分开。此时李某某站立不稳向后摔倒，平某某也随即摔倒，由于李某某抓着侯某某的衣领，侯某某也摔倒在地。

根据监控视频反映的这些事实，我认为李某某不构成故意伤害罪，一方面，李某某与侯某某两人只是互相抓扯衣服，而这种行为在通常情况下不可能造成他人伤害后果的发生；另一方面，李某某没有预料到自己会倒地，倒地时由于本能地没有松开抓着侯某某衣服的手，造成侯某某摔倒致伤，这也出乎李某某的预料之外，因此不能认定李某某具有伤害故意，也就不能对其以故意伤害罪定罪处罚。

为了确定辩护观点，我组织团队成员对本案进行了讨论分析，并反复播放现场视频。看观看视频的过程中，团队一名成员又发现了一个细节：被害人侯某某在第一次倒地后，爬起来跑向家门时右髋部恰好撞到了半开的防盗门上，致其再次倒地，此次撞门及倒地可能导致了侯某某的骨折。为此，我一边让团队成员以文字的形式逐秒解读视频画面，一边立即同主审法官进行沟通。我首先提出了三人系意外摔倒，被告人李某某没有伤害的故意，拉扯行为不能认定为刑法上的故意伤害行为的观点，果然主审法官持不同意见。接着我又指出被害人侯某某自己撞到门上的事实，并当场播放视频请主审法官看，显然主审法官此前没有看到这一细节，然后我又向法官申请当庭播放视频。

开庭当日，我除了坚持李某某没有故意伤害的行为及伤害故意的辩护意见外，着重提出侯某某的损害后果不能排除自己撞伤的合理怀疑。由于正式开庭前我已将整理好的视频解读表分别交给法官、人民陪审员以及公诉人、被害人的诉讼代理人各一份，在庭审举证质证过程中又利用法官让自带电脑播放的机会，让助理配合反复播放侯某某撞到门上的镜头，公诉人及被害人的诉讼代理人均感意外，反驳理由没有任何力度。

然而开完庭后，法院却迟迟未下判决，经询问得知，被害人及其诉讼代理人要求做致伤方式鉴定，检察院已经安排公安机关委托鉴定。经过4个月的等待，一个民营司法鉴定中心就侯某某的致伤方式出具了一份鉴定意见书，在分析说明部分记载：（1）所有的股骨颈骨折都由外旋暴力引起。被鉴定人右股骨颈骨折，但关节外周肌肉及软组织未见明显肿胀、出血，医院病历未见明确皮肤软组织青紫淤血记录，故符合关节内因股骨过度内收所致骨折特征，不符合钝性外力暴力打击（或撞击）的传导性外力所致的骨折特征。（2）根据办案单位提供的受伤当时的视频资料所见，被鉴定人在第一次倒地时右髋部着地，右大腿内收，另一女性压其身上，倒地后第一次站立，左腿支撑站起后，右腿不能自主支撑，由此证明，第一次倒地已致股骨颈骨折。另外，被鉴定人倒地站起后，因右腿不能受力致站立不稳，虽与门扇有接触，但门扇活动，接触后向外移开，此力不足以导致股骨颈骨折，且与股骨劲头下骨折的致伤机制不符。鉴定结论是：被鉴定人侯某某右股骨颈骨折（头下型）符合倒地时右髋着地，右大腿内收旋力所致损伤特征。

这份鉴定意见，明确肯定了被害人骨折系第一次倒地造成，并且排除了撞击门扇造成，结论非常明确，但我却感觉其目的性太强，缺乏客观公正性。首先，鉴定意见对视频内容做了曲解。鉴定意见中鉴定机构认为侯某某“倒地后第一次站立，左腿支撑站起后，右腿不能自主支撑”，但根据视频内容，在16时58分20秒时，侯某某自主爬起时先用右脚撑地，紧接着左脚向前跨出一步，右腿跟进时撞到半开的门上再次向后坐倒在地上，从侯某某迅速起身到撞到门上摔倒，不过2秒的时间，且是在运动状态，都没有完全站立，鉴定意见中所说的“倒地后第一次站立，右腿不能自主支撑”的情况缺乏事实依据。而视频中反映的事实是，侯某某不但用右脚站地自主爬起，而且以很快的速度向屋里奔跑，行动迅速，丝毫看不出有骨折的迹象。其次，鉴定机构认为“虽与门扇有接触，但门扇活动，接触后向外移开，此力不足以导致股骨颈骨折”缺乏有力的论证支撑。因为仅通过看视频，而不考虑当事人体重、撞击力度、运动速度、门扇质量、门扇运动等因素，就认为“此力不足以导致股骨颈骨折”显然缺乏科学依据。

为了求证鉴定意见中涉及的医学论证是否准确，我特意联系了区内某医院骨折主任医师级专家进行咨询，得到三点意见：（1）鉴定意见中所称“所有的股骨颈骨折都由外旋暴力引起”结论错误，因老年人髋周肌群退变，反应迟钝，不能有效地抵消髋部有害应力，加之髋部受到应力较大，局部应力复杂多变，因此不需要多大的暴力，甚至在无明显外伤的情况下都可以发生骨折；（2）鉴定意见中“关节外周肌肉及软组织未见明显肿胀、出血，符合关节内因股骨过度内收所致骨折特征”的说法错误，医学上无“股骨过度内收”的说法，所谓内收骨折和外展骨折是按照骨折线的方向进行分类的，并不是一种致伤方式，而且一般股骨颈骨折多系囊内骨折，骨折后出血不多，又有关节外的丰厚肌群包围，因此外观上局部不易看到肿胀；（3）被鉴定人在撞到门后又一次向后摔倒，无法判断骨折是第一次摔倒还是这一次摔倒所致，以及每次摔倒的参与度。专家建议，可以找骨科教科书进一步查找依据，为此我又找骨科朋友借来了《外科学》《实用骨科学》两本书，在朋友的帮助下，搞清了相关的专业知识。

得知法庭通知鉴定人出庭后，我准备了针对鉴定人发问的关于鉴定人执业经历及专业方向、骨股颈骨折专业知识、本案委托鉴定程序及具体鉴定情况4个方面共39个问题。在庭审中，针对我专业知识方面的发问，鉴定人刚开始的回答模棱两可，后来干脆拒绝回答，认为与本案无关。我向法庭重审，鉴定人的专业能力关系到本案鉴定意见的专业性及客观性，并且“外旋暴力”是鉴定书中的用语，如果鉴定人对此都无法回答，那么鉴定意见的可信度则令人质疑。在主审法官的要求下，鉴定人思考再三才勉强回答“外旋暴力通俗讲就是倒地过程中肌肉收缩，腿往内转就是内旋，往外转就是外旋，本案骨折的部位是头下性骨折，内旋性”，显然这一回答与其鉴定书中“所有的股骨胫骨折都是由外旋暴力引起”的结论相矛盾。

虽然鉴定意见漏洞百出，庭审中鉴定人的回答自相矛盾，似乎案情有峰回路转的希望，但是在庭后与主审法官沟通时我又得知，合议庭认为鉴定意见很难被推翻。努力至此，又倍感无奈。为了化解矛盾，取得对当事人最为有利的结果，我和当事人沟通，案件定性交由法院最后认定，双方先就附带民事赔偿部分进行调解，最终双方在法庭的调解下达成协议，李某某赔偿侯某某各项损失共15万元，侯某某撤回附带民事诉讼并出具谅解书。

复 盘

本案由邻里纠纷引发，被告人李某某和被害人侯某某都是60多岁的老人，在公安机关、公诉机关以及法院都认为构成犯罪，存在的问题只是就附带民事部分达成赔偿并取得谅解适用缓刑的情况下，我和团队成员通过详细解读视频还原案发现场，发现疑点，提出合理怀疑。

首先，就摔倒过程中被告人是否具有伤害故意进行论证，我们参考了张明楷教授在《故意伤害罪司法现状的刑法学分析》[1] 一文中的观点，拉扯行为缺乏伤害故意，对倒地摔伤被告人难以预见，因此不构成故意伤害罪。

其次，就被害人损伤后果是第一次摔倒造成还是撞击门或撞门后第二次摔倒所致提出怀疑，在这一意见提出后，合议庭倾向性意见认为应判无罪。之所以未下判决是因为又做了致伤原因的鉴定。

最后，针对鉴定意见书中的专业问题，我们积极请教专业人员，深入研究，抓住关键。显然基于固有思维，法官表示不能轻易推翻鉴定意见，然而我们的工作却得到了法官、陪审员，甚至被害人诉讼代理人的认可和赞赏，李某某多次表示对我们的辩护工作非常满意。

思维运用

所谓还原思维，是指在人类寻根探源的还原意识基础上形成的一种思维方式， 它的实质是把事物返回到其所在的整体系统与原初状态中去进行考察，以获得对事物的真实把握。我国刑事诉讼法规定，公安机关对刑事案件进行侦查时，要收集、调取犯罪嫌疑人有罪或者无罪、罪轻或者罪重的证据材料，实

1 张明楷：《故意伤害罪司法现状的刑法学分析》，载《清华法学》2013年第1期。

际上也是旨在通过证据来还原案发过程。

我国《刑法》第14条规定，“明知自己的行为会发生危害社会的结果，并且希望或者放任这种结果发生，因而构成犯罪的，是故意犯罪”，其中的“自己的行为”是指造成结果的具体行为，而不是抽象的一般意义上的行为。但是在司法实践中，在一些司法人员看来，只要某种不当行为造成他人轻伤，行为人就要负刑事责任。这种意识在故意的判断上采取的就是抽象符合说。如何打破审判人员这种固有思维，换个角度看到不一样的案发现场，就需要辩护律师的辩护思维发挥作用。

一般故意伤害类案件的不同之处就是事情发生在特定的一个场景下，现场的场景性非常强，如能还原案发过程，更有利于对当事人行为的认定，进而做出正确判断。很多情况下，通过证据还原案发现场存在信息丢失的情况，但在有视频证据的情况下，要善于发现和抓住关键细节，找出不能排除合理怀疑的要点，就能达到反驳指控的目的。

每一个案件不可能都成为经典案例，但每一个案件都需要律师用心去做，还原事实，还原真相。

服务者思维：如何做到客户体验极致化？

郭　剑[1]

思维边界

刑事辩护表面上表现为法律问题，但本质上是服务问题。如果站在法律服务提供者的角度，我们就能够理解当事人意见的合理性，继而在处理案件的过程中充分尊重和重视当事人的意愿，并积极与当事人共同制定符合当事人意愿的辩护方案，从而获得当事人的信任和认可。即使在案件结果不理想的情况下，也能取得当事人的理解。

案情简介

2018 年 4 月至 9 月，张某通过微信、支付宝付款方式从多个“上家”购买实名注册微信号、银行卡信息（姓名、身份证号码、银行卡号、手机号码）等公民个人信息，通过其个人网站、微信、QQ 等聊天软件向他人公开售卖，并通过微信、支付宝扫码收款等方式收费。公安机关接到群众举报后展开了侦查，传唤并讯问了张某，并在张某住处搜查扣押了用于建设网站、进行交易的电脑、手机等作案工具，从中提取了张某买卖微信号和银行卡信息的交易记录。通过让张某进行辨认的方式，计算统计张某的获利金额为人民币 8 万余元。此

1　盈科第三届全国刑事诉讼法律专业委员会副秘书长，盈科晋城刑事法律事务部主任。

案被公安机关以侵犯公民个人信息罪，移送检察院审查起诉。检察院经审查，认为张某构成侵犯公民个人信息罪，且情节特别严重，遂向法院起诉。

本案为当地首例侵犯公民个人信息案，公安机关在侦破此案后，以侵犯公民个人信息，可能导致公民隐私泄露，造成人身、财产危险，需要引起社会大众的警惕为出发点，通过新闻媒体进行了广泛宣传，引起了社会舆论的关注。

办案过程

我们团队接受本案的委托之后，通过会见，向当事人了解案件的相关事实，当事人对所指控的涉案事实供认不讳。

在此情形下，我们在案件审查起诉阶段，着重对相关证据进行审查。初步审查之后，我们发现侦查机关并未对涉案的公民个人信息进行条数统计和调查核实；对于获利金额的认定是将当事人的微信、支付宝上的交易记录清单截图打印之后，让当事人进行辨认后统计得出的；对于当事人购买涉案信息的"上家"的信息来源没有进行侦查取证；对于"买家"购买涉案信息的目的和用途也没有进行调查取证。

我们团队在此之前并未承接过类似侵犯公民个人信息的犯罪案件，所以对该类案件的相关法律依据并不十分熟悉。在会见过程中，当事人提出了以下几点意见：第一，买家购买实名注册微信号的目的是聊天和使用收发红包功能，购买银行卡信息是用于绑定买家自己已有的微信号，实现该微信号的收发红包功能。第二，实名注册的微信号中有很多微信号是使用境外电话注册的，不应当是国内公民的个人信息。银行卡信息中很多身份证号码是15位，且大部分出生日期是四几年、五几年的，有可能已不在人世。银行卡信息中的很多手机号码是腾讯公司的虚拟手机卡；另外，"上家"曾经告诉张某，这些银行卡信息是通过软件生产的。第三，这些信息的交易流程不是指控的先买后卖，而是先卖后买，其实际获利并没有 8 万元之多。

在提出审查起诉阶段的辩护意见时，我们根据当事人的意见，查找了相应的法律规定，并给予了解释，解决了当事人的一些疑惑，让当事人能够以更客观、平和的心态去面对案件。

对于律师的意见，检察官提出了自己的看法，认为只要发生了买卖公民个人信息的行为，就构成此罪。至于所买卖的公民的个人信息是否真实，查证难度较大，并不影响定罪。对此，我们通过大量的检索工作，检索到武汉大学法学院叶小琴、赵忠东在人民法院网上发表的《侵犯公民个人信息罪的犯罪对象应当是真实的个人信息》一文。这篇文章从体系解释、认识错误、法益等角度出发，认为侵犯公民个人信息罪的犯罪对象应当是真实的个人信息；从实体法与程序法的关系出发，认为公诉机关应当举证证明个人信息是真实的个人信息。我认为该文章的观点有助于支撑我们的辩护意见，于是同检察官就相关问题进行了再次的沟通。

检察官将本案退回公安机关补充侦查，公安机关针对银行卡信息的真实性，提取了其中 33 组信息进行列表说明：通过公安网进行核实，提取的 33 组信息中的公民姓名和身份证号码都是真实的，并出具了书面情况说明。检察官据此认定，当事人买卖的信息都属于真实的公民个人信息，坚持将本案起诉至法院。对此，当事人根据自己的判断，仍然坚持认为这些信息都是假的，并反复就此事向律师陈述意见。

我们经考虑认为，当事人陈述的意见非常有道理，其中存在的一些疑点，至今没有确实、充分的证据可以解释或排除。结合当事人的意见，我们团队成员进行了讨论，开展了以下工作。

1. 通过网络查询以及向腾讯公司客服咨询的方式，了解了腾讯公司关于微信号注册、实名注册、绑定银行卡信息的相关规则，确认当事人意见的可能性。

2. 使用团队成员自己的微信号，进行相关实名注册、绑定银行卡信息的操作，确认通过微信号和登录密码登录微信号后，无法通过操作反向查询到用于实名注册的微信号的公民身份信息，即无法识别特定自然人的身份信息。

3. 制定询问策略，分别拨打33组信息中的手机号码，最终统计结果为，无一能够打通。

4. 通过案例的检索，我们检索到此案临近地市法院的一个案例，其中认定QQ号不属于公民个人信息。

5. 关于公民个人信息条数的认定，我们检索到最高人民法院刑五庭李静然审判员在《法律适用》上发表的《侵犯公民个人信息罪的情节要素与数量标准研究》一文。这篇文章的观点是："侵犯公民个人信息罪在司法实践中多采用'组'作为认定个人信息的数量标准。"根据此观点，我们认为，本案银行卡信息的真实性不能仅仅只证明姓名和身份证号码的真实性，而应当证明每组信息的全部要素，即姓名、身份证号码、银行卡号、电话号码的全部真实性，并且证明可以以此识别特定自然人的身份，才达到了证据确实、充分的标准。并且此证明过程在客观上是可以实现的。而现有证据无法排除上述合理怀疑，因此，不能认定银行卡信息是真实的公民个人信息。

在本案开庭审理之前，就本案的诉讼策略，我和当事人经沟通达成一致：因本案的基本事实清楚，也经过新闻媒体的宣传报道，无罪辩护难度较大。最高人民法院、最高人民检察院《关于办理侵犯公民个人信息刑事案件适用法律若干问题的解释》第10条规定的情形，本案当事人的行为完全符合。当事人系公安机关电话通知到案，可以认定为主动投案，当事人到案后的供述稳定，可以认定为如实供述，符合自首的规定。各种情形累加，我们认为可以从轻从宽判决。但前提条件是，不能认定情节特别严重。因此，我们的策略是：当事人积极认罪，辩护律师从法律适用和证据审查的角度进行辩护。

庭审过程中，辩护人经过发问，让当事人在表示认罪的前提下，提出了自己对于自控事实细节的质疑。在质证阶段，辩护人特别针对本案调取的微信、支付宝交易记录的证据属性属于电子证据；本案公安机关对电子证据的搜集提取不符合法律规定；公安机关关于银行卡信息真实性的取证不完全，出具的情况说明不能作为定案根据等问题发表了核心质证意见。在此基础上，辩护人在辩论阶段针对本案的定罪问题，发表了三点实质性意见：第一，实名注册的微信号不是公民的个人信息。因为通过买卖微信号所获得的信息无法识别特定自然人的身份；第二，证明银行卡信息真实性的证据不足。公安机关没有尽到侦查取证的职责，在客观条件允许的情况下，没有证明核实了 33 组证据中所有信息的真实性；第三，获利 8 万余元的证据不足。提取的用于辨认的微信、支付宝交易记录不符合电子数据的取证要求，辨认过程难以保证真实性。只要此三点意见中的任何一点成立，都可以实现当事人不构成“情节特别严重”的目的。

公诉人对于辩护人的质证意见，没有实质性的反驳，只是回复认为，公安机关的调查取证合法有效，应当依法认定。公诉人还在发表的意见中，提到了辩护人对本案做的大量工作，也曾多次向公诉人提出过辩护意见。对此，我们确实感觉到有点意外，但却得到了当事人旁听亲友的认可。

开完庭后，法官表示会认真考虑我们的辩护意见。但本案由于时间原因，没有能够召开庭前会议，法官对案件不太熟悉。庭审举证质证环节，公诉人是全面举证，辩护人是全面质证。我们感觉有些意见，法官并不一定能够全部听清，因此还有进一步沟通的必要。经与当事人家属沟通之后，我在庭审数日之后，与法官再次进行了面谈，一方面沟通退赃事宜，另一方面重新陈述我们关于证据的意见。但是对于微信、支付宝交易记录属于电子数据还是书证，我和法官产生了分歧。为此，我重新补充了对这些证据的书面质证意见。

在整个办案过程中，我们团队和当事人的家属方面，建立了用于联络的微信群。在不透露涉密信息的情况下，我们及时将工作进展和成果向家属进行展示。对于每一个我们自己无法解释的问题，我们都要会见当事人，听取当事人自己对这些问题的看法。对形成的辩护思路和意见，我们会讲给当事人和家属听，并反复确认已听明白，再确认对于这些意见的看法。通过这些做法，我们和当事人及家属建立了良好的沟通渠道，并取得了良好的效果。本案虽然因为一些客观原因，时间拖得很长，但当事人和家属都对律师抱有充分的信任，并愿意共同努力争取好的结果。本案在本文写作之时，还未形成判决，我与法官沟通后，法官承诺将对我们的辩护意见予以充分认真的考虑。

复　盘

本案的第一个问题是，办理此案的公、检、法和律师以及当事人，都是第一次面对此类案件，既往的办案经验无法对本案形成有效指导；第二个问题是，本案在公民个人信息的司法认定以及信息真实性的查证程序上，没有非常明确的法律规定和有效的案例可以参照；第三个问题是，当事人对案件事实供认不讳，但公安机关的调查取证存在明显的错误；第四个问题是，除当事人本人外，所有的办案人员对于计算机网络技术和微信规则都不熟悉。

以上问题，导致我们在办理此案过程中，不但要提出事实和法律上的理由和依据，要对证据进行认真细致的审查，还要对计算机网络技术和微信规则进行学习，进而可以帮助当事人向法官解释清楚为什么当事人认为微信号不属于公民个人信息，并匹配法律上的认定标准。让法官在事实基本查明的基础上，能够正确做出法律判断。

律师能够认识到自己法律服务提供者的身份，充分尊重和重视当事人的意见，让当事人感觉到我们对其意见能够听得进、听得懂，并且充分重视其所关注的问题，让当事人能够在整个辩护服务的过程中，不但感受到律师的专业水平，也能够体验到超出其预期的服务，真正做到“法律服务专业化，客户体验极致化”，这才是律师作为法律服务提供者的本质。

思维运用

笔者常常思考一个问题，当事人是如何判断律师优劣的？经过长期的观察和研究，我总结了几点可供大家参考。

第一，当事人只是不懂法律，并不是什么都不懂。面对当事人，我们要放下自己的架子，勇敢地承认我们在有些方面的无知。有时候坦诚自己的无知，往往可以给当事人诚实可信的感觉。

第二，律师要学会有效的沟通技巧，将复杂的问题简单化、形象化，与当事人进行充分的沟通。举重若轻、删繁就简往往是专业水平的体现。

第三，律师做了大量的分析论证，提供了各种诉讼策略，撰写了各类法律文书，这与当事人无关。过多地展示我们认为重要的工作，当事人会有自己不被重视的感觉，而对当事人重视的事情，律师要给予高度的关注，相应地，当事人才会对律师给予尊重。

综上所述，要做好刑事辩护，首先，我们要用专业的能力和技巧帮助当事人解决问题；其次，在解决问题的过程中，我们要关注我们认为解决的问题是不是当事人真正关注的；最后，在解决我们关注的问题时，要注意当事人所关注的问题是否得到了充分的考虑和圆满的解决。从客户体验的程度来讲，满意是基础，惊讶是提升，惊喜是用心，感动才是我们的追求。

前移辩护思维：如何在审查起诉阶段争取无罪？

肖亮斌[1]

思维边界

一桩刑事案件被移送到法院后，辩护人要想实现无罪辩护的目标，在当前的大环境下，其难度不言而喻。很多人都认为刑事辩护的“主战场”是在法庭上，他们认为律师在法庭之外能起到的作用是非常有限的。但是事实并非如此，近年来辩护律师在法庭之外，特别是在庭前辩护方面，发挥着越来越重要的作用，通过辩护律师的不懈努力，一些案件在侦查阶段或审查起诉阶段就取得非常好的效果，最终被撤案或被不起诉。

案情简介

2017 年 2 月 23 日，江西省 J 市 H 县公安局以黄某涉嫌诈骗罪向 J 市 H 县检察院移送审查起诉。

J 市 H 县公安局在移送审查起诉书中认定，2011 年 4 月开始，被害人李某承包了江苏省 N 市 H 县某钢厂频炉包打钢炉炉料工程，经他人介绍，聘请

1　盈科第三届全国刑事诉讼法律专业委员会副秘书长，盈科南昌刑事法律事务部主任。

犯罪嫌疑人黄某在该钢厂频炉包打钢炉炉料工程现场负责该工程的财务会计、货物采购收货、工人工资发放、货款支付等方面的工作（此前黄某也在该项目受曾某聘请负责财务工作），直至 2015 年 2 月工程合同到期。黄某在被李某聘请工作期间，采用虚报每月杂费开支（2013~2014 年连续两年每个月虚报 1 万元开支）、虚报每月原材料进货吨位数及运输费用（2013 年每月虚报一车原材料，每车约 50 吨），以及隐瞒货款支付、私自截留工程款等方式骗取工程款。黄某将骗取到的大部分工程款私自从“对公账户”（受聘初期李某要求黄某办理了一张中国农业银行卡，用于对公账目的往来）转移隐藏到自己及亲属名下的账户上，另外一小部分用于日常刷卡、取现挥霍。经查实，黄某利用虚报日常开支、虚报原材料吨位数的方式骗取工程款约 70 万元，骗取的工程款被用于购买汽车（黑色丰田凯美瑞）、对外投资、私人外借、偿还贷款、奢侈消费等。另外，通过调取所有银行流水发现还有数十万元资金由黄某私自从“对公账户”上支出，但未能提供资金去向及理由。

H 县公安局认为，黄某以非法占有他人财物为目的，采用虚报日常开支、虚报原材料吨位数及运费等方式骗取李某工程款 70 万元，数额特别巨大，应当以诈骗罪追究其刑事责任。

办案过程

北京市盈科（南昌）律师事务所刑事辩护律师团队在接受本案犯罪嫌疑人黄某及其家属的委托后，立即到 H 县人民检察院拷贝了全案的证据材料。通过仔细阅卷和多次会见，辩护人发现该案起诉意见书中对于犯罪嫌疑人黄某实施的犯罪行为非法占有财物数额的认定，显然事实不清，证据不足。

首先，对于犯罪嫌疑人黄某采用虚报杂费开支的方式，非法占有公司项目组的财物数额的认定，事实不清，证据不足。犯罪嫌疑人黄某在公安机关的讯问过程中供述称，其在2013年年初至2014年12月，采用虚报日常杂费开支的形式，每月多报1万元日常杂费。辩护律师在会见犯罪嫌疑人黄某时了解到，公司项目组在2013年因为员工出现工伤事故而停产将近两个月，停产期间显然无法对日常杂费开支进行虚报。而根据被害人李某向公安机关提供的由犯罪嫌疑人黄某制作的2013年1月至2014年5月支出、收入报表明细账册中却未看出有停产的迹象。此外，在这份账册中，有4张报表明细的登记时间分别为2011年4月30日、2011年7月31日、2011年8月31日、2011年12月31日，这些时间明显早于犯罪嫌疑人黄某到打炉项目组工作的时间。因此，辩护律师对这些收支、明细报表账册的真实性存疑。而且，犯罪嫌疑人黄某在公安机关补充侦查的讯问过程中还提到，其家中有一个用于记录日常杂费开支的账本，但是在公安机关随卷所附的账册中却并未发现有此账本，并且扣押清单中也未对扣押的账本内容予以说明。该账本究竟是未被扣押还是公安机关未予以提供，不得而知。由于犯罪嫌疑人黄某的供述和书证之间存在矛盾，且书证的真实性也存在疑问，而能证明案件事实的关键证据——日常杂费开支账本——却未能找到。因此，辩护律师认为，对于犯罪嫌疑人黄某采用虚报杂费开支的方式，非法占有公司项目组的财物数额，因事实不清，证据不足，难以认定。

其次，对于犯罪嫌疑人黄某采取虚报货物吨位数的方式，非法占有某公司项目组的财物数额的认定，事实不清，证据不足。犯罪嫌疑人黄某在公安机关的讯问过程中供述，其在2013年期间每月都会虚报一车货及相关运费，并以100元每吨的好处费找周某帮忙，共给周某好处费5万多元。而根据证人周某的陈述，其在2013年期间，为犯罪嫌疑人黄某虚报吨位数只提供了七八个月的帮助，每月一车，每车在50.5吨左右，大概有400吨，事后黄某给了其三四万元的红包。在这之后犯罪嫌疑人黄某便没有找过周某帮忙配合虚报吨位的事情。此外，在公安补充侦查的过程中，李某曾向公安机关提交了周某登记吨位数的计数本，可是在补充侦查卷内却并未找到相应的账册。由于证人周某的证言和犯罪嫌疑人黄某的关于虚报吨位数的月份之间存在矛盾，而唯一能证明案件事实的计数本却未见提供。因此，辩护律师认为，对于犯罪嫌疑人黄某采用虚报吨位数的方式非法占有公司项目组的财物数额，因事实不清，证据不足，难以认定。

最后，各类款项支出数额未能确定，难以认定犯罪嫌疑人采取隐瞒货款支付、私自截留工程款等方式非法占有的财物金额。第一，工程方面的货款及运输费支出的具体数额未能确定。根据犯罪嫌疑人黄某的供述和银行流水账单的显示，黄某持有的尾号为 27512、11414 银行卡中的款项有很大一部分是用于工程方面的货款及运费支出。辩护律师认为，在未查明货款及运输费等具体支出数额之前，不能草率地确定犯罪嫌疑人黄某实施犯罪行为所非法占有的财物数额。第二，工程方面的日常杂费开支具体数额不能确定。公安机关出具的证据材料卷扣押物品、文件清单显示，从犯罪嫌疑人黄某家中扣押的账本有 6 册。辩护律师在会见犯罪嫌疑人黄某的过程中了解到，这 6 册账本中有 1 册是用于记录日常杂费开支（每月数万元），然而这一关于日常杂费开支的账本在所有的证据材料中并未见提供。辩护律师认为，在未查明工程日常杂费开支具体支出数额之前，不能草率地确定犯罪嫌疑人黄某实施犯罪行为所非法占有的财物数额。第三，工程方面的工人工资具体数额不能确定。根据公安机关提供的证据材料，只能确定工程开展过程中 2014 年 1~11 月每月的工人工资支出。因其他月份的工人工资支出账册未见提供，因此无法确定工程方面的工人工资的具体数额。辩护律师认为，在未查明工程方面的工人工资的具体支出数额之前，不能草率地确定犯罪嫌疑人黄某实施犯罪行为所非法占有的财物数额。

在梳理出本案存在的上述问题后，辩护人在检察院审查起诉期间，围绕该案定罪证据方面存在的问题，向H县检察院提交了多份关于黄某涉嫌诈骗罪一案事实不清、证据不足的法律意见书。针对公安机关在起诉意见书中关于黄某的行为涉嫌构成诈骗罪的认定，我们团队经开会研讨后，制定了如下辩护方案。

一、针对以虚报每月日常杂费开支的方式实施诈骗行为的辩护方案

1. 提出现有证据无法证实黄某以虚报日常杂费开支的形式实施了诈骗行为的辩护意见

2. 申请调取关键证据——日常杂费开支账本

二、针对以虚报每月原材料进货吨位数及运输费的方式实施诈骗行为的辩护方案

与起诉意见书认定的黄某以虚报日常杂费开支方式实施诈骗行为类似，认定黄某以虚报每月原材料进货吨位数及运输费的方式实施诈骗行为的证据，仅有犯罪嫌疑人黄某本人的供述，再无其他证据予以佐证。在仔细分析了案卷材料后，辩护人认为本案现有证据无法证实黄某实施了上述诈骗行为。为此，我们准备了如下方案：

1. 提出现有证据无法证实黄某以虚报每月原材料进货吨位数及运输费的形式实施了诈骗行为的辩护意见

2. 申请调取关键证据——对证人周某重新制作询问笔录

三、针对以隐瞒货款支付、私自截留工程款的方式实施诈骗行为的辩护方案

起诉意见书指出，犯罪嫌疑人黄某除了采用上述两种方式实施了诈骗行为以外，还以隐瞒货款支付、私自截留工程款的方式实施了诈骗行为。针对起诉意见书的该项认定，辩护人经过阅卷后发现，与该行为似乎有关联的证据，仅有被害人李某与犯罪嫌疑人黄某之间的银行流水记录、黄某与其家人之间的银行流水记录、黄某个人银行账户的流水记录。但是，仔细推敲后会发现，根据这几组证据无法确定黄某究竟以前述方式诈骗了被害人李某多少数额的工程款。因为，黄某转给其家人的款项及其个人的支出款项，不仅有被害人李某的转账，还有其个人的工资、奖金、他人的还款以及对外投资的收益等。因此无法确定黄某以上述方式诈骗了被害人李某工程款的具体数额。

基于此，辩护人在向检察院提交的法律意见书中，同样针对上述问题，指出了该案现有证据无法证实黄某以隐瞒货款支付、私自截留工程款的方式实施了诈骗行为。

H 县人民检察院对该案进行审查并两次退回补充侦查后，于 2017 年 9 月 4 日依法对犯罪嫌疑人黄某作出不起诉决定书。该不起诉决定书认为，“H 县公安局认定的犯罪事实不清、证据不足，黄某以每月虚报一万元杂费开支的方式骗取被害人的钱款只有黄某的供述，没有其他任何证据予以证实；以私自截留货款及伙同他人虚报原材料进货车次的方式骗取被害人货款的数额无法确定，不符合起诉条件”，故依法对黄某做出不起诉的决定。在申诉期满后，黄某没有申诉，被害人李某也未向 H 县人民检察院申诉，也未要求提起公诉或直接向 H 县人民法院提起自诉。

复　盘

本案中，H 县人民检察院在整个办案过程中，均贯彻了“疑罪从无”的刑事诉讼法律原则，对于事实不清、证据不足的刑事案件主动做出存疑不诉的决定。此外，承办检察官积极听取辩护人的意见和建议，在发现问题后，及时将案件退回公安机关进行补充侦查。虽然公安机关补充提交了部分证据材料，但仍然不足以证明该案的犯罪事实。检察院并未像坊间所说的“公安做饭、检察院端饭，法院吃饭”那样，在整个刑事诉讼活动中扮演“送饭”的角色，而是依法独立行使审查起诉职能，并最终对黄某作出了不起诉的决定。

思维运用

本案在公安机关最初决定立案侦查的时候，犯罪嫌疑人黄某的涉案金额约70万元。根据《刑法》第266条、“两高”发布的《关于办理诈骗刑事案件具体应用法律若干问题的解释》第1条等相关规定，如果黄某的诈骗行为事实清楚、证据确实充分，很有可能被判处10年以上有期徒刑。检察院在听取辩护人的意见后，审慎地审查了全案的所有证据，最终对黄某作出存疑不起诉的决定，体现了对无罪推定原则的贯彻，对于实现“让人民群众在每一个司法案件中都能感受到公平正义”这一目标具有重要意义。

本案值得思考的地方有如下几点。

一、关于存疑不诉制度

我国现行刑事诉讼法确立的存疑不起诉制度，对于贯彻疑罪从无原则，减少冤假错案，具有十分重要的意义。但由于现实中个案的证据表现形式有较大的差异，办案人员基于学识、能力的差异对“证据不足”的认识也不尽相同，什么样的案件可以做存疑不起诉处理，在司法实践中存在不小争议。这些问题可能使存疑不起诉制度的内在价值无法得到充分发挥，甚至因为案件处理中的偏差，会使一些原本无罪之人承受牢狱之苦。如何正确把握存疑不起诉案件中的“证据不足”，是当前处理这类案件需要解决的重点和难点问题。

二、关于前移辩护的问题

在检察院对本案进行审查起诉期间，辩护人和检察官的沟通是非常顺畅的，检察官表示很愿意听到我们律师关于本案的一些看法和观点。一起刑事案件被移送到法院后，辩护律师要想实现无罪辩护的目标，在当前的大环境下，其难度不言而喻。但是，在侦查阶段或者审查起诉阶段，向司法机关提出无罪或是罪轻的辩护意见，从而实现无罪或罪轻的认定，其难度相对于在庭审阶段来说小了很多。很多人都认为刑事辩护的“主战场”是在法庭上，他们认为律师在法庭之外能起到的作用是非常有限的。但是事实并非如此，近年来辩护律师在庭审之外，特别是在庭前辩护方面，发挥着越来越重要的作用，通过辩护律师的不懈努力，一些案件在侦查阶段或审查起诉阶段取得了非常好的效果，最终被撤案或被不起诉。

《刑事诉讼法》第 34 条第 1 款规定：“犯罪嫌疑人自被侦查机关第一次讯问或者采取强制措施之日起，有权委托辩护人；在侦查期间，只能委托律师作为辩护人。被告人有权随时委托辩护人。”通过本案，我更加深刻地理解了这一法条的含义，辩护律师，作为犯罪嫌疑人、被告人委托的辩护人，其刑事辩护的“主战场”不能仅停留于法庭之上，还应当更加注重庭前辩护。

破局者思维：如何做到变中求破，破中求生？

付金彪[1]

思维边界

何为破局者思维？斯坦福大学教授保罗·瓦茨拉维克在其所著的《改变》一书中提到，事情改变的两种形式为第一序改变和第二序改变。“第一序改变”就是在不改变原有模式的情况下，在系统内改变状态和体验等，而“第二序改变”则是通过改变原有模式来改变系统，进而改变结果。破局者思维的核心就是做“第二序改变”。尤其是遇到僵局的时候，在“第一序改变”上努力通常无效，这时需要切换到“第二序改变”上来，用破局者思维，打破原有的思维束缚，建立新的秩序以突破僵局。

案情简介

2018年1月29日23时许，张某因怀疑夏某（KTV陪唱女）与其丈夫孙某有不正当男女关系，伙同被告人范某、张某雨、刘某、韩某驾车将夏某乘坐的汽车强行截留，张某5人将夏某从车内拽出，拉至马路中间，对夏某进行殴打。

1 盈科第三届全国刑事诉讼法律专业委员会副秘书长，盈科天津刑事法律事务部主任。

在殴打过程中，张某等人强行将夏某的衣服扒开，裸露夏某的上身及性器官，同时张某雨用手机对扒衣过程进行了录像，后将录像传播至互联网上，造成了恶劣影响。经群众报案，民警赶赴现场将双方带至派出所，2018 年 1 月 30 日张某与夏某在派出所签订治安调解协议书，张某赔偿夏某 1 万元，双方互不追究责任。

2018 年 2 月 10 日天津市某区分局下辖派出所在工作中发现网上有一段数名女子殴打并侮辱一名女子的视频，经查，范某、刘某等人涉嫌寻衅滋事罪，公安机关依法受理案件，并于 2018 年 2 月将范某、刘某、张某雨抓获。2018 年 5~6 月张某、韩某分别向公安机关主动投案。随后张某家属代所有犯罪嫌疑人又赔偿被害人 5 万元。被害人出具谅解书，对张某等 5 人表示谅解。公安机关指控张某等 5 人犯强制侮辱罪并移送天津市某区人民检察院审查起诉。

张某认为，夏某和她的丈夫孙某存在不正当的男女关系，出于保护自己婚姻和家庭的目的，张某曾于案发当天 10 时左右与夏某协商解决此事，夏某承诺不再与张某的丈夫交往，但是当天 23 时多，张某等人又意外发现夏某与孙某先后出入同一家歌厅，张某等人一时冲动，想殴打夏某出气，对于她来说，夏某就是破坏她的家庭的第三者，原配为了保护家庭对抗第三者破坏家庭的行为是符合道德规范的，没想到在这个过程中犯了这么严重的错误。

张某等 5 人的行为不仅给夏某带来了伤害，其录制的视频在网上广泛流传，产生了重大的社会影响，受到了社会各界人士的广泛关注，天津市政法委、天津市公安局亲自督办此案。我接受了本案第一被告人张某家属的委托，担任其辩护人。在了解了基本案情后，我第一感觉是本案中公诉机关对张某等人指控的罪名是不适当的。张某等人的行为不构成强制侮辱罪，认定为侮辱罪更为适当。

办案过程

我在接受委托后立即与承办检察官取得了联系，约定时间复印了全部案卷材料。此后，检察机关两次退回补充侦查。在分析案卷材料中的相关当事人笔录、证人证言、被害人陈述、鉴定意见等材料后，我认为基本事实没有太大的出入。对于该案，我希望能够在审查起诉阶段通过常规的方式让检察官改变对张某强制侮辱罪的指控，认定为侮辱罪，实现罪轻辩护。

在确定办案思路后，我查阅了相关法律法规和司法解释。强制侮辱罪是选择性罪名强制猥亵、侮辱罪中的一个，是《刑法修正案（九）》新修订的罪名；侮辱罪规定在《刑法》第 246 条第 1 款。我对这两个罪名进行了深入的比较研究后认为，《刑法》规定了强制侮辱罪和侮辱罪两种罪名，两者在客观行为表现上具有类似的行为，可能是言语行为，甚至是扒光夏某的行为。但是，强制侮辱罪的量刑标准是 5 年以下，加重情节是 5 年以上；而侮辱罪属于自诉案件，且量刑在 3 年以下。为什么同一行为刑期会有如此大的区别呢？主要是因为两个罪名侵犯的法益不同。要准确地区分两罪，需要考虑以下两个方面：一是犯罪的主观动机。强制侮辱罪，主观上具有满足性欲，有流氓动机，最重要的是侵犯人的性羞耻心、性自由权。因为性羞耻心与性自由权是一项特别的权利，需要法律特别加以保护，因此需要用更加严厉的刑法处罚；侮辱罪一般是出于泄愤、报复、贬低他人人格、损坏他人声誉的主观动机。二是对象是否特定。由于强制侮辱具有满足性欲、有流氓动机，对象一般不特定，施害者往往会随机选择作案对象；而侮辱罪多是事出有因，攻击的目标确定。因此，两罪的区别是显而易见的，在客观行为相同的情况下，就需要通过分析主观动机和攻击目标是否特定进行准确区分。该观点在人民法院出版社出版的《公检法办案标准与适用》（第三卷）一书的第 1772~1780 页，进行了详细论述。具体到本案，结合张某的供述和夏某的询问笔录，案发当天上午夏某已经与张某达成一致，夏某不再接触孙某，但是当天晚上张某又看到夏某与其丈夫孙某先后出入同一家歌厅而非常生气，才对夏某进行了殴打和辱骂。由此可以看出张某当时的主观心理并非是为了追求刺激、满足行为人的性欲，也不具有寻求刺激、填补精神需求的主观动机。殴打夏某的主观目的是由于夏某与孙某之间有不正当的男女关系，出于泄愤、报复才进行殴打，主观上是为了羞辱夏某，让其出丑。因此，张某不具有强制侮辱罪的主观目的，以强制侮辱罪追究其刑事责任是不适当的，属于法律适用错误。

为了能让检察官对本律师的观点有一个直观的感受，更是为了增加该观点的说服力，根据检察机关指控的罪名以及案件的主要行为事实，我对我国近年来出现的相似案件进行了案例检索，找到了相似案例。例如，在覃某与农某侮辱罪一案［（2015）靖刑初字第 107 号］中，被告人农某发现覃某与其丈夫有不正当的男女关系而对覃某怀恨在心，蓄意报复泄愤，将覃某的衣服扒光，并拍照上网，法院最终认定为侮辱罪。在检索出相似的案例后，极大地增强了我对该案的信心。

由于该案受到高层领导和广大社会群众的广泛关注，该案进入审查起诉阶段后检察院的压力非常大。在这样的形势下，我如何才能说服检察官改变起诉的罪名呢？在深入思考后，我向检察院出具的法律意见书中对本案张某等 5 人的行为深入分析，重点阐述了两罪的区别和在本案中的法律适用问题，同时提出关于张某的量刑问题。不仅如此，我还向检察院的主办检察官递交了案例检索报告等材料，努力说服主办检察官，使其改变对张某的起诉罪名。检察院的领导高度重视本案，在我递交上述材料后，在主办检察官的推动下，检察院内部进行了多次研讨，然而在该案件中被告人应认定罪名的问题上争议非常激烈。在与检察院的沟通中得知，主办检察官更倾向于我的观点，将张某等 5 人以侮辱罪起诉，在 3 年以下量刑。但是在检察官联席会议上，其他检察官更倾向于按照强制侮辱罪起诉，建议在 5 年以上量刑。该案件在检察院出现僵局，我试图从检察院切入，改变指控被告人的罪名，实现罪轻辩护的目的落空。检察机关最终还是按照强制侮辱罪起诉，指控张某等 5 名被告人对夏某进行殴打、扒衣并进行录像，以满足被告人的性刺激心理，侵犯了被害人的性羞耻心、性自由权，张某等 5 名被告人的行为均构成强制侮辱罪，5 人系共同犯罪，被告人张某、范某系主犯，且有自首情节，同时考虑到被告人积极赔偿被害人共 6 万元，并得到被害人的谅解，建议对第一被告人张某判处有期徒刑 3~5 年。

该案件由检察院移送到了法院提起公诉，通常要想在审判阶段改变罪名是非常困难的，但是我坚持认为被告人张某更应认定为侮辱罪，为了当事人的利益，再困难也要打破僵局。我在第一时间联系了主审法官，向其说明关于本案被告人张某涉嫌罪名的认定问题，同时向主审法官递交了法律意见书以及案例检索报告等材料，希望能够说服法官将该案认定为侮辱罪，在 3 年以下量刑。主审法官在研读了本律师提交的材料后，同意我的观点。但未预料到的是，作为刑庭庭长的本案审判长并不赞同我的观点，其更倾向于站在公诉人的立场上认定张某犯强制侮辱罪，案件再次陷入僵局。如何让法官动摇自由心证，改变立场，成为本案的关键问题。我陷入深思，并再次进行法律法规和案例的查询。思考再三，我又一次提交大量的相关案例给法官，并就罪名问题与其进行沟通，希望能够为张某争取罪轻的判决，但是效果并不理想。

我怀着沉重的心情和被告人张某的家属进行了沟通，看到张某的家中不仅有一个整天哭着找妈妈的两岁孩子，更有一位需要她照顾的老人。如果真的按照强制侮辱罪对张某定罪处罚，无疑会让这个家庭遭受更大的打击。不仅如此，如果对于张某处罚过重也是对破坏别人家庭，违反社会公序良俗行为的一种变相保护，无法彰显刑法宽严相济的原则，也不利于整个社会的文明和谐。

该案在胶着的状态下，我思考如何能够引起法院的重视，让法官真切地感受到本案被告人张某如果被错判、误判会给这个家庭和社会带来什么样的后果。法官也是平常人，也有人的七情六欲和生老病死。想到这里，脑海中萌生出了一个打破常规的办法，即转换身份与法官对话。在征得家属同意并深入沟通后，我以被告人家属的名义给主审法官、刑庭庭长、法院院长写了一封信，在信中娓娓道来被告人的家庭境况、本案事情的起因、周围百姓的看法，表达了我们认识的过错与悔意，并用老百姓最通俗易懂的方式表达出我们的恳切请求，试图从法理到情理，从情理到法理来打动法官，让法官同情为保护家庭而造成如此严重后果的被告人张某。同时在信的最后附上了我对该案罪名的看法和量刑建议。没想到在前期多次努力无果的情况下，一封信竟然打开了僵持的局面，法院领导在收到信后立刻召开会议研讨本案，并请示了当地中级人民法院和高级人民法院。在会上由承办法官汇报案件，法官们接受了我的建议，认为从社会角度、法益角度以及法律适用角度考虑，认定张某犯强制侮辱罪是不适当的。僵局终于被打破，法院最后改变公诉机关认定的罪名，按照侮辱罪对张某等人进行定罪量刑。被告人张某对该结果十分认可，我感到由衷的欣慰，感慨于自己持之以恒的信念以及敢于打破常规的大胆尝试，实现了由强制侮辱罪改变为侮辱罪的罪轻辩护，为张某争取到了最大的利益。

复 盘

本案之所以能够罪轻辩护成功，是因为辩护律师透彻地比较分析了张某可能涉嫌罪名的相关法律法规以及司法解释，同时进行了大量的案例检索和案件分析，确定了正确的罪轻辩护策略。

本案争议的焦点主要有两个问题，一个是定罪问题，另一个是量刑问题。辩护律师关于争议焦点进行了充分论证。第一，犯罪的主观动机。强制侮辱罪主观上具有满足性欲，有流氓动机，侵犯的是被害人的性羞耻心、性自由权；而侮辱罪一般是出于泄愤、报复，贬损他人人格、损坏他人声誉的主观动机。根据张某的行为事实，张某主观上更符合侮辱罪的主观动机，定侮辱罪更为适当。第二，关于量刑问题。本案事出有因，被害人违反了公序良俗，对本案的发生存在过错，案发后双方达成和解协议，且被告人是偶犯、初犯，有自首情节，对其量刑不应过重。本案最终取得了理想的结果，法院判处被告人张某犯侮辱罪，有期徒刑一年零 4 个月。该案的判决结果对被告人是公平公正的，对其家庭和整个社会来说都具有重要意义。

思维运用

本案在审查起诉和审判阶段先后陷入僵局，审查起诉阶段我采用常规方式破局不成，而审判阶段案件再次陷入僵局后，我开始仍然试图采用惯常方式破局，结果是破局不利；在僵持阶段，我转换思维和家属配合，律师模拟家属身份和老百姓的视角与法官进行信件沟通，促使法官、合议庭、院领导对该案起因、发展、结果进行讨论。正是因为模拟身份的转换，视角的转换，才使案件破局有术，僵局迎刃而解。人们常说谋事在人，成事在天，作为刑辩律师更应该树立事不人谋，何以天成的思维。每个案子都是一个局，优秀律师无疑应当是坚定的破局者。

极致思维：如何把每一个案子做到极致？

葛鹏起[1]

思维边界

每一位专业的刑辩律师都有自己拿得出手的经典案例，我们总是把那些曾经引起社会广泛关注的案件当作我们律师执业生涯的亮点并加以宣传。对那些冲着该律师过往“经典案例”而来并支付了相应的律师费，却又注定无法成为“经典案例”的案件当事人，我们又该如何去面对呢？本文试图通过分享一个不起眼“小案子”的办案经验，重申律师行业中至关重要的匠人精神，并时刻敦促自己，以及所有的刑辩人不忘初心，砥砺前行！

案情简介

2017 年 5 月至 2018 年 11 月 21 日，住在云南省大理州鹤庆县的唐某某、吕某某、唐小某一家人，因为自己也有打麻将的爱好，就购置了麻将机放置于自家开设的废品收购站内。除了自己一家人使用这台麻将机外，在闲暇时，他们也提供给同村前来打牌的人使用。随着时间的推移，来打牌的人越来越多、

1　盈科刑辩学院副院长，盈科昆明刑事法律事务部主任。

赌博方式也越发繁复，久而久之，唐某某一家开始向前来参与赌博的人员收取相应费用，从中抽头渔利。2018年11月21日，当地公安机关在接到群众举报后，在该废品收购站将唐某某三人及在场的参赌人员抓获。

本案经历了侦查和审查起诉阶段后，检察机关提起公诉。起诉书中认定如下事实：被告人唐某某、吕某某、唐小某三人，以营利为目的，为赌博人员提供场地、赌具和赌资等服务，在鹤庆县黄坪镇某村自家的家中组织杨某、赵某某等70余人通过打麻将、“推筒子”、“捞腌菜”等方式进行赌博，并从中抽头渔利。其间，被告人唐小某多次参与帮忙抽水。案发后，吕某某退回赃款人民币2万元。

起诉书中的事实认定部分，仅有短短的138个字，但字字斩钉截铁。一方面说明本案事实清楚、案情简单；另一方面也看得出检察机关对于本案的指控工作充满信心，辩护律师在本案中几乎没辩护空间或有效辩护的可能。

就本案的法律关系而言，也预示着在本案中，辩护律师似乎难有作为。最高人民法院、最高人民检察院《关于办理赌博刑事案件具体应用法律若干问题的解释》和最高人民检察院、公安部《关于公安机关管辖的刑事案件立案追诉标准的规定（一）》均有规定：以营利为目的，组织3人以上赌博，参赌人数累计达到20人以上的，符合《刑法》第303条第1款规定的赌博罪的犯罪构成。仅就起诉书指控的事实以及现行的法律规定而言，本案金额小、影响力低、翻盘逆转的可能微乎其微，是个名副其实的“小案子”。

办案过程

委托我们代理的是被告人唐某某、吕某某的女儿，在谈案阶段，我们了解到，三名被告人背后的关系及犯罪的原因是这样的：唐某某和吕某某是一对老夫妻，唐小某是他们的另一个女儿。老两口都是近60岁的老人，他们平时也有正经的职业，就是在小镇上开了一家废品收购站，以收购废品为生。老太太吕某某平时喜欢打麻将，收废品时买来了一台二手麻将机，闲暇之余最开心的事就是和街坊邻居打打麻将，打的过程中也搞一点小彩头。因为这台麻将机吸引了镇上的居民三三两两地过来玩。后来老两口一商量，觉得麻将馆也是门小生意，于是又买了两台麻将机，加上原有的一台一共三台，老两口便在收废品的地方开起了麻将馆。开始的时候，只是每天收费40元，这40元中还包括茶水钱、电费、管饭、香烟等，算下来也挣不了多少钱。后来有人给他们出主意，说这种固定的收费不挣钱，可以采用“抽水”的方式。比如，打麻将的人如果在赌博的过程中碰到如“自摸”等特定的胡牌方式，他们就“抽水钱”。这么一变“盈利方式”，也就变成了犯罪行为，再后来，参赌的人越来越多，还搞起了“推筒子”“捞腌菜”等新的赌博方式。

接受委托后，我们快速投入到案件的办理工作中。在依法会见后，我们认为唐某某三人构成赌博罪恐怕是板上钉钉的事儿。同时，我们对整个大理地区关于赌博罪的判例进行了数据检索，发现了几个不利的案例，其中一个和本案的案情非常相似：也是共同犯罪，参赌人数也是70多人，判决结果大多是有期徒刑一年半，而且是实刑。也就是说，如果没有找到有利的辩点，这个案件恐怕也会有相同的结果。这样的结果，对这一家人来说，将是一个不小的灾难。

开始的时候，我和助理也判断这个案件的辩护空间不大。但是判断归判断，再不可能的案子我们也要努力去争取，要不然人家花钱请律师干什么？我的团队对办案有一套标准的流程，其中之一就是要做一份非常详细的阅卷报告，之后再下结论。针对这个案子，我和助理一起进行了两次阅卷（助理第一遍，我第二遍），并做了总共22页1万多字的阅卷报告。

阅卷报告出来后，我们惊喜地发现，针对这个案件公安机关的起诉意见书和检察院的起诉书之间有不同地方，这可能就隐藏着一个辩点：公安机关起诉意见书中查明的事实是："2017 年 5 月至 2018 年 11 月 21 日期间，犯罪嫌疑人唐某某、吕某某、唐小某以营利为目的多次组织赵某等 51 人利用麻将机、麻将牌、扑克牌通过斗地主赌博、打麻将赌博、'捞腌菜'赌博、'推筒子'赌博、'打坨子'赌博的方式赌博，并免费提供香烟、瓶装矿泉水、饭菜等。犯罪嫌疑人唐某某、吕某某、唐小某在赌博过程中抽头渔利 25,500 元。"

对比后来检察机关的起诉书，二者之间有两个实质性的变化：

1. 金额问题上发生了变化：公安机关认定抽头渔利 25,500 元，而检察机关没有认定抽头渔利的金额，只是说了一句"退回赃款人民币 2 万元"；

2. 人数问题上发生了变化：公安机关认定的参赌人数是"51 人"，而检察机关认定的人数是"70 余人"。

为什么会有这种变化？带着问题，我们再一次回到卷宗，进行了第三次的阅卷分析。之后，我们解决了第一个问题（不再详述），发现了第二个问题在证据方面的两个疑点：

第一，本案对参赌的人员进行了行政处罚，证据卷一、卷二中的行政处罚决定书证实，共有 46 人因在唐某某的废品收购站参与赌博活动，而被公安机关行政处罚；

第二，根据证据卷二得知，本案共有 72 人次的证人被公安机关进行了询问。我们猜测，这也是为什么检察机关认定"70 余人"的原因。

那么，如果参赌人数真的是"70 余人"，为什么只有 46 人被公安机关行政处罚呢？或者说，为什么还有 20 多人公安机关不进行行政处罚？这其中一定有问题！

带着疑问，我们决定制作一个表格，对被行政处罚的参赌人员与作为证人被询问的参赌人员进行比对，比对结果见表 1。

表 1（局部）

序号	证人	被询问次数	卷宗页码	是否已被行政处罚	是否承认赌博行为	赌博方式	是否被收缴款项	收缴金额（元）	备注
21	A	1	证据卷三 pp.1–5	是	是	麻将	是	1100	仅有证言，无清单
22	B	1	证据卷三 pp.6–10	是	是	斗地主	是	1790	
23	C	1	证据卷三 pp.11–14	否	否	/	是	160	仅有证言
24	D	1	证据卷三 pp.15–19	是	是	斗地主	是	845	有行政处罚决定，无清单
25	E	1	证据卷三 pp.20–25	是	是	斗地主、麻将、“推筒子”、“捞腌菜”	是	170	有行政处罚决定，无清单
26	F	2	证据卷三 pp.44–48						重复 2 次
27	G	2	证据卷三 pp.49–52						重复 2 次
28	H	1	证据卷三 pp.53–59	是	是	麻将	否	无	
29	I	2	证据卷三 pp.143–149						重复 2 次
30	J	3	证据卷三 pp.150–157						重复 3 次

经过比对，我们发现：

第一，本案共有 55 人接受询问，其中 38 人被询问 1 次，15 人被询问 2 次，2 人被询问 3 次。因此，所有证人证言从数量上算是 74 份。

第二，上述 55 位证人中，仅有 46 人因在唐某某的废品收购站参与赌博而被行政处罚。

第三，上述55名证人中，仅51人承认自己曾在唐某某废品收购站内参与赌博，4人陈述自己从未在该处参与赌博。

第四，在唐某某家进行赌博的方式有5种，但唐某某家仅对其中3种赌博方式进行了抽头渔利（斗地主和“打坨子”没有进行抽头渔利）。

综上4点所述，我们得出一个结论：起诉书指控的人数有误。

之后，我们设计的辩护方案是，开庭时的质证、发问、询问、辩论多个环节，都围绕起诉书指控唐某某等人曾组织70余人参加赌博，属于事实不清、证据不足进行辩护。具体内容如下：

第一，从数量而言，本案中公安机关询问证人证言的份数一共是74份（卷二21份、卷三28份、卷四25份）。辩护人不知道这是否为起诉书中认定“70余人通过打麻将、‘推筒子’‘捞腌菜’等方式进行赌博”的来源。如果是的话，那么，在这74份证人证言中，对38人询问了1次、对15人询问了2次，对2人询问了3次。也就是说，公安机关在侦查过程中共询问了55名证人，其中的很多人是重复的。

第二，在这55名证人中，只有51人承认了自己曾在唐某某的废品收购站参与赌博，包括罗某（卷二第73页）、杨某（卷二第93页）、徐某（卷三第12页）、张某（卷三第100页），这4人陈述自己没有参与过赌博。

第三，前述51人中，并非对所有人参与赌博活动的都有抽头渔利，包括赵某（卷三第8页）、王某（卷三第17页）、李某（卷四第166页），这三人陈述自己的赌博方式都是斗地主。张某（卷四第65页）参加的赌博方式是斗地主和“打坨子”，杨某（卷四第143页）的赌博方式不明。我们从当天在庭上唐某某、吕某某的供述中可以知道，在唐某某家发生的赌博方式有5种之多，但其中有3种抽头渔利，斗地主和“打坨子”是没有进行抽头渔利的。

第四，参与赌博被处以行政处罚的有46人。如果说公安机关有证据证明是起诉书中认定的70余人的话，那么，这近30人为什么没有被行政处罚呢？这46人中，还要减去赵某、王某、李某（三人陈述自己的赌博方式都是斗地主）、张某（参加的赌博方式是斗地主和“打坨子”）这4人（赌博方式不明的杨某没有被行政处罚）。唐某某等人对赵某、王某、李某、张某没有抽头渔利，这4人不应认定在参与赌博的人数中。所以，有充分证据证实的参赌人数仅仅有42人。

第五，唐某某、吕某某当庭供述的参赌人数也是40多人。

最高人民法院、最高人民检察院《关于办理赌博刑事案件具体应用法律若干问题的解释》第1条规定的“组织3人以上赌博，参赌人数累计达到20人以上的”，从刑法的解释理论中我们可以看到，这里计算的是“人数”而非“人次”。

赌博罪在量刑方面主要有三个衡量的标准，一是参赌人数，二是抽头渔利的金额，三是赌资。在本案中，抽头渔利的金额、赌资都很小，所以，参赌人数就成了量刑的关键标准。我们有充分证据认定唐某某组织他人赌博的人数应该认定为42人，而非起诉书指控的70余人。

上述的辩护策略取得了良好的效果，公诉人、法官当庭就认可了辩护律师的观点。最终，法院的判决书也认定了参赌人数是“50余人”，判处吕某某有期徒刑1年6个月，缓刑2年，并处罚金1万元；判处唐某某有期徒刑1年，缓刑1年六个月，并处罚金8000元；判处唐小某有期徒刑6个月，缓刑1年，并处罚金2000元。拿到判决后，家属万分高兴，对我们再三表示感谢。

复　盘

本案之所以能在狭窄的证据瑕疵中撕开裂缝、觅得突破口，通过有效辩护，最终实现一个理想的辩护效果，为当事人避免了无谓的牢狱之灾，并不在于辩护律师对法学理论研究得多么深刻，也不在于运用了多么高超的辩护技巧，抑或是另辟蹊径、剑走偏锋地打“感情牌”，关键还是在于辩护律师时刻保持着追求极致的工作态度。

就本案而言，如果辩护律师自己都相信本案没有任何辩护空间而放弃了有效辩护的信心，那么就不可能认真地研读本案的证据；如果不能做到反复多次地总览全案证据、挖掘证据细节信息，同时根据办案需要，从多个角度多次大规模修改已经成型的阅卷报告，那么也不可能发现参赌人员究竟是70余人还是42人的巨大差别；如果不能推动合议庭在犯罪情节上做出正确认定，那么根据法律规定以及过往的司法实践，本案不可能取得成功，辩护律师的辩护工作也将毫无意义。

思维运用

这个案子也给了我很多启发。对于每位律师来说，客户可能是被我们的“经典案例”吸引而来，并且他们肯定希望自己或家人的案件能够获得同样好的结果，或是希望自己的案件能够得到“经典案例”级别的对待，这也是我们律师作为法律服务提供者所必须面对的事实。但是我们也知道，从具体案件的客观实际，以及最终的案件结果来看，并不是我们所办的每一个案子都是所谓大案要案，并非所有的案件都值得赞颂千篇，都能写进我们的个人简历。所以，律师的良好口碑也许并不在于办了多少个无罪的案子，或是承接了多少个重大的大案要案，更不能单纯依靠经典案例来积累我们的职业荣耀，而应是在于是否把每一个案子都竭尽全力办好，是否对每一个案件都投入了百分之百的精力与智慧，尤其是对那些普通得不能再普通的“小案子”。

好律师，就是把每一个案子都做到极致，让不可能成为可能。

目的思维：如何实现死刑复核案件的改判？

肖兴利 [1]

思维边界

死刑复核案件的辩护目的是什么？根据刑事诉讼法的规定，最高人民法院复核死刑案件，会有两种结果：核准死刑和不核准死刑，不核准的可以发回重审或者改判。律师办理死刑复核案件，最希望实现的目标就是不核准死刑并且直接改判死缓或者无期。因此，复核阶段的所有辩护工作，包括辩护方案的选择、对案件证据的审查以及证据审查报告、辩护词等法律文书的撰写，都要紧紧围绕这一目的并服务于这一目的。

案情简介

2014年9月起，邹某建纠集邹某杰、桂某、邹某、雷某等，从云南等地大宗购买毒品麻古，以湖南湘潭为据点进行批量运输和销售。邹某建负责联系购买毒品，邹某杰、邹某负责销售毒品，桂某负责开车。11月初，邹某建与毒贩“阿飞”联系购买毒品麻古50万粒（约45千克），并安排邹某杰和桂某携带295万元毒资在湖南祁阳县与“阿飞”派来的汤某、程某等人完成交易，将50万粒毒品麻古藏匿在邹某建事先借用的车库中，后将该批毒品贩卖给湖

1 盈科刑辩学院副院长，盈科长沙刑事法律事务部执行主任。

北籍的毒贩潘某、高某等。

2015年1月16日，邹某杰和邹某贩卖给武汉籍的毒贩方某17.5万粒毒品麻古（约16千克），后方某发现部分麻古质量不好退回20,800粒（约2千克）给邹某杰。

2015年1月22日，李某得知邹某建团伙已没有可销售的毒品，遂联系衡阳祁东毒贩“陶陶”（身份不详，在逃），约定购买32板共计19.2万粒毒品麻古，并与邹某建、邹某杰谈好每粒价格23元。25日凌晨，邹某建安排桂某开车载李某及谢某（另案处理）赶往湖南祁东县接收毒品。“陶陶”派人来到李某等人居住的酒店，取走桂某驾驶车辆的钥匙并驾驶该车离开，将32板毒品麻古放入该车的尾箱中，然后在酒店附近的大桥下将车交还给李某。李某驾车载桂某、谢某返回湘潭，途中在某高速收费站与前来接应的邹某杰会合。谢某下车将车尾箱中的毒品搬到邹某杰驾驶的车尾箱中，邹某杰独自驾车将毒品运回湘潭并藏匿在前述的车库中。次日，邹某杰与潘某联系销售16板毒品麻古，潘某安排孔某、李某维携带170万元毒资来到湘潭交易。孔某、李某维在驾车返回湖北途中被抓，公安人员从其车上查获16板含量为16.6%的毒品麻古约9千克。在李某的车上查获毒资170万元，在藏匿毒品的车库中查获16板含量为17.8%的毒品麻古共计9千克。

邹某建、邹某杰、李某、方某、桂某、邹某、雷某1、雷某2、孔某、李某维10人贩卖、运输毒品案，经湖南省湘潭市中级人民法院一审，判处邹某建、邹某杰、李某、方某4名被告人死刑，判处桂某等3名被告人死缓，判处孔某等3名被告人15年有期徒刑。湖南省高级人民法院二审判决仅将桂某改判为无期徒刑，对其他被告人均维持原判，并将对邹某建、邹某杰、李某、方某的死刑判决报请最高人民法院核准。我接受第三被告人李某的家属委托，担任该案死刑复核阶段的辩护人。

办案过程

接受委托之后，我第一时间向最高人民法院刑事庭递交了委托手续，并与庭室内勤预约了阅卷时间。在等待法院阅卷通知的过程中，我通过李某家属与代理本案一、二审的辩护律师取得联系。通过与他交流，在阅卷之前我大致了解到本案定罪证据可能存在重大瑕疵。

原委托律师在中级人民法院一审和高级人民法院二审时均坚持为被告人李某做无罪辩护，认为判决认定李某贩卖毒品的事实不清、证据不足，但该辩护观点并未得到采信，法院也未在量刑上留有余地。我推测可能是证据的瑕疵尚不足以动摇主审法官及合议庭成员的内心确信。因此，在复核阶段是否继续坚持无罪辩护策略，需要慎重考虑并进行综合权衡。

从刑事政策的角度看，2008 年《大连会议纪要》和 2015 年《武汉会议纪要》对在有多名共同犯罪人以及上下家针对同宗毒品实施犯罪的情形中，应该判处几人死刑及判处谁死刑等具体问题都作了明确规定。对于共同犯罪，涉案毒品数量达到巨大以上，二名以上主犯罪责突出，或者罪责稍次的主犯具有法定、重大酌定从重处罚情节，判处二人以上死刑符合罪刑相适应原则，并有利于全案量刑平衡的，可以依法判处死刑。对于买卖同宗毒品的上下家，要结合其贩毒数量、次数及对象范围，犯罪的主动性，对促成交易所发挥的作用，犯罪行为的危害后果等因素，综合考虑其主观恶性和人身危险性，慎重、稳妥地决定死刑适用。涉案毒品数量达到巨大以上的，要综合上述因素决定是否同时判处上下家死刑。

在本案判处死刑的 4 个被告人中，邹某建和邹某杰是共同犯罪的关系，李某是他们的上家，方某是他们的下家。在实施毒品犯罪过程中，邹某建和邹某杰是整个贩毒活动的核心人物，分别起着联系上家购毒和联系下家销售的关键作用。该二人在共同犯罪中属于罪责均很突出的情形，其贩毒的数量分别为45千克和79千克，数量均为特别巨大，按照会议纪要精神对该二人可以判处死刑立即执行。

从李某作为上家向邹某建、邹某杰贩卖18千克毒品的事实来看，本次贩毒系李某主动提议，其积极联系毒贩“陶陶”约购毒品，并前往祁东县接收毒品，对促成该笔交易起着比下家相对更大的作用。按照上述会议纪要精神，涉案毒品数量巨大，远远超过实际掌握的死刑数量标准，因此对上家李某适用死刑也是完全没有问题的。而且，李某没有其他法定或酌定从轻情节，不具有会议纪要规定的任何一种“可以不判处死刑立即执行”的情形。因此，如果单纯从毒品犯罪死刑政策方面寻找突破口，要想实现改判也几乎没有希望。

收到最高人民法院的电话通知后，我立刻赶到北京。在阅卷室里，我见到了该案的承办法官和书记员，还有放在手推车上的厚厚一摞案卷和几十张光盘。在办理阅卷手续时，我同承办法官进行了简单的交流，她希望我阅卷1个月后及时提交辩护意见。特别值得一提的是，承办法官将这个案件的所有证据材料，包括完整的讯问视频资料全部交给我们阅看，可见最高人民法院在保障律师的阅卷权方面堪称表率。我知道，在讯问视频里往往能获得意外的收获，因此我把500G的视频资料全部拷贝了下来。

看完全部案卷之后，我发现本案客观证据确实存在不少“硬伤”，而且不能排除该笔毒品是由被告人邹某杰自行联系购买的可能。第一，李某自始至终都没有接触过涉案毒品，其到案后也一直坚持无罪辩解，称不知道谢某从其车上将毒品搬运到邹某杰的车上，对邹某杰事后贩卖毒品的事也不知情。本案证明李某犯罪的关键证据只有邹某杰、桂某的供述及谢某的证言，该3人言词证据的真实性直接关系李某是否涉案。邹某杰在到案后前7次的供述中都交代是他本人与“陶陶”联系购买毒品并安排桂某去祁东县接货，但在检察机关因“事实不清、证据不足”不批捕李某后，邹某杰立即改口指证李某，并多次表示“愿意积极配合公安机关，希望对我宽大处理”，其改变口供的时间和动机令人怀疑其供述内容的真实性。案卷中邹某杰的口供笔录也存在严重缺失，这些缺失的笔录中不排除有证明李某不涉案的内容。谢某作为搬运转移毒品的直接行为人，他的口供也前后矛盾，他之前交代李某并不知情，之后才改口指证李某。事实上，谢某本应作为从犯同案受审，但却被“另案处理”，这其中是否有隐情不得而知。此外，桂某的口供笔录记载内容与审讯视频也严重不符。在审讯视频中，桂某并没有指证李某，但笔录中却记录了相关内容。综合全案证据，本案不能排除系邹某杰自己联系“陶陶”购买毒品并安排谢某和桂某协助完成毒品交易的可能性。

第二，该起交易在公安机关的严密监控之下，从李某到祁东县接洽购买毒品，李某、邹某杰等人从祁东运回毒品，到邹某杰贩卖毒品给潘某并将毒品交给孔某，整个过程都被公安机关监控，但该笔毒品的源头上线“陶陶”却没有到案。李某辩解其案发当晚将车钥匙借给“兵乃崽”，但公安机关并没有调查核实“兵乃崽”与“陶陶”是否为同一个人。而且，李某向“陶陶”约购18千克价值近500万元的毒品麻古，其毒资从何而来、毒资何时支付、怎么支付，毒品单价和总价是多少，这些问题均没有查清。在这种情况下，“陶陶”的身份存疑，他是不是公安机关的“特情”？本案是否属于“控制下交付”？

第三，毒品的同一性存在重大疑问。涉案毒品被层层包装，直接接触过毒品的人只有邹某杰和谢某，但两人对毒品外包装的描述并不一致，且公安机关缴获毒品时没有制作现场勘查笔录，没有提取外包装物，也没有拍摄现场照片，涉案毒品的外包装物也没有交给邹某杰和谢某辨认。因此，认定谢某从李某车上搬运的物品就是被查获的32板毒品麻古的事实并没有形成完整的证据链条。此外，由于缴获毒品的车库被邹某建等人长期用于藏匿同类毒品麻古，不能排除在车库中查获的16板麻古是邹某建等人先前购买但尚未卖完的部分。

我认为，要想实现不核准死刑的辩护目的，必须抽丝剥茧，将这些“硬伤”全面完整地呈现给法官，以此来动摇其核准死刑的内心确信。围绕该辩护目的，我决定立足案件的现有证据，继续坚持无罪辩护策略，同时结合刑事政策，从李某与邹某建、邹某杰贩毒数量及其罪责大小存在区别，量刑也应有所区别的角度提出辩护意见，并撰写了1.3万余字的辩护词。在约见承办法官、向她当面递交和陈述辩护意见时，我特意准备了浓缩版的辩护词，以便在当面沟通时既能清楚表达观点，又不过多占用法官的时间。承办法官耐心地倾听了我陈述的观点后，偶尔问我一两个问题，我告诉她，对证据的分析在详细版的辩护词中均标出了案卷位置及对应页码。在我陈述完之后，她简单作了回应，表示会认真听取律师的辩护意见，对于辩护词中提到的证据方面的“硬伤”，她强调一定会认真审查核实。

提交辩护意见之后就是漫长的等待。期间，我不定期地给承办法官或庭室内勤打电话，关注案件的进展情况。在等待过程中，家属经常会焦虑为什么这么久还没有结果。我安慰他们，结果越好，需要的时间会越长。终于在一年之后，我的当事人等到了不核准死刑的裁定。

复　盘

本案的关键问题是对被告人李某是否应当判处死刑立即执行。从案情来看，涉案毒品为18千克麻古，远远超过司法实践中实际掌握的死刑数量标准，而且李某作为上线对于促成交易起着积极作用，没有任何法定或酌定从宽情节，一、二审法院判处其死刑立即执行并没有明显失衡。如何寻找案件的突破口，实现不核准死刑的辩护目的，辩护策略的选择非常关键。

经过中级人民法院一审和高级人民法院二审判处的死刑案件，虽然不能说百分之百没有错案，但在死刑复核权收回最高人民法院之后，各级法院在实践中对死刑案件的证据要求和证明标准的把握更为严格，在这种情况下发生错案的可能性微乎其微，在复核阶段改判无罪的可能性基本为零。可见，在复核阶段选择无罪辩护策略并不是万全之策。

本案经过反复考量，因涉案毒品数量巨大，无论从刑事政策的角度，还是从量刑情节的角度，均无法取得突破，所以最后立足案件证据特点确定了无罪辩护方案，但真正目的并不在于实现无罪辩护的效果，因为事实上不可能真的无罪。然而，无罪辩护是最好的量刑辩护，通过无罪辩护全面完整地呈现定案证据及整个证据体系上存在的重大瑕疵，借此动摇法官判处死刑的决心，从而实现了不核准死刑的辩护目的。

思维运用

对待不同类型的刑事案件，处在不同的诉讼阶段的同一案件，以及案件类型相同但当事人地位作用不同或者证据特点不同的案件，辩护策略都会有所不同。目标不同，实现目标的方法自然相差甚远。只有明确了要想实现何种辩护目的，才能针对性地选择有效的辩护策略。因此，娴熟运用目的思维，可以指引律师在办理刑事案件时精准选择合适的辩护方案。运用目的思维需要注意以下几个问题。

第一，辩护目的应该立足于案件本身，立足于现有事实和证据，建立在对案件事实和证据体系进行认真审查和细致分析的基础之上，唯此才能真正发挥指引作用。

第二，辩护目的应与当事人及其家属充分沟通，获得当事人的认可；辩护策略的实施更应取得当事人的配合，唯此才能真正收到实效。

第三，律师有责任引导和说服当事人理性地确定辩护目的，如果脱离案件基本事实，无视对其不利的证据，盲目确定不切实际的辩护目标，不仅很难达到预期目的，反而可能南辕北辙，达不到维护当事人利益的目的。

谈判思维：如何运用利益均衡变被动为主动？

辛　明[1]

思维边界

“天下熙熙，皆为利来；天下攘攘，皆为利往”，利益贯穿着人类社会的发展。法律既然是调整人类社会关系的行为规范，其运行在本质上也是一种利益的交换过程。刑事司法能适用利益交换原则吗？当然能，只要进行裁判的不是机器，通过利益交换来实现诉讼参与各方的心理需求的最大满足无疑是最好的刑事司法结果，问题的关键在于你是否掌握了足够交换的利益。

案情简介

2017 年，吉林省长白县发生了一起自杀事件，一名女子从楼顶一跃而下结束了自己短暂的一生。但这样一起自杀事件的背后却隐藏着一个庞大的网络犯罪集团。2017 年年初，该名女子通过朋友引诱，参与了一个网络的“时时彩”平台的投注。起初她仅仅抱着玩玩的心态，投注了 10 万元，但是在很短的时间内，她就赢了 100 多万元。瞬间获得的巨大财富让她兴奋不已，

1　盈科刑辩学院副院长，盈科长春刑辩中心主任。

她相信自己的好运气来了，所以加大了投注的数额，她从朋友处借款、从单位账户挪用，追加投注了100多万元，赌徒心态让她根本控制不了自己。但是就在她增加了投注额以后，幸运女神好像同她渐行渐远，最终与很多赌徒一样，她血本无归。面对着上百万元的巨额负债，她崩溃了，认为只有死亡才是她唯一的归宿。公安机关在调查该起自杀事件的时候，发现这个网络“时时彩”平台的投注量大得惊人。公安机关迅速将案件逐级上报，该案引起了公安部的高度关注。2017年5月，白山市公安局局长亲自挂帅组成专案组对案件进行彻查，最后发现这是一个非常大的虚假投注的网络诈骗集团，而且核心成员在海外。专案组采取重拳出击，案件侦破推进迅速，而且通过国际刑事司法协作一举将身处斐济的核心集团全部端掉，并且包机从斐济将77名涉案人员押解回国，中央电视台的新闻联播栏目对公安机关的跨国押解行动进行了重点报道。

经查，2016年3月，广东佛山人吴某等人为搭建虚假的投注平台，组建了上百人的团队为娱乐城黑彩投注平台的搭建、营销、运行提供服务，该犯罪集团分工明确，合作紧密，而且在后台数据的篡改和对中奖结果的控制十分隐秘，所以参与人数达数万人。案发前，网络平台接受投注总额达5亿余元，吴某实际获利4000余万元。孔某系吴某的妻子，无业在家，在此期间其接受了吴某给付合计数额为2400余万元的人民币购买了名车和不动产。侦查机关以吴某涉嫌诈骗罪对其立案侦查，对孔某涉嫌掩饰隐瞒犯罪所得罪对其立案侦查，同时抓捕同案犯罪嫌疑人近300人。吴某到案后否认全部涉案事实，而孔某以不清楚吴某平时做什么，只知道其在外做生意为由进行抗辩。吴某和孔某被押解到白山市看守所羁押之后，其亲友第一时间找到我们，拟聘请律师为二人辩护。

办案过程

首次接待的前期准备：不同的律师在首次接待时想要达到的效果是不同的，大部分律师只能完成法律咨询和询价的工作，只有少部分律师能在首次接触时即完成签约。时间对于每一名律师都是价值的体现，让单位工作时间价值最大化就是我们律师的核心利益。从自身利益出发，我们的目的就是把首次接待直接拉到签约的谈判阶段，而不是停留在法律咨询和询价阶段。为了实现这一目的，我们要通过案件介绍人完成信息的传递工作，包括我们的行业评价、办案能力以及大致的报价区间，让准委托人在见到我们之前就对我们的团队建立起初步的认识，也促使其先行完成其内心的委托意愿衡量。在准委托人接受信息之后还与我们约定下次面谈时间的情况下，签约的成功率就基本上提升到80%。

首次接待当日：我们了解到准委托人是吴某的中学同学，是一名商人，长期在国外从事跨国贸易，此次到来会带来犯罪嫌疑人的近亲属。通过这些信息我们决定，在律所最好的接待区接待，团队成员中形象好、气质佳的律师或辅助人员一律到场参加，同时制作一份可视化的服务流程展示课件。为了对案件信息有大致的了解，我们提前向白山当地的朋友收集了相关案件信息，比如，涉案人数，案件的地区影响等准委托人一般不会了解到的信息，这种信息的收集可以增强准委托人对我们团队的信任感。我们之所以做这些工作，是因为准委托人在做出选择律师提供服务的决定时主观因素占很大因素，即使在大数据时代有了相关裁判文书的数据，但由于非法律人对于数据的分析能力并不强，他们还是更加相信案件介绍人的信息传递以及自己的视听感知，准委托人在刑事辩护律师的选择方面更加信赖感觉和对自身支付能力的确信。正如我们的预期，签约顺利完成。

首次会见：我们指派了两名年轻的律师先分别与吴某和孔某进行会见，目的不是完成法律咨询或实质辩护，而是完成信息收集工作。因为吴某和孔某是夫妻关系，比案件事实联系更重要的是他们有家庭这一共同利益体的存在，我们需要判断应该把更精干的力量投入到哪一边的辩护工作上才能使其个人利益和家庭利益最大化。当然，我们的这一决策也是在与委托人阐明其中的利害关系之后才付诸实施的。为了避免引起吴某和孔某的不信任，我们委派的年轻律师带着我们的信息收集说明来到看守所，先向二人阐明了我们的计划，并向二人承诺，次日就会有主办律师来再次会见他们，当然是在大家做好全部的选择和利益权衡之后。通过这样的信息收集，我们做出了决策，将优质辩护力量全部集中在孔某一方，而吴某一方的辩护，由我们推荐合作律师与家属另行签约。

侦查阶段：我们保持着对孔某高频度的会见，此时当事人的利益需求是信息沟通和情绪安抚，在律师还没有掌握证据之前，我们应重点满足当事人该点利益，不过我们也没有放弃通过申请取保候审、申请不批准逮捕和申请羁押必要性审查的方式来加强与侦查机关和检察机关的联系，同时完成相应的信息收集工作。由于案件是公安部督办案件，而孔某是一号嫌疑人的妻子，我们在多次接触的过程中能感受到公安机关甚至检察机关的办案人员所承受的来自上级的压力，因为我们无法探测侦查机关和检察机关对孔某指控的信心，所以我们只能等待。

审查起诉阶段：通过证据审查，我们发现根本没有足够的证据起诉孔某构成任何犯罪，看来我们先期对辩护力量的分配决策是对的。我们先向检察机关提交了不起诉的辩护意见，但被主办检察官拒绝，也没有说明理由。结合之前收集的信息，我们启动了第二轮羁押必要性审查程序来试探检察院内部的态度。结果让我们很意外，刑事执行检察部门同意了我们的观点，认为确实没有羁押的必要，但因为他们的建议没有得到公诉部门的同意，所以无法变更强制措施。这对我们是极大的利好消息，也就是说，检察院内部的意见并不统一，其起诉的信心不足。

审判阶段：有了前两个阶段收集的信息，我们先要与孔某商定辩护策略。对于孔某来说，她的利益需求是多元的，有自由、孩子、老人和正义。我们可以确信，正义对于一个从不工作的家庭妇女而言绝对不是重要的，她渴望自由，因为有年幼的孩子、有年迈的老人，更关键的是她的丈夫很可能被判处无期徒刑，只有她自由了，她的家庭才有指望。所以，我们给她制定的辩护策略建议是“以战逼和”，即只要能换取自由便可以认罪。我们的理由是：首先，我们和她本人都坚信她是无罪的；其次，缓刑是获得自由的最快途径，所以相比无罪而言缓刑更符合孔某的利益；最后，我们不敢在没有任何缓刑把握的情况下就贸然让孔某违心承认 2400 余万元的掩饰隐瞒犯罪所得罪行，因为经过案例检索，我们还发现在吉林省范围内有超过 500 万元金额而被判处缓刑的掩饰隐瞒犯罪所得的案例。

我们要告诉她，如果直接认罪，以本案的涉案金额她可能换取的最低刑期是 5 年有期徒刑，如果不认罪她被判处的最高刑期为 7 年有期徒刑，两年的刑期差是她权衡是否坚持无罪辩解的衡量基础。然后我们也要告诉她家属的态度，虽然只有两年的刑期差，由于家里的状况，家属也不希望她被多判两年，同时我们要告诉她，根据我们以往的经验，一个无罪判决的作出，需要大约 10~12 个月的时间。这些因素摆在她面前，她可以权衡，虽然她一再寻求我们的意见，但我们不能代替她决策，我们一定要让她自己在各种利益中进行权衡，只有这样才能达到其内心的利益均衡。她考虑了好久，最后决定了无罪辩护的方案。

我们以申请调取证据为由申请召开庭前会议，我们要借此争取一个公开向法官表达我们立场的机会，同时，我们也要试探一下公诉人的“火力”，而有关“司法责任制”的概念我们在庭前会议时就进行了隐性植入。庭审中，我们进行了一场以证据证明力为核心的无罪辩护，我们知道，法官对指控事实的内心确认经过我们两轮的“轰炸”已经动摇了。剩下的我们需要做什么？我们主动找到办案法官，提出我们的方案，在重申我方坚持无罪观点的同时，提出如果能以认罪认罚从宽的角度对孔某判处缓刑,我们可以配合法院劝孔某认罪。很幸运，我们的分析是对的。法官表现出积极态度。仅仅用了一个下午，我们就此事达成了共识。

之后就是孔某的权利保障问题了，我们前往看守所向孔某阐明了我们和法院协商的结果，孔某表现出担心，怕认罪后法院不兑现承诺，这是她的利益诉求，我们既然制定了方案就应该给她个交代。首先，我们要调取一个对法院提出的这项条件她是如何认识的笔录，其中特别强调本次认罪是附条件的“自愿认罪”，如果没有达到缓刑的预期，那么其必然上诉并收回之前的认罪，本笔录就成为核心的证据。此后我们为她提取了一份“认罪”的笔录并交到了法院，3 日之后，孔某被判处 3 年有期徒刑，缓期 4 年执行，并处 10 万元人民币的罚金。案件就此结束。

复　盘

本案能够取得各方均满意的效果，有赖于我们建立的谈判思维模式。

在收集信息的基础上，我们为签约拟订谈判策略。比如，接待的时间、地点的选择，团队参与的人员，我们需要展示的介绍方案，还有对准委托人的利益需求进行评估。我们的做法满足了委托人在选择律师阶段的利益诉求，即必须选择具有影响且具有专业精神的律师为当事人提供辩护。

在介入案件后，我们不贸然为案件配备律师，而是根据首次会见收集的当事人的全面信息去衡量委托人以及当事人对案件结果的利益诉求，进而分配我们的辩护力量，同时以当事人的利益诉求出发制定准确的辩护方案。在这个过程中，我们在作出每个决定前都要与委托人和当事人进行充分的协商和解释，让他们在心理上达到一种利益的均衡。

在最后的审判阶段，我们不能以正义的使者自居，即使我们认为当事人无罪也要从当事人的利益诉求角度去思考并提供合理化建议。我们要衡量证据与司法公正之间的利益，以利益交换的思维在裁判者和受审者之间达成利益的均衡，最终才取得了本案辩护效果的成功，服务成果得到了各方的肯定。

思维运用

诉讼律师在长期的执业过程中特别容易陷入要件思维模式，始终将诉讼当作一场零和博弈的游戏，但对于刑事案件的当事人来说即使案件获得胜诉也可能会付出惨痛的代价。在个案正义和普遍正义的权衡过程中，谈判可能是一种更好的解决方法，而谈判的核心就是利益。

1. 发现利益。与要件信息不同，谈判的前提是全面收集信息，分析诉讼参与各方的利益都有哪些。

2. 利益分类。利益就是各方的得失，在刑事诉讼中，我们要找到彼此的共同利益，并清晰确定冲突利益，同时找到区分利益（可能在一定条件下转化为共同利益的利益）。

3. 利益量化。只有等价交换才能让人觉得平衡，利益量化的过程我们难免要猜测对方的利益，找到利益就可以去转化、分割。

4. 利益的声明和辨析。我们明确我们的立场，当信息交换不顺畅时，我们要有相应的最佳替代方案，对于刑事诉讼来说，那就是庭审。

5. 利益说服。你发现了利益并不代表对方也发现了，你想谈判并不代表对方也想谈判，在让对方发现利益后，我们要围绕利益去说服对方衡量利益的得失。

总之，谈判思维要求我们要放下胜负心态，去探究诉讼各方包括律师的利益需求，只有在各方的心理利益得到满足后，我们的服务成果才能实现最优的效果。

判例思维：如何争取同案同判的有效辩护？

聂晓东[1]

思维边界

在两大法系逐渐趋同的背景下，在我国，典型的司法判例在当前“以审判为中心”“庭审实质化”等刑事司法制度改革的进程中一直发挥着不可替代的指导作用。尤其在互联网、大数据时代，刑事辩护律师应当善于发现和运用典型判例，并将其作为辩护的强有力工具，向司法审判人员展示法律推理过程、指示规则寻找方向、提供规则运用方法的机制，最终实现“同案同判”的有效辩护之目标。这是每个辩护律师都应该具备的业务技能和办案思维模式。

案情简介

2016 年 12 月 22 日 12 时许，张某通过某社交软件结识了发布招嫖信息的杨某，两人取得联系后，约定在太原市小店区某居民小区杨某的出租房内见面，此前张某已支付了嫖资。张某到达杨某的出租房见面后，对杨某的样貌不甚满意，对约定的嫖娼之事反悔。在向杨某索要之前通过微信转账支付的嫖资时两人发生矛盾，张某使用随身携带的刀子对杨某及杨某的室友牛某进行威胁，将二人逼进牛某的房间，然后用随身携带的胶带将二人捆绑在一起。捆绑过程中，

1　盈科刑辩学院副院长，盈科太原刑事法律事务一部主任。

张某使用刀具致使牛某手部和腿部受伤。控制二人后，张某从房间内翻出 300 元现金，OPPO 手机一部、vivo 手机一部，并强行将牛某佩戴的黄金吊坠拽下后逃离现场。经鉴定，OPPO 手机价值人民币 2014 元，vivo 手机价值人民币 2401 元，黄金吊坠价值人民币 1081 元。牛某的损伤经依法鉴定构成轻微伤。同时，在一审开庭前，张某家属代其向牛某赔偿并取得牛某的谅解。另外查明，张某有前科，在 2009 年曾因盗窃罪被判处有期徒刑两年。

太原市小店区人民检察院经审查认为，张某以非法占有为目的，入户抢劫他人财物，价值 5496 元，并致一人轻微伤，以张某犯抢劫罪提起公诉，并建议判处张某 12 年以上 14 年以下有期徒刑，并处罚金。张某对公诉机关指控的犯罪事实和罪名不持异议。太原市小店区人民法院开庭审理认为，张某以非法占有为目的，采用暴力强行劫取他人财物，其行为构成抢劫罪，但对于公诉机关指控的张某“入户抢劫”的指控，不予认定，对于辩护人关于张某不构成入户抢劫等辩护意见予以采纳，以张某犯抢劫罪依法判处其有期徒刑 5 年 8 个月，并处罚金 1 万元。

一审宣判后，张某没有提出上诉，太原市小店区人民检察院以“一审判决未将被告人张某的行为认定为‘入户抢劫’，适用法律错误，量刑畸轻”为由提出抗诉。太原市人民检察院支持了该抗诉意见。太原市中级人民法院开庭审理此案，认为杨某的出租房虽具有“户”的场所特征，但案发时，该房屋承载的功能特征表现为卖淫场所，而非供他人家庭生活的场所，故不应评价为刑法上“入户抢劫”中的“户”；关于抗诉意见中提出的，二被害人各自的卧室独立成“户”的意见，不予支持；对于辩护人不构成入户抢劫，维持原判的辩护意见予以采纳。最终以原判决认定事实清楚，证据确实充分，定性准确，审判程序合法，依法裁定驳回抗诉，维持原判。

办案过程

我接受张某的委托时，本案已经进入审查起诉阶段，我们团队决定由我与另外一名律师负责辩护。我们第一时间进行了阅卷并会见。通过查阅全案证据以及向张某本人了解案情，我们敏锐地发现，虽然公安机关在起诉意见书中并没有直接出现“入户抢劫”这样具体的指控，但据我预测，后期检察机关极有可能认为张某的行为属于“入户抢劫”。而“入户抢劫”作为《刑法》第236条规定的加重情节之一，与普通抢劫相比，量刑至少会增加6年左右。在审查起诉阶段，张某构成抢劫罪已成定局，如何应对公诉机关进一步对张某进行“入户抢劫”的指控，做到有效辩护，就成了棘手的难题。抢劫罪认定已经没有争议，很快我们就撮合被害人与家属达成赔偿并予以谅解，争取从轻处罚。

另外，对“户”的理解与认定，司法实践中一直存在争议，本案中对于“户”的范围的认定极其关键，这将直接关系到张某的刑期。我们团队经研讨认为，站在辩护人的角度，要想辩护成功，必须穷尽一切法律依据，而且最好能找到类似的经典判例，以此说服公诉人与法官，杨某从事卖淫活动的出租房不能认定为刑法意义上的“户”。这样一来，可以用判例来弥补抽象性规则的缺陷，更容易让办案人员理解和接受辩护观点。

我们首先从法律适用上进行了检索。根据2000年和2005年最高人民法院《关于审理抢劫案件具体应用法律若干问题的解释》《关于审理抢劫、抢夺刑事案件适用法律若干问题的意见》中的相关规定，“入户抢劫”，是指为实施抢劫行为而进入他人生活的与外界相对隔离的住所，包括为生活租用的房屋等进行抢劫的行为。这里的“户”，是住所，其特征表现为供他人家庭生活与外界相对隔离两个方面，前者为功能特征，后者为场所特征。同时，2016年最高人民法院在《关于审理抢劫刑事案件适用法律若干问题的指导意见》中也规定，对于部分用于经营、部分用于生活且之间有明确隔离的场所，行为人进入生活场所实施抢劫的，应认定为“入户抢劫”；如场所之间没有明确隔离，行为人在营业时间入内实施抢劫的，不认定为“入户抢劫”，但在非营业时间入内实施抢劫的，应认定为“入户抢劫”。

结合本案，杨某的身份为卖淫女，其居住的出租房就兼具了家居生活住所和卖淫活动场所的双重功能特征，当她们同意以嫖娼为目的的张某进入该出租房时，该出租房就变为从事卖淫牟利活动的场所，此刻虽然该出租房仍具有“户”的场所特征，但它所承载的功能特征已悄然发生改变，不再具有家居生活的私密性和封闭性，已然不再符合刑法意义的“户”。因此，结合上述法律规定，我们认为，张某以嫖娼为目的进入杨某的房间，后因嫖资纠纷引发犯意并实施抢劫的行为，不构成入户抢劫。

为了增强说服力，需要相关判例特别是最高人民法院发布的指导判例的支撑。我们研读了最高人民法院公布的关于入户抢劫的大量判例，进一步了解了官方观点，并收集和整理了与本案情形相似的判例，其中《刑事审判参考》中陆某钢等抢劫案（第288号）、韩某等抢劫案（第466号）、黄某松抢劫案（第844号）等，均是“入户”抢劫的经典判例。其中黄某松案与本案极为相似，对于“进入卖淫女出租房嫖宿后实施抢劫是否构成‘入户抢劫’”这一问题，是这样阐述的：“卖淫女出租房屋兼具卖淫活动场所和家居生活住所的性质。卖淫女从事卖淫活动时，其出租房所承载的功能性质表现为卖淫活动场所；卖淫女在不从事卖淫活动时，其出租房所承载的功能性质表现为家居生活住所。该出租房表现为卖淫活动场所和家居生活住所的双重功能特征，在一定条件下两个特征可以相互转化。当没有嫖客进入出租房时，该出租房供卖淫女进行日常生活起居之用，同时具有相对封闭和私密性，应当被认定为刑法意义上的‘户’。相反，当卖淫女决定在该出租房内接纳嫖客时，该出租房实际承载的功能便转化为淫乱牟利的场所。此时，该出租房虽然具有‘户’的场所特征，但不具有户的功能特征。”

《刑事审判参考》内容丰富，实用性和指导性很强，为刑事司法人员及律师提供了有针对性和权威性的业务指导和参考。我们发现这个指导案例与张某的案子在案情的诸多细节方面具有惊人的一致性，便很快将该案例进行了整理复印，甚至直接将该案例登载的这本《刑事审判参考》也拿到了公诉人面前。此外，我们将撰写的张某不构成“入户抢劫”的辩护意见一起提交给了公诉人。这位年轻而严谨的公诉人，是我们的老“对手”，在她看完这个判例和辩护意见后，还是保持公诉人一贯的谨慎姿态，没有对我们的观点发表意见，同时告诉我们因该案重大复杂，需要上检委会讨论决定，让我们暂且等待。

在随后的沟通中，我们发现公诉机关难以摆脱固有的追诉欲望，认为卖淫女杨某租住的房屋在从事卖淫时是非法经营活动，不能将其租住地认为是合法经营场所。公诉机关仍将对张某以“入户抢劫”进行起诉，并且不打算退回补充侦查，这样的结果令人失望但也在意料之中。

案件很快被起诉至小店区法院，事已至此退无可退，我们肩上的担子越发沉重，只得背水一战。张某的母亲几次从河北农村老家来找我们询问案件的进展情况，看着老人家佝偻的身躯，一筹莫展的苍老面容。我们不敢怠慢，团队律师群策群力很快在原来的基础上又检索出几件与张某案件相似的判例，在检索到的判例判决中各级法院都认为卖淫女在开始卖淫时她们的承租房间功能已经发生转化，已经由生活功能转化为经营场所功能，这个时候已经不再具有“户”的功能特征，因此法院并没有支持检察院的公诉意见，都以一般抢劫进行了判处。

一审开庭前一周，我们将找到的判例整理成表格提交给一审小店法院刑庭法官，这位资深老法官接到我们整理的判例后对我们认真负责的态度给予了赞许，耐心细致地听取了我们的辩护意见。一审开庭中控辩双方就被告人张某是否构成入户抢劫进行了激烈的交锋。最后公诉机关的量刑建议是有期徒刑12~14年。庭上我们再次将整理的判例向法庭出示，这些判例虽然不属于刑事诉讼法规定的证据种类，但是我们的目的是要让法庭引起足够的重视，希望人民法院能排除干扰，秉公断案。一审结果在开庭后的两周内就有了消息，当接到法官要求领取判决的电话通知时，我的心提到了嗓子眼，当签收判决的那一刻，我激动万分，一审法院没有支持"入户抢劫的"指控，判决认为张某实施的是"户内抢劫"并判处张某有期徒刑5年8个月，这个判决绝对振奋人心。我当时为我们的法官竖起了大拇指，法官笑着回应说，"你准备的判例真的派上了用场，在审委会上起到了关键作用"。我出了法院仔细研读该判决时才发现，判决理由中大段引用了"黄某松抢劫案"判决中的相关内容，我暗自窃喜，为此欣慰和开心不已。被告人张某也完全服判，决定不再上诉。

然而一审判决显然未被检察机关接受，我们很快接到了小店区检察院的刑事抗诉书——该来的还是来了。家属依旧委托我们团队进行二审代理。毕竟是检察院抗诉的案件，二审我们不敢掉以轻心，改判的可能性非常大。我们严阵以待，开庭前我们再次将搜集整理的判例进行了更加详细的梳理，将每个案件的相同犯罪情节、裁判理由、控诉意见等分类进行了对比总结并再次制成表格，在庭前我们将该表和判例提交给了二审法官。法官显然被我们认真办案的态度所感动，在看了我们的辩护意见和判例表格后，竟然罕见地向我们表达了对一审法院判决的看法，他认为一审法院的判决基本没有问题，他们开庭后会依法判处。二审庭审中支持抗诉的太原市人民检察院提出，两被害人居住的房间各自独立成户，张某的抢劫行为发生在另一被害人牛某的房间内，故张某的犯罪行为构成入户抢劫。我们辩护律师认为，一套房屋内的两间卧室，在功能和场所上均无法独立成户。二审法院采纳了我们的辩护意见，最终驳回抗诉，维持原判，本案至此尘埃落定。

复　盘

本案的争议焦点是“入户抢劫”的司法认定，虽然法律规定和司法解释均对刑法意义上的“户”进行了比较全面的规范和解释，但是在研读法律时，办案人员和辩护律师因为角度和立场的不同，认识也因人而异，在本案例中涉及嫖客与卖淫女在容留的住所进行交易时，该住所能否认定为刑法意义上的“户”的问题。在常规辩护的基础上，我们检索到的大量指导性判例为我们的辩护提供了现实依据，在一审及检察院抗诉的二审中起到了关键作用。另外，我们运用判例的方式也并非简单的复制誊抄，而是将判例之间的相同犯罪情节、裁判理由、法律适用等内容进行对比总结最后制表提交。要将法理的推理过程进行再次的演绎，是又一次知识的转化过程，这其中无疑也凝结和体现了辩护律师的专业素养和敬业精神，只有这样我们的辩护观点才更容易被司法办案人员采信。

本案结束后，张某一家老小携带土特产登门致谢，用最淳朴的方式表达了对律师的感激，我们内心备受感动和鼓舞。判例思维应该成为律师辩护思维最重要的组成部分，也应该成为律师辩护的基础性思维和常态思维；判例思维也是实现“同案同判”有效辩护的现实需求，其对促进司法活动监督，真正意义上实现罪刑相适应，对法治社会的构建，也有着重大而深远的意义。

思维运用

由于我国是成文法国家，法律规定尤其是刑法规定比较条文化、原则化，而社会犯罪则却是形形色色的。为此刑辩律师在进行个案辩护时，可以充分运用大数据检索，将同类型已经生效并且结果有利的指导性判例作为我们辩护的重要工具。运用判例思维时应该注意哪些问题呢？对此，我们梳理了以下内容以供参考。

第一，从判例的选取范围来看，《最高人民法院公报》及最高人民法院主办的《刑事审判要览》《刑事审判参考》上刊登的判决、裁定，均应成为首选，其次是省高院编发的《参阅案例》，再次是中级人民法院审判的案件，最后是本院和同级的其他院审判的案件。

第二，判例选取后，应当将判例与辩护案例进行对比，将其中的相同情形进行细致比对，将犯罪行为手段、情节、后果以及裁判理由等内容进行归纳总结，经过后期整理提交办案人员，这样更容易引起法律职业共同体内司法人员的重视和尊重，辩护意见被采信度更高。

第三，运用判例辩护应找准时机。笔者认为，从侦查阶段开始，随着诉讼阶段的向后推移，办案机关职能的转变，辩护意见的采信度会逐渐提高，实现有效辩护的把握更大。

和谐思维：如何从根源上化解矛盾？

● 秦　钢[1]

思维边界

和谐社会是在不断解决问题中逐步建成的。和谐社会是“民主法治、公平正义、诚信友爱、充满活力、安定有序、人与自然和谐相处的社会”。[2]和谐也意味着多种矛盾关系的冲突与化解，而大千世界就是一个矛盾的世界，刑事案件的发生必然伴随着矛盾的出现，严重的甚至会引发一系列社会问题。在此情形下，律师的职责不仅仅是争取委托人的权益，更要运用和谐思维，从根源上化解矛盾，维护全社会的团结稳定。

案情简介

陈某与张某一家本是同一镇上相识多年的邻居，两家人素来交好，一直以来相处融洽。2019 年 4 月 12 日，陈某、陈某之子（以下称陈某飞）因在张某门前的空地上栽树与张某发生了争执。起初，三人只是争论了几句，随后冲突升级，双方发生了打斗。此时，张某妻子及女儿闻声从屋里赶来，只见陈某、陈某飞二人分别持栽树用的铁锹与十字镐从 2 米多深的坑基沿南侧斜坡爬上路

1　盈科刑辩学院教务主任，盈科荆州刑事法律事务部主任。

2　陈金钊：《法律人思维的保守性——和谐社会建设中的法官意识形态》，载《学习与探索》2008 年第 1 期。

面跑到张某面前。陈某飞先爬上来，用手中栽树的铁锹拍了张某背部两下，在二人拉扯的过程当中，陈某飞的眼镜掉落在地上；随后为避免遭到攻击，陈某飞将张某死死抱住致使张某无法逃脱，接着陈某爬了上来，用十字镐左右殴打张某下身部位。在遭到陈家父子的殴打后，张某随即倒地、昏迷不醒，张某家人见状急忙拨打 120 急救电话并报警，将张某送往医院。由于张某原本身体情况就不好，而且 2019 年 4 月还在市中心医院做了心脏支架手术，事发时张某刚出院不久，身体仍在恢复中，陈某父子的行为导致张某心脏病发作，最终经抢救无效死亡。

案发后，当地公安机关迅速立案侦查，通过对现场进行勘察、询问目击证人等，锁定犯罪嫌疑人陈某，并以涉嫌过失致人死亡罪对陈某采取了强制措施。受害人家属张某之妻杜某及其女儿张某竹，作为本案目击证人在接受侦查机关询问时向侦查机关陈述，陈某飞曾手持栽树用的铁锹殴打张某，并在与张某拉扯的过程中其眼镜掉落在现场，该副眼镜掉落后被受害人家属捡拾保管。同时，据受害人的多名亲属反映，受害人张某在被送往殡仪馆时，其衣服后背有新鲜的泥土印记，陈某飞在事件发生后眼角有清晰的伤痕。但侦查机关对以上两项证物（铁锹、眼镜）未进行提取鉴定，对案发现场周边的其他证人证言也未进行调查取证，致使同时也向受害人张某施暴的陈某飞未被采取任何强制措施。

办案过程

我接受被害人之子张某年的委托，作为本案附带民事诉讼的代理律师。接受委托后，我随即组织团队律师及助理一同前往案发现场，通过现场勘察、实地走访以及同被害人家属、当地村民多次沟通，对案发时的具体情况进行了详细的记录。我从被害人家属处获得了另外一个重要信息，即事发前不久，张某在市中心医院做了心脏支架手术，陈某一家在张某做完心脏支架手术后曾前往家中进行探望，故陈某及陈某飞都非常清楚张某患有心脏疾病的事实。

根据对案件基本情况的总结和梳理，我认为本案确实存在事实不清、证据不足等问题，同时侦查机关在侦办过程中也存在重大瑕疵。此时，被害人家属一方面承受着亲人离去的巨大悲痛，一方面对案件的侦办存在诸多质疑，以上种种原因致使被害人的众亲友情绪激动，不仅对犯罪嫌疑人一家产生了极大的仇恨心理，也对当地公安机关、当地政府的处理方式表示极为不满。基于本案的特殊情况，我深知此案如果无法圆满解决，将不仅仅将加深两家人之间的矛盾，更有可能演变为一个社会问题，引发更为严重的后果。因此，我决定从两个方面着手，双管齐下。一方面在案件办理的各个阶段提出详细的法律意见书，督促办案机关查明案件事实、平息被害人家属心中的愤怒和积怨；另一方面，积极与犯罪嫌疑人家属及律师进行沟通，化解矛盾并帮助被害人家属获得应有的赔偿。

在确定了办案思路后，我先后在案件侦查阶段、审查起诉阶段向当地公安机关、检察机关提交了详细的法律意见书，提出如下法律意见：第一，侦查机关办案存在重要瑕疵。根据《公安机关刑事案件现场勘验检查规则》的相关规定，刑事案件发生后，应该及时做好现场的保护工作，对现场进行勘验并做好勘验笔录，在现场搜索、追踪中，发现与犯罪有关的痕迹、物证，应当予以固定、提取。但本案在案发后，据受害人家属反映，办案机关并没有及时对现场进行保护，更没有及时进行勘查，导致相关重要物证没有被提取，这对还原案件真相，维护公平正义产生了不可预测的重要影响。第二，对犯罪嫌疑人陈某涉嫌的罪名存在争议。侦查机关以陈某涉嫌过失致人死亡罪进行了立案侦查，但其所涉罪名可能为故意伤害罪。一方面，陈某具有主观上的故意，受害人在医院做完心脏支架手术后不久，陈某及其家人作为多年的邻居曾专程到家中探望，证明陈某对张某的身体状况非常清楚；另一方面，4月12日当天双方因栽树发生争吵后，陈某在明知张某刚刚做完心脏支架手术不久的情况下，完全可以认识到其打击行为可能诱发张某的心脏病发作，但仍然持十字镐击打张某的下身部位，最终诱发张某心脏病发作而死亡，可见陈某对张某的死亡结果具有预见可能性并持希望或放任态度。第三，应当对陈某之子陈某飞进行立案侦查。根据现场目击证人张某之妻杜某及其女儿张某竹的描述，以及陈某飞掉落在案发现场的眼镜、多名亲友在殡仪馆看到张某背部衣服上新鲜的黏性泥土等证据，可以证明陈某飞存在持铁锹击打张某的重大嫌疑，建议将陈某飞列为本案的犯罪嫌疑人进行刑事侦查。在此期间，我还多次前往该地分别与承办本案的警官、检察官沟通，通过提交书面法律意见和面对面交流的方式，明确提出案件可能存在的疑问，阐明我对案件的看法。与此同时，我多次主动与被害人家属进行沟通，希望他们能放下伤痛、忘却仇恨，从大局出发，化干戈为玉帛，让悲剧就此结束，并积极帮助他们争取获得民事赔偿。

但由于侦查过程中对应当提取的物证、痕迹未及时固定、提取，随着时间的推移，案件进入审查起诉阶段后，几项重要的物证已经无法提取，案件基本情况已大致成定局。面对此种情形，加之双方当事人就赔偿问题的谈判毫无进展，被害人家属在极度悲痛中作出了最无奈的选择——信访。他们聚集亲友到当地政府办公大楼拉横幅，进行喊话，而此时，被害人的遗体已经在殡仪馆放置了两个多月的时间仍未火化……事态发展越发严重，引起了当地党委和政府的高度关注。镇政府多次出面进行协调，但由于被害人家属情绪激动、怨愤难消，几次调解都未能取得成效。得知此消息后，我立即联系被害人之子张某年，我耐心地安慰、劝导，并告诉他这些过激的行为最终只会激化矛盾，造成不可挽救的后果，严重的甚至会影响当地社会的稳定和谐。一番晓之以理、动之以情后，张某年表示愿意同家人们停止信访，通过协商的方式获得赔偿、化解矛盾。随后，我通过张某年与当地的镇长取得联系，希望能够与镇长就此事当面沟通，并约定好了见面时间。当晚，我在办公室加班至深夜，心中久久无法平静。作为本案附带民事诉讼的代理人，面对多方的情绪和压力我也曾束手无策，但我深知我的职责不仅仅是拿回应得的赔偿，更重要的是要将矛盾消除、让仇恨的火种熄灭，让家人重新开始工作、生活，让社会关系恢复和谐。彼时，陕西的张扣扣案正引起法学界与法律实务界的热烈讨论，张扣扣已被执行死刑，这正是一个亲眼目睹母亲被邻居伤害致死，积怨多年最终自诩为“为母报仇”而残忍夺去了三条人命的人间悲剧。我不愿在这个案件当中再看到更恶劣的情况出现，也不愿再看到所谓的“复仇”。

几日后，我与团队律师及被害人之子张某年来到当地综治中心调解室，镇长、分管政法工作的副镇长以及相关负责人热情接待了我们，并对我们的到来表示欢迎。我再次向镇长表明来意，在与镇长的交谈中我重申了自己的观点。首先，我代表被害人之子张某年就信访一事给当地政府带来的压力、给村民工作生活造成的影响表示抱歉；其次，被害人张某因陈某的伤害行为失去了生命，致使张某一家饱受失去亲人的痛苦，陈某已被采取刑事强制措施等待法律的制裁，希望犯罪嫌疑人真诚地悔罪、家属积极地履行民事赔偿义务，获得被害人家属的谅解；再次，被害人遗体一直放置于殡仪馆内近三个月未进行火化，希望当地政府就此期间支付的费用给予一定的帮助和支持，并就获得赔偿后的安葬事项与张某年进行交接，让被害人早日入土为安；最后，希望双方当事人之间的矛盾能够随着案件的终结而彻底化解，恶性循环般的“报复”行为不要再发生，逝者已去，如果活着的人能够消除隔阂、恢复往日的邻里关系，想必是对逝者最大的慰藉，也有助于建立安定有序、和谐友好的社会关系。镇长表示，本案自案发时起党委和政府便持续关注，对于被害人的遭遇深表遗憾，也曾数次与家属沟通，希望能够妥善解决案件，维护地方的稳定和谐。对于我的观点，镇长表示非常认同，当即表示将尽快与犯罪嫌疑人家属反馈我们的意见，并会将双方协商的情况向上级政府、司法机关进行汇报。很快，我们被告知犯罪嫌疑人家属已将赔偿款准备妥当，在镇政府的组织下双方当事人达成了刑事和解，被害人的妻子、儿子、女儿签订了刑事谅解书，并获得赔偿款43万元，被害人张某也被妥善安葬。作为本案附带民事诉讼的代理人，我的职责至此比较圆满地完成，而这样的结果也是我期望看到的。

复盘

在本案办理的过程中，作为代理人，我的心态也随着案件的进展一次次发生改变。从最初，我仅希望帮助被害人家属获得应有的赔偿并提供相应的法律意见，到后期眼看矛盾被激化、事态发展严重。双方是街坊邻里，如若不能妥善地处理，势必会演变成互相仇恨的恶性循环的悲剧，甚至会导致社会关系的破坏。这使我意识到自己的角色并不仅仅是提供法律帮助的律师，更是一名社会稳定的守护者。在司法活动中，尤其是在刑事案件中，不仅仅是要打赢官司、收获荣誉，更重要的是要从根源上化解矛盾，不要让积怨日后引来更大的祸患。

正如本案我们所期待的结果，犯罪嫌疑人真诚地悔过、家属积极地进行经济赔偿，被害人家属基于自愿承诺不再追究其刑事或民事责任，案件至此了结。每一个案件都应当达到法律效果和社会效果的统一，让应当接受制裁的人受到惩罚是刑事法律的最终效果，让矛盾消除、让和谐的社会关系得以恢复，才是案件最终应当达到的社会效果。

思维运用

从本案中，我总结了关于运用和谐思维的几点思路，可供参考。

第一，在刑事辩护中要根据不同的个案情况运用和谐思维，和谐思维的运用并没有既定的模式和方法，需要依照每个案件的特殊情况具体问题具体分析。

第二，运用和谐思维并不意味着舍弃法律思维，相反，二者是相辅相成的。在刑事辩护中，仍然应当以严格的证据审查和程序规则处理案件，在任何情况下和谐思维都不能代替法律思维，和谐思维要配合法律思维使用，是案件最终圆满解决的“秘密武器”。

第三，刑事辩护中运用和谐思维，也应讲究一定的技巧，这其中涉及沟通的技巧、谈判的技巧等，要求律师在长期的实践工作中善于学习、善于观察、积累经验。

审判思维：设想法官会如何适用法律准确研判？

王　宇[1]

思维边界

谈到审判思维，很多人会认为那是刑事法官在审判工作中树立和养成的充分保障被告人诉讼权利的裁判思维，与律师并没有太大关系，甚至有些案件还不涉及审判阶段，有些律师会认为，这是没有价值的空谈。但笔者认为，作为法律职业的共同体，基于个案的公平正义，通过会见和阅卷，合理运用审判思维，打破常规的辩护策略，可以取得事半功倍的效果。

案情简介

2016 年 4 月，彭某和房某在安徽省合肥市包河区共同经营合肥尊客烟酒商行。2018 年年初，彭某与北京市通州区的唐某（另案处理）商议，由彭某提供茅台王子酱门经典白酒，唐某提供飞天茅台酒包装，进行灌装，彭某支付唐某 650 元 / 箱的灌装费用。彭某明知唐某处的酒不是市场原厂的茅台酒，仍以 1900 元 / 箱（共 6 瓶）的价格从唐某处购进涉案的酒。2018 年 4 月和 5 月，

1　盈科刑辩学院秘书长，盈科扬州刑事法律事务部主任。

通过李某介绍，彭某与房某分别以1480元/瓶、1490元/瓶的价格卖给了泰州市高港区诚盛烟酒商行的孙某，销售数量分别为60箱、115箱，合计数量是175箱；销售金额分别为532,800元、1,028,100元，合计金额是1,560,900元。其后，由孙某转卖给泰州市高港区戴某和泰州市医药高新区文某。戴某和文某再次转卖给第三方。上述事实，均有彭某和房某的供述、多位证人证言、辨认笔录、贵州茅台酒股份有限公司的鉴定证明表、电子物证检验检查工作记录等证据予以证实。

该案依据我国《刑法》第140条之规定，以涉嫌生产、销售伪劣产品罪，由泰州市公安局直属分局于2018年9月7日移送审查起诉。泰州医药高新技术产业开发区人民检察院于2018年10月29日向泰州医药高新技术产业开发区法院提起公诉。该院于2018年12月11日作出一审判决：被告人彭某犯生产、销售伪劣产品罪，判处有期徒刑7年3个月，并处罚金人民币70万元。被告人房某犯生产、销售伪劣产品罪，判处有期徒刑3年，缓刑3年，并处罚金人民币10万元。追缴被告人彭某、房某的违法所得人民币1,560,900元，予以没收，上缴国库。

本案中，我所在律所接受孙某家属的委托，并指派我作为孙某的辩护人。孙某在2018年5月24日被泰州市公安局直属分局刑事拘留，并羁押至泰州市看守所。后于2018年6月8日泰州市公安局直属分局同意取保候审，即变更刑事强制措施，其后亦未对孙某移送审查起诉和提起公诉，也即撤销案件。这就是一个典型的无罪案件。

办案过程

我于2018年5月25日，第一时间赶到泰州市看守所会见孙某，通过会见初步了解了案情，并且再次询问孙某“是否明知是假酒而转售”这一关键性问题，孙某反复地强调，其分别是以 1480 元 / 瓶、1490 元 / 瓶的价格从安徽彭某处采购的，后又以 1560 元 / 瓶转售的，其是以合理的价格采购并以合理的价格出售，至于彭某的采购价是多少，孙某并不知情。这样的回答给了我足够的自信和信心，这样可以从无罪角度提前通过审判思维和承办公安警官沟通了，也就是提供法律上的“靶向给药”，当然我们也得有足够充分的证据予以支持。

第一次会见后，我反复思考这个案件，按图索骥，寻觅内部证成和外部证成，做了以下工作。

第一，搜集采集证据，到开户银行调取孙某和孙某家属在 2018 年 4 月和 5 月的银行交易明细。我分别核算出进货的交易总价和转售的交易总价，比对孙某的陈述是否有不一致或矛盾之处，后发现大致的总金额是吻合的。

第二，找出 2018 年 4 月和 5 月的采购单和供货单。我分别查阅了采购的数量和转售的数量。通过和第一项的工作进行综合测算，客观上证明了孙某确实分别是以 1480 元 / 瓶、1490 元 / 瓶的价格从安徽彭某处采购的，后又以 1560 元 / 瓶转售的，这也与孙某的陈述是吻合的。

第三，我和孙某家属反复了解这两批货物的采购分别有哪些人参与，介绍安徽供货的这个彭总的人是谁，然后约见了这几个人，分别与他们交谈，结合孙某家属的陈述，我认为这也与孙某的陈述是吻合的。

通过上述证据材料的梳理，我约见了泰州市公安局直属分局的政委、支队长和副支队长以及办案警官等，提交了取保申请的材料、羁押必要性审查申请书以及相关证据材料，并用了足足两小时运用审判思维与领导和办案警官从法理和实务观点上进行沟通。然而，他们给出的答案是此事“另有隐情”，办案警官指出，有证据直接指向孙某是明知的，要不然也不会羁押他，至于是何证据，在侦查阶段不方便透露，到了移送审查起诉阶段阅卷律师就可以看到了。

这让我陷入了沉思，究竟是什么样的神秘证据呢？难道是孙某和彭某共谋的证据？难道是孙某参与生产也到北京考察的证据？难道还有账外账的证据？……这一切让我百思不得其解，也让我彻夜难眠，亦让我觉得委托人孙某和孙某的家属没有对我讲实话，让我误判了办案思路。

要想“柳暗花明又一村”，当然“解铃还须系铃人”。带着上述疑问，我第二次来到看守所，向孙某直接声明：“你还是另请高明吧，我没法当你的辩护人了！”孙某随即问为何，我告诉他：“因为你没有和我讲实话，因为还另有隐情和证据，你是否知道这个酒的来源问题？”此时孙某的回答，依然和第一次会见时的回答一样的坚定和自信。我继续问他，公安机关是怎么发现这个酒有问题的。孙某说，是有人举报，可能是戴某和文某。我问他是否知道举报的时间，孙某说是在 2018 年 5 月也就是第二次的采购酒回来后，没过几天戴某和文某要求孙某写了保证书，内容就是说如果酒是假的，一切责任都由孙某承担。当时还有视频照片和书面的保证书。此时的我豁然开朗，公安提及的证据应该就是这个了。

回到扬州后，我再次思考这个案件，公安部门提及的这份证据应该就是孙某说的这个保证书，这份证据能否推定孙某是明知的呢？本案的辩点究竟在哪里？笔者认为，从审判思维角度，有以下几个方面。

第一，从法律适用来看，区分生产、销售伪劣产品罪和非罪行为的界限，关键是从行为人主观上是否故意和客观方面的结果来判断。依据《刑法》第 140 条和最高人民法院、最高人民检察院《关于办理生产、销售伪劣商品刑事案件具体应用法律若干问题的解释》第 9 条，主观方面表现为故意，一般具有非法牟利的目的，故意表现为在生产领域有意制造伪劣产品。在销售领域内分两种情况：一是在销售产品中故意掺杂、掺假；二是明知是伪劣产品而售卖。另外，知道或者应当知道他人生产、销售伪劣商品犯罪，而为其提供贷款、资金、账号、发票、证明、许可证件，或者提供生产、经营场所或者运输、仓储、保管、邮寄等便利条件，或者提供制假生产技术的，以生产、销售伪劣商品犯罪的共犯论处。本案中，孙某并不明知或应知，即没有犯罪的故意，因此，是不构成犯罪的。

第二，从无罪推定的原则来看，是指未经审判证明有罪前，推定被控告者无罪。这是现代法治国家刑事司法通行的一项重要原则，是国际公约确认和保护的一项基本人权，也是联合国在刑事司法领域制定和推行的最低限度标准之一。本案中，孙某本身不负有证明自己无罪的义务，其提供的有利于自己的证据（也就是笔者第一次会见后梳理的一组证据）的行为是行使辩护权的行为，不能因为孙某没有或不能证明自己无罪而认定孙某有罪。

第三，从疑罪从无的原则来看，刑事诉讼中，不能证明被告人有罪，又不能证明被告人无罪的情况下，应当推定为被告人无罪。本案中，公安部门陈述的"另有隐情"的证据是不足以证明孙某是明知的，恰恰相反，可以证明戴某和文某在明知道第一批次的酒存在问题时,故意要求孙某购买第二批次的酒，从而采集证据，然后报案，其实质就是戴某和文某知假买假。但不能据此推定孙某具有明知的故意。

以上三点辩护意见，均有理有据有节。我再次会见了孙某，然后立即第一时间将上述辩护意见整理成书面的材料并附上证据材料和法律适用依据提交给承办警官并交换了意见。第三天，我便接到了承办警官的电话，他的态度有了很大的转变，表示会重视并最终征求领导的意见。

直到孙某被羁押的第 15 天，也就是 2018 年 6 月 8 日，孙某给我打了电话，说要来扬州见我，虽不意外，仍感欣喜，我的努力有了实效，我的当事人已经被变更了强制措施。其后检察院亦未对其移送审查起诉和提起公诉，也即撤销案件。这就是通过运用审判思维的一个典型无罪辩护成功的案件。

复　盘

本案争议的焦点是孙某是否构成犯罪，其核心在于孙某主观上是否具有犯罪故意。显然，公安机关所说的“另有隐情”的证据不足以证明孙某是明知的。依据常理，如果是明知的，孙某亦不可能按照市场价继续采购第二批次的假茅台酒。否则，有违一般的常理和公平合理原则。

我从法律适用、无罪推定原则和疑罪从无原则三个方面，结合相关证据，综合研判，在本案中合理地将审判思维前移，提前在公安阶段发挥了辩护效果，最终引起承办警官的高度重视，并进行了审查。可见在常规辩护的基础上，适当运用审判思维是非常有价值的。当然，作为职业共同体的律师与承办警官的沟通尤为重要，要通过专业的审判思维，有效地引导案件办理走上正常的合法轨道。

本案刑事阶段虽然结束了，但孙某和戴某、文某的民事诉讼以及孙某与彭某、房某等的民事诉讼仍然在审理阶段。本案涉及彭某和房某的罪名，我认为值得商榷，建议适用生产、销售假冒注册商标罪。审判思维是辩护思维的一部分，尽管实践中应用不多，但往往可以发挥奇效，推动案件取得法律上的最佳效果。

思维运用

至此，我也在深思，本案只是一个普通的个案，但留给我们的思考还很多，特别是在法制现代化的道路上，需要我们每一位辩护人合理、合法、合规地运用审判思维，保障每一个案件的公平正义，我认为，以下几点建议仅供参考。

第一，从客观证据的视角，刑事辩护中运用审判思维，必须建立在尊重客观事实的基础上，必须符合法律，遵循法理和内在逻辑。

第二，从司法理念的视角，审判思维契合了刑事审判惩罚犯罪与保障人权并重的司法理念，秉持有利于被告人原则，追求立法本意，以保障被告人的合法权益。

第三，从法律功能的视角，刑事实体法和刑事程序法的功能不同，运用审判思维依据立法精神和立法原则可以对有关条款作出有利于被告人的解释。

第四，从法律解释的视角，运用审判思维，是一个价值判断、价值选择的过程，从律师辩护和法官裁判的维度来看，这个价值判断、价值选择，就是要有利于贯彻实施“人权保障”这一宪法和刑事基本法的原则，从根本上确保实现法律效果、社会效果和政治效果的统一。

无罪推定思维：如何践行刑辩律师的基本思维？

郝孝伟[1]

思维边界

无罪推定原则，是现代法治国家刑事司法普遍遵守的一项重要原则，而无罪推定思维也应当是辩护律师的基本思维。当我们接手刑事案件时，首先考虑的是被追诉人是否有可能是无罪的，其次是再分析现有证据是否能够达到证据确实充分的证明标准。这种无罪推定思维，应当贯穿于律师办理刑事案件的整个过程。因为，辩护律师的职责，就是对抗有罪推定思维的。

案情简介

据公诉机关指控：（1）被告人易某于 2018 年 11 月 12 日上午，在兴隆大酒店门口向陆某贩卖海洛因 1 克，得赃款人民币 1250 元；（2）被告人易某于 2018 年 11 月 14 日上午，在泰山饭店门口再次向陆某贩卖海洛因 0.37 克时被民警当场抓获。民警从陆某处查获上述毒品，并从被告人易某身上查获海洛因 0.08 克。

1　盈科刑辩学院副秘书长，盈科无锡刑事法律事务部主任。

一审中，被告人易某提出其2018年11月12日没有向陆某贩卖过毒品海洛因，更没有去过兴隆大酒店门口；2018年11月14日是被“钓鱼”执法，陆某当时未付钱，故其不构成贩卖毒品罪。其一审辩护人提出：（1）被告人易某的供述与讯问录像在某些细节方面的内容不符，易某于2018年11月14日和2018年11月15日所做的两份供述应当排除，理由是该两份供述是在受办案单位某派出所工作人员威胁的情况下所作的虚假供述，属于采用严重损害被告人合法权益等威胁的方法使被告人违背意愿作出的供述；（2）起诉书指控易某于2018年11月12日向陆某贩卖1克海洛因缺乏所贩毒品作为物证；（3）对于证人陆某所提毒品遗失以及被告人所提2018年11月12日当天未到过现场等问题，侦查机关未作进一步查证；（4）证人陆某主动向侦查机关交代其购买毒品的情况明显不合常理。建议对起诉书指控的2018年11月12日第一笔事实不予认定，应当对易某以贩卖毒品海洛因0.37克定罪量刑。

一审法院认定，侦查机关收集上述两份被告人供述的程序合法，遂依据公诉人提供的下列证据判处易某1年有期徒刑：（1）证人陆某的证言、辨认笔录及照片（辨认易某；辨认第一次交易地点）；（2）易某在侦查阶段所作的供述以及在检察机关批捕阶段所作的供述、辨认笔录及照片（辨认陆某；辨认第一次交易地点）；（3）微信账号、微信交易记录照片、手机通讯录照片、手机通话记录；（4）搜查笔录、扣押笔录、扣押清单、扣押物品照片、毒品称量笔录、取样笔录、物证鉴定所检验报告、收缴毒品专用收据；（5）易某的尿液采集笔录及照片、现场检测报告书；（6）刑事案件侦破经过。

易某对一审判决不服，遂提起上诉。我在二审阶段介入本案，通过研究一审的控方证据（包括抓捕时的执法记录仪拍摄的视频；称量过程的视频；第一次讯问易某的视频等资料）、一审法院卷宗和一审庭审录像，发现本案的定案证据存在重大问题，侦查程序严重违法。同时，我发现侦查机关为完成毒品案件指标让吸毒者陆某配合“制造”案件，诱使易某贩卖毒品给陆某，存在“犯意引诱”的情况。作为其辩护律师，在易某否认犯罪事实且定案证据存在重大问题时，我的本能思维反应是，他可能是无罪的。

办案过程

我在与二审承办法官的交流中得知，本案的侦查卷宗在市检察院承办检察官手中，市检察院建议他们开庭审理本案。市检察院建议二审开庭的案件本来就少见，而且检察官还拿走了侦查卷宗进行阅卷；或者说，检察院拿走案卷进行查阅，实际上就是有开庭的可能性才会这么做，这至少说明，他们很重视这个案件。随后，我马上找到市检察院的承办检察官要求阅卷。在与检察官的交流中，检察官表示案件确实存在一些问题，他建议我马上去会见易某本人，并且告诉我他们建议二审法院开庭审理。检察官的说法验证了二审法官的说法，辩护人习惯性的无罪思维告诉我，这个案件可能真的存在重大问题，说不定我的当事人就是无罪呢。

拿到所有的案卷之后，我们团队仔细甄别分析了全案证据，并以案件时间为横轴（以立案时间为界，左侧是立案之前的侦查行为，右侧是立案之后的侦查行为），以相关人员为纵轴把案件中重大的侦查取证行为制作了一张表格，用以直观展现案件的发展脉络。这份表格在后来的庭审中，获得了法官的认同，我们于是提供了一式两份表格给市检察院的检察官和二审承办法官各一份，这为后期辩护人表达核心辩护观点做了非常好的铺垫。同时，我们对每一份在案证据都制作了详细的质证意见。市检察院对本案也很重视，他们连续三次提审易某，两次询问证人陆某，并调取了陆某的打车记录、陆某与易某的通话记录以及陆某与派出所工作人员的通话记录。

等待开庭的时间里，我们通过会见易某得知，案发前证人陆某反复联系其要购买毒品，而在此之前，二人并无毒品方面的交易记录，而且在生活上也没有什么交集。结合阅卷时发现的诸多证据上的疑点，我更加确信本案的定案证据没有达到确实、充分的证明标准，二审应当发回重审或者直接改判。为此，我们与易某就一审证据进行了详细核实并形成了书面的会见笔录，同时做好了二审的庭前辅导工作。

紧接着通过再次研究证据，我们得出了初步辩护思路。

1. 本案的第一笔事实存在证据方面的问题

（1）缺乏毒品物证。证人陆某在侦查阶段陈述，其 12 日向易某购买的毒品在返程途中被自己弄丢了。试想，长期吸毒者刚获得毒品，不但没有妥善保存，反而如此随便就丢失，明显不合常理。

（2）证人陆某的现场指认笔录虚假。虽然，其与易某指认的 12 日的交易现场都是同一个地方，但问题是陆某指认现场时，易某还没有做完第一次讯问笔录，而其供述的所谓交易地点系凭空捏造出来的。那么，陆某如何得知所谓的交易地点？我们认为，不排除侦查人员指示或暗示陆某的可能。

（3）陆某关于 12 日这笔犯罪事实的陈述前后反复，且存在多处无法排除的矛盾。其在市检察院 2019 年 5 月 10 日和 2019 年 5 月 22 日的询问笔录中先是明确否认了 12 日的交易，其后又说自己记不清楚了。为此，陆某应当出庭，否则，其证人证言不得作为定案的根据。

（4）不能排除陆某在侦查阶段的两份询问笔录存在“伪造”的可能性。第一次询问笔录，其陈述 13 日当天确实去过派出所，但是，不是笔录记载的时间去的派出所，当晚没有制作笔录，其也没有在笔录上签过字。那么，很显然其笔录中所陈述的 12 日的交易明显不存在。第二次询问笔录，通过市检察院调取的通话记录和打车记录等证据可以反映出，笔录记载的起止时间是 14 日 9 时 11 分至 9 时 55 分。而笔录开始时，陆某人还在家里，其打车到达派出所的时间是9时28分左右，且到达后其与派出所工作人员有一次主叫通话。更加诡异的是，在笔录还没有制作完成时的9时50分，陆某有一个派出所工作人员的被叫电话且接通了。这说明李某并不是在笔录记载的时间内对陆某进行询问，双方在笔录记载的时间内必然至少有一个人不在派出所，否则没有必要互相通话，所以，询问笔录涉嫌“伪造”。

（5）关于这笔犯罪事实，侦查机关还有很多情况没有侦查清楚。比如，陆某购买毒品的资金来源，陆某打车的记录和通话记录（市检察院调取的仅仅是一部分），易某交易的毒品的来源，双方交易毒品的场所的监控录像等。

2. 本案的第二笔事实存在的证据方面的问题

（1）14日早上的交易，系侦查机关“控制下交付”，但是在案证据没有发现侦查机关实施“控制下交付”这一技术侦查措施的批准文件。从侦查机关的相关受案和立案文书看，侦查机关在抓捕易某和陆某时，并没有立案，甚至连初查手续都没有办理，所有的立案文书均是在14日9时之后办理的。侦查机关没有立案手续，没有搜查证（本案不属于可以无证搜查的情形），但是却采取了搜查手段，表明侦查程序严重违法。在这种情况下，收集的1包（0.37克）毒品疑似物（从陆某处）和从易某身上搜查到的0.08克毒品疑似物，均系违法取得，严重影响司法公正，按照《刑事诉讼法》第56条的规定，属于可以排除的物证。在随后进行的庭前会议中，我们提出了包括但不限于前述物证在内的排除非法证据程序申请。这也是我们认为本案最核心的辩护观点，通过这一问题，我们构建了本案的无罪辩护思维框架——侦查机关无立案手续、搜查手续等法律文书即开始侦查案件、抓捕涉案人员、搜查扣押涉案物品，属于严重地违反刑事诉讼程序的侦查取证行为，由此获得的相关物证等证据，侦查机关应当补正或说明情况，否则，不得作为定案的根据。

（2）在违法搜查扣押上述物证之后，侦查机关从陆某处扣押的1包（0.37

克）毒品未经易某辨认，而且陆某辨认该物证时，辨认的参照物照片只有一张，严重违反辨认规定。一审开庭时，上述物证也没有让易某辨认。根据《刑事诉讼法》第195条的规定，公诉人应当向法庭出示物证，让当事人辨认；又根据最高人民法院《关于适用〈中华人民共和国刑事诉讼法〉的解释》（以下简称《刑事诉讼法司法解释》）第63条的规定，证据未经当庭出示、辨认、质证等法庭调查程序查证属实，不得作为定案的根据；再根据《刑事诉讼法司法解释》第90条的规定，由此形成的辨认笔录和辨认照片不得作为定案的根据。

（3）涉案毒品的称量笔录存在重大瑕疵，侦查机关应当补正或作出合理解释。其一，称量笔录没有附电子秤的计量合格证明；其二，毒品检验报告中记载的毒品数量与收缴毒品专用收据上的数量完全一致，毒品检验竟然没有丝毫的毒品损耗，这说明毒品检验存在重大瑕疵，需要侦查机关补正和解释说明。

本案开庭前，法官告知，侦查人员李某要出庭，原先申请的证人陆某无法出庭。庭审进行到发问结束，由于种种原因，承办法官不得不中止了庭审。其后，法官单独组织控辩双方召开了庭前会议，就本案的相关问题听取双方的意见。二审召开庭前会议，也属于比较少见的情况。法官如此处理本案中存在的问题，也可以说明案件情况复杂，需要双方将案件的争议焦点问题呈现在他面前，他才好做裁判。我们始终以一种无罪推定的思维来办理本案，坚定地认为，现有的证据在排除非法证据之后，剩余的证据无法形成证据链，证明易某犯贩卖毒品罪的证据不能达到确实、充分的证明标准。

复　盘

经过二审的庭前会议和再次会见易某，我们继续完善上述辩护意见。遵循质疑控方的每一份证据及其证据体系的思路，我们充分发挥无罪思维在刑事辩护中的实际作用，力争本案能够成为一个典型的毒品犯罪方面的无罪案例。

根据《刑事诉讼法》第 37 条的规定，辩护人的责任是根据事实和法律，提出犯罪嫌疑人、被告人无罪、罪轻或者减轻、免除其刑事责任的材料和意见，维护犯罪嫌疑人、被告人的诉讼权利和其他合法权益。法律赋予律师的责任，就是在合理合法的范围内追求对当事人最有利的处理，无罪思维是刑事律师应当具备的基本思维。易某的案件，始终还是靠证据支持律师的辩护观点，易某一直否认控方指控的事实，我们就应该按照他的辩解去探寻可能的辩护角度。当然，当事人的辩解也必须有合理性，才能最终获得法官的理解甚至认同。所以，我们在本案中再次深刻体会到，对定案证据的研究，无论花多少时间都是值得的。

思维运用

一旦接手了刑事案件，我们应当用无罪推定的思维审查每一份证据可能存在的问题，证据存在的问题自然会慢慢地呈现在我们面前。反过来，我们沿着侦查机关办案时一贯使用的有罪推定思维，搜寻每一个对案件辩护有利的材料，深挖其中的证据问题，我们相信，如果仔细推敲案件，侦查机关的证据也并非天衣无缝。毒品犯罪的证据体系存在特殊性，很多犯罪嫌疑人有毒品犯罪的前科劣迹，办案机关本能地认为，本次其涉嫌毒品犯罪也应该构成犯罪，犯罪嫌疑人做再多的辩解都无济于事。所以无论是什么类型的刑事案件，辩护律师办理案件时的基本思维都应当是无罪推定思维。

直觉思维：如何找到直达无罪彼岸的钥匙？

陈松创[1]

思维边界

一名合格的刑辩律师，一定是善于运用法律思维的律师，提及法律思维，首先让人联想到的是逻辑、规则、理性、证据等思维方式。毫无疑问，这些都是刑辩律师经常采用的极为重要的思维方式。但是，有一种思维方式虽常为刑辩律师所用，却很少有人关注和研究，它就是直觉思维。我个人认为，在“无罪辩护”案件中应用直觉思维，往往能够取得事半功倍的效果，它能帮助你拨开云雾，直达无罪的彼岸。

案情简介

2011年8月29日，邓某某成立了春天生物公司，经营化妆品生意，邓某某系该公司的法定代表人。2014年8月26日，童某、万某入资该公司，成为公司股东，各占22%的股权，邓某某的股权变更为51%，公司的财务由童某、万某指定的陈某担任。公司经营期间，财务管理极不规范，除了有公账以外，还分别设立了多个私人账户用于公司收支，邓某某和童某名下均有多个私人账户用于接收公司货款。2015年2~6月，公司有几百万元的货款进入邓某某名

1 盈科刑辩学院副秘书长，盈科珠海刑事法律事务部主任。

下的建行账户，童某和万某怀疑邓某某有挪用公司资金的行为，双方为此争执不断。2015 年 6 月 20 日，邓某某与童某、万某在公司进行对账，其中有 105 万元货款邓某某无法说明去向。于是，在童某、万某的要求下，邓某某确认挪用公司资金 105 万元的事实，并承诺 2015 年 9 月 18 日前将被挪用的资金归还公司。后因邓某某一直无法归还该笔资金，万某于 2016 年 5 月 30 日报案，公安人员立案调查，以邓某某涉嫌挪用资金罪将其抓获归案。

邓某某到案以后，一直拒不认罪，理由是：邓某某收到公司货款以后，全部用于公司经营，只是因财务管理混乱，笔数太多，一时无法说明具体去向；另外，其确认挪用 105 万元是受股东童某、万某的胁迫，不是自愿的，但是，在证据面前，邓某某的辩解显得苍白无力。第一，邓某某并无证据证实在确认挪用 105 万元时有被胁迫的情形存在，且公司财务人员陈某当时也在现场，其证实邓某某并没有被胁迫；第二，经股东对账后，邓某某在承诺书、对账明细表中确认收到了 912.6 万元的货款，且有 105 万元被其挪用的事实；第三，有银行流水证实了邓某某收到了几百万元的货款；第四，有证据显示，邓某某收到公司货款后，擅自为他人购买了宝马汽车、别克商务汽车。

本案，经过两次退回补充侦查后，最终被起诉到了法院。公、检两家的意见是，案件事实清楚、证据确凿，没有任何商量的余地。

办案过程

接受委托之后，我在看守所见到了邓某某，他毫无逻辑地述说着事情的经过，中间还不断地询问公司及家人的现状，尽管我一再提示和引导他要按照事件发生的时间顺序讲，与本案无关的事情不要多谈，但是他仍然会不自觉地“跑题”，给归纳案情带来了一定的难度。于是，我要求他围绕案件事实来回答我的问题，果然，效率马上提高，事件的来龙去脉很快就搞清楚了。应当说，第一次会见，除了感觉他是一个法盲以外，其他印象都挺好，善良、单纯、感性、上进。

一番交流后，我们彼此之间迅速建立起了信任，对于邓某某的无罪辩解我很认真地倾听。除了上面提到的，承诺书及对账明细表是童某和万某逼迫其签订的以外，他将收到的钱都用于了公司经营，没有挪作他用，还说明了实际收到的货款并没有912.6万元那么多，而且，用公司款项为宋某购买别克商务车，为任某购买宝马车，是因为公司欠着宋某与任某的货款，该行为是在为公司还债，当时也是经过童某、万某同意的。

如果上述情况属实，所谓挪用105万元的事实不能成立，原因在于：承诺书及账目支出明细中所谓105万元的缺口是以邓某某收到912.6万元的货款为前提计算得出的，如果邓某某没有足额收到912.6万元的货款，就无法得出105万元缺口的结论；邓某某收到款项后均用于公司支出，只是因为财务管理混乱，一时无法厘清，但如果一旦能够厘清，即无挪用之实；再者，如果能够证实邓某某用公司款项为他人购车是为公司偿还债务，亦不属于挪用资金。

我对于邓某某的辩解从直觉上选择了相信，当然，能否确定上述事实，还有依赖于后续的调查取证，目前谈"无罪"还为时尚早。但是，在第一次会见结束后，不知为何，我从内心深处非常坚定地认为邓某某是无辜的，事后想想，当时这种"坚定的相信"里面一定包含着强烈的无罪愿望。我将想法毫无保留地告诉了邓某某，希望他能够坚定无罪的信心！

会见结束后，我马上着手取证事宜。首先，调取了邓某某用于收取公司货款的银行流水，一方面是想确定邓某某共收到多少货款，另一方面也便于邓某某回忆货款的支出去向；其次，以洽谈还款及谅解为由与报案人童某接触，希望能够还原承诺书、对账明细表出具的过程以及取得用公司款项购买车辆是经股东同意的证据线索；最后，我还尝试联系邓某某用公司款项购买车辆的两位车主，以确定是否为公司还债的行为。但是，邓某某在看到银行流水后，仍然无法确定公司货款的全部去向，在与报案人童某、万某的接触中，对方态度强硬，一无所获，两位车主也避而不见。唯一有收获的发现是，邓某某的银行流水显示，其并没有收齐 912.6 万元的货款。

在这种情况下，我很清楚，如果只是提出现有证据无法证实邓某某收到了 912.6 万元的货款，因而认定邓某某挪用资金 105 万元的事实不清、证据不足，显然是不够的，因为邓某某已经在对账明细表中承认收到了 912.6 万元的货款，而且按照常理，收取货款的方式并不一定是通过银行转账，不能排除现金交付的可能。至此，“无罪”的方向似乎变得模糊不清……应当说，刑辩律师遭遇挫败是家常便饭，只要最终的结论没有出来，一名合格的刑辩律师是不应该轻言放弃的，特别是作无罪辩护的案件，如果直觉上认为是无罪的，就应该坚定地往无罪的方向努力，也许力挽狂澜的机会就藏在某个地方，等着你去挖掘。本案，在“无罪”直觉的引领和驱动下，事情终于出现了重大转机。

在接触中，春天生物公司给我留下的印象是“管理混乱”，特别是公司的财务管理，这当然与邓某某有很大的关系。有一天，我突然强烈地意识到，邓某某作为公司的创始人，公司就像他的一个孩子，他一心只想把公司做得更好，而在那段时间里，公司又处于上升期，正在不断地扩大业务，需要大量的资金。那么，有没有可能存在这种情况，为了公司的发展，邓某某个人投入了公司资金，但因财务管理混乱，并没有做好相应的财务记账？带着这种“直觉”，我再次会见了邓某某，并提出了这个问题。果然，如我所料，侦查机关所刻画的故事版本得到了重新建构，出罪的关键事实终于浮出水面。

邓某某告诉我，在 2015 年中旬，春天生物公司的“莱魅丽”项目上马，需要支付给代理商提成，邓某某以个人名义向股东童某借款 170 万元，170 万元没有进入邓某某的个人账户，而是从童某的建设银行账户转到童某的用于公司经营的工商银行账户，当天就将 170 万元直接转给了公司的 8 名代理商。这意味着，哪怕 105 万元的资金缺口属实，但是在这段时间里，邓某某以个人名义向童某借款 170 万元用于公司经营，邓某某对公司即享有 170 万元的债权，两相抵销，不但邓某某不欠公司 105 万元，而且对公司还享有 65 万元的债权，邓某某并不负有偿还公司款项的法定义务。此时，无须过多的分析，我的直觉又肯定地告诉我，挪用公司资金，必定是要有偿还公司款项的义务，而如今邓某某并不负有偿还公司资金的义务，当然构不上挪用资金。因此，沿着这样的思路，我调取到了充分的证据，将借款 170 万元用于公司经营一事十分牢固地确定了下来。

本案，虽经多次与侦查机关、公诉机关进行沟通，并提交了无罪辩护意见，但是，公、检两家仍然认为邓某某构成挪用资金罪。2017 年 5 月 8 日 9 时，控辩双方在庭审中展开了激烈的辩论，辩论效果明显倾向于被告人一方，审判长听得很认真。2017 年 10 月 19 日，邓某某被取保候审，2017 年 12 月 18 日，检察院撤回了对邓某某挪用资金罪的指控，邓某某被认定无罪。我心里非常清楚，在直觉思维驱动下所发现的 170 万元借款一事，是本案邓某某最终能够出罪的关键所在。

事后，我责怪邓某某：为什么在会见当中，从来不主动提出借款 170 万元的事情，我翻遍案卷，也没有看到他提过这件事情。邓某某说："我并不知道这个事情对案件有帮助，你一开始一直让我按逻辑顺序讲与案件有关的事情，我认为这件事情与本案无关，所以就给忽略了。"没错，如果真相没得到很好的发现，不应怪当事人，要怪就得怪辩护人。

复　盘

一个案件能否取得无罪的结果，有很多决定因素，很难说孰轻孰重，但是，个人认为，无罪的直觉是其中一个关键因素。

很多辩护人自以为熟练掌握了法律与逻辑，具有丰富的办案经验，了解案件事实的核心和关键，于是，就会以一种理所当然的姿态指导自己的当事人，似乎他全盘掌握着案件的奥秘，对于当事人的辩解总是嗤之以鼻。但是，他们似乎忘记了非常重要的一点，真相的挖掘才是一个案件的关键所在，现实世界纷繁复杂，每一个事件都不会是像摊开一本书那么简单，有时一个没有列入故事版本的细节也许才是决定整个案件胜败的关键，而这把关键的钥匙并不掌握在辩护人的手里，而是掌握在当事人的手里，因为，当事人是事件的亲历者，他永远比你更了解事件本身。因此，应该充分相信你的当事人，在办理案件的过程中，应当真诚地将当事人当成同行的伙伴，认真听取当事人的倾诉和意见，最后才能一起找出那条通向“无罪”彼岸的道路。

本案，如果不是依赖于直觉思维，“毫无原因”地坚定地相信邓某某是无辜的，我也许不会那么尽力地往无罪的方向努力。在无罪努力碰壁后也可能会轻易退缩，变为“罪轻辩护”。如果不是受了“直觉”的指引，我可能无法跳出侦查机关所建构的事实围墙，从而也就无法发现决定本案关键的事实，冤情也许就无法得以昭雪。

思维运用

直觉思维，是一种非逻辑抽象思维的跳跃式的思维形式，是根据对事物的印象，直接把握事物的本质和规律，是一种浓缩的高度省略和减缩了的思维，其前端仍然是经验与逻辑，背后则有着强大的心理学原因。直觉当中必有逻辑，直觉当中必含技艺。

无罪辩护案件中的直觉思维，是建立在“无罪推定”的基础之上形成的对“无罪”的直觉。通过直觉，它能够强化无罪的信念，引领“无罪推定”的贯彻，并有助于事实真相的发掘。在我办理成功的无罪辩护案件中，很多时候正是得益于此。因此，辩护人应当重视且有意识地培养自己的敏锐的直觉思维。

我认为，应用直觉思维，应做到以下几点：

第一，善于利用直觉思维，将复杂案件化繁为简，直达核心；

第二，充分利用直觉思维，敢于大胆地预见，建立无罪的信念；

第三，敢于改变固化的思维模式，跳出案件本身看案件；

第四，利用直觉思维的创造性特点，举例说明问题的关键。

共情思维：如何找到让法律事实更贴近客观真实的有效路径？

吴嘉欣[1]

思维边界

共情，是心理学概念，指体验他人内心世界的能力，是心理咨询师用来了解咨询对象心理状态，对其心理问题作出判断的方法之一，主要表现为站在对方的角度思考问题，用心体会对方的情绪，理解并认同对方的内心感受。在刑事辩护过程中，律师可运用共情思维，先通过全面有效的沟通，深入当事人内心体验其情感和思想，再借助辩护人的知识和经验，分析其经历和人格之间的联系，找出控方认定事实中的不合理之处，反向揭露可能存在的真相，最终实现促使法官作出有利于当事人判决的效果。

案情简介

被告人杨某被指控于2013~2017年10月，指使其任公司出纳的妻子通过转账方式陆续侵占其就职公司的资金，用于偿还自己欠下的赌债，侵占数额为600万元。按照起诉书认定的事实分析，根据刑法的相关规定，杨某教唆妻子

1 盈科刑辩学院副秘书长，盈科佛山经济和职务犯罪法律事务部主任。

实施职务侵占行为，数额超过 100 万元，依法应判处 5 年以上有期徒刑，结合案发地的经济发展情况，侵占 600 万元最终的量刑在 6~7 年有期徒刑。

由于案件马上就要开庭了，我希望从家属那里了解更多的信息，梳理出初步的辩护方向。家属一方面很担心杨某被当作主犯而重判，另一方面又说杨某绝对不可能指使妻子拿公司的钱，希望我能提供有力的辩护。除此之外，没有更多的信息。

对于本案，我初步判断的辩点主要有两个：第一，能否改变定性为挪用资金？ 600 万元的数额对于挪用资金，也是第二档刑期，但职务侵占的第二档起刑是 5 年有期徒刑，挪用资金的第二档起刑是 3 年有期徒刑，明显较轻。但杨某用涉案资金偿还赌债,其主观上的侵占故意比挪用的故意貌似更明显一些。第二，能否认定杨某为从犯？这要看现有证据能否反映杨某在本案中的地位如何。若能证明杨某起次要作用，通过减轻处罚也可以降低一档量刑。但是，鉴于案件已经到了审判阶段，起诉书认定的事实应该是有一定的证据支撑的，若找不到突破口，上述辩护思路不一定能达到预期的辩护效果。在我的建议下，家属同意先进行单次会见和单次阅卷的委托，在我全面了解了案件事实和证据情况，明确辩护策略后，再决定是否委托我出庭辩护。

办案过程

由于不想被当事人的意见影响我的专业判断，会见前，我申请了阅卷，想先对案件证据有一个客观的了解。案件证据基本能证实杨某的妻子陆续将公司资金转入杨某或杨某指定的其余几个赌博账户的事实。被公司发现后，杨某和其妻子共同承认了拿公司资金偿还杨某赌债的事实，但也存在一些让我觉得不妥的地方：第一，杨某在其妻子被抓获后一个多月，接公安机关通知去派出所领取其妻子的物品时，才被公安抓获；第二，证明杨某存在教唆行为的直接证据，只有其妻子杨某的证言；第三，杨某妻子曾经转回几十万元到公司，也曾从公司转出 100 多万元到其兄长的账户，由兄长刷卡购买了一套商品房，并登记在杨某妻子一个人的名下。上述三点，很不正常。首先，如果我是杨某，在教唆自己妻子实施了犯罪行为的情况下，不大可能仍冒着随时可能被公安机关作为同案抓获的危险，自行前往派出所。其次，从夫妻感情考虑，如果杨某妻子甘愿为夫还债而犯罪，说明两人感情应该不错，但在妻子被抓而丈夫不涉案的情况下，妻子却指证丈夫教唆，导致丈夫被抓，可见两人感情可能并不好。最后，结合杨某妻子将钱通过第三人的账户给自己买房的行为，更可看得出杨某妻子并未把夫妻作为一个患难整体考虑。从证据反映出的情况看，起诉书认定的事实存在不符合人情和常理的地方，其中的原因我需要通过会见了解清楚。

在一个阴雨的早晨，我早早赶到看守所，在昏暗的会见室里，第一次见到了杨某。

简单的自我介绍后，杨某径直地说："吴律师，我不需要你给我辩护了。之前的律师说了，这个案件的证据已经足够了，特别是我妻子对我的指证，检察院肯定会采信的。我决定认罪，让我妻子出去照顾女儿。"虽然杨某一脸的沮丧，但他的这番话恰恰印证了我的猜测。真正有感情的夫妻，应该是尽可能地保护成全对方，而不应该是像杨某的妻子那样拉丈夫垫背。

"杨先生，我理解你对家人的爱护之情。但是，认定法律事实要讲求证据，不是你口供说是怎样就是怎样的；如果你的口供与证据反映的事实不符，也不可能出现因为你扛了全部罪责而免除其他同案人员罪责的情况。你若是真为家人着想，最好将事实的全部真相告诉我，我们一起来想办法将这件事的影响降到最低。"我试图从他的角度出发，引导他向我讲述事实经过。

经过十几分钟的沟通后，杨某开始回答我的提问："我不知道妻子拿公司的钱，我们家的经济全部由她保管，我主要的银行卡都是由她来掌控。我是六合彩庄家，赢了钱我会拿现金回来交给她保管。输了钱的时候，我以为她会拿我给她的钱来还债，我没有指使她拿公司的钱。”

“你之前的笔录说自己是赌钱并不是庄家？”

“我怕公安多追究我一条赌博罪，就不敢承认自己是庄家。”

如果是庄家，就不可能在长达3~4年的时间里总是输钱，应该也会有一定的赢钱机会。那么即使是暂时拿走了公司的钱，其主观上也是有“赢了钱还回来”的心态。

“你做庄家的事实谁能证明？”

“我妻子是知道的，我叫她转钱过去的几个下家也是知道的，可以让办案机关向他们了解。”

结合案卷证据中有杨某妻子曾经还款几十万元，以及案发前杨某夫妇曾和被害单位签订还款计划的情况看，我觉得以挪用资金进行辩护可能很有希望。

下一步要解决杨某妻子狠心指证丈夫的疑问。基于一个大胆的假设，我问：“杨先生，恕我冒昧，你和妻子感情有问题吗？”

杨某对于这个问题显然很意外，他显然觉得这个问题和案件没啥关系，不是很想说，但迟疑了一阵，还是回答了：“我有一个女朋友，在一起七八年了。”我的假设竟然应验了！我压抑住心中的欣喜，继续问：“你妻子不知道这个事情吗？”杨某有点不好意思：“她是知道的，我们也闹了很多次，但是我考虑到女儿，不想离婚。但也没有跟女朋友断绝关系。”

这就是本案的关键！杨某的妻子在丈夫长期存在婚外情，夫妻双方感情存在明显问题的情况下，绝对不可能做出冒着犯罪的风险，听他教唆挪用公司资金给他还赌债的牺牲。相反，想办法转移或者隐匿财产，为万一离婚做好准备才是应有的想法。这正好合理地解释了为何杨某的妻子要通过其兄账户转账买房，登记在自己个人名下！如果辩护为从犯也可能很有希望！

从看守所出来后，我马上联系了家属，把会见中了解的情况与家属确认。对于杨某竟然跟我说了这么私密的事情，家属也很惊讶。简单交流了辩护方案后，家属就决定委托我进行审判阶段的辩护。我建议从杨某和其妻子遗留在家中的物品里寻找能证明杨某妻子知道杨某有婚外情的证据。过了几天，家属找到了杨某妻子的一个 U 盘，里面有涉案公司的财务报表和一个存有杨某和女朋友微信朋友圈照片的文件夹。这将是我动摇公诉人指控的有力工具。在庭审中，公诉人认为基本事实清楚，甚至没有对杨某进行讯问。而我通过精心设计的发问问题，进一步揭露了证据、事实、情理之间的矛盾。当我问杨某妻子她挪用公司资金买的房子为何不写上杨某的名字时，她愤恨地说出一句“他外面有女人我为何要写他的名字”时，我感觉胜券在握了。

庭后，我针对庭上提出的关于挪用故意和从犯的主要辩护意见提出了补充证据申请，然后就是漫长的等待。其间，家属多次向我表达了对于判决一直不下来的焦急心情，我都劝解他们，这个案件如果判职务侵占罪是件很简单的事，不需要花很多时间，现在法官在花时间考虑，正是说明我们有机会。在案件起诉到法院 11 个月后的一天，我收到了法院的判决，将杨某的罪名改为挪用资金罪，认定了从犯，判处二年有期徒刑。判决生效后，再过几个月杨某就能重获自由了，家属和杨某向我表示对辩护效果非常满意。

复　盘

本案的辩护重点在于有证据证明基本事实的确存在的情况下，如何利用证据矛盾揭示被告人在犯罪过程中的真实作用，争取从宽处理。办案机关基于杨某和其妻子的夫妻关系，结合妻子指证，推定杨某指使妻子的逻辑，符合一般的情理。但是我通过分析证据，发现了杨某和妻子可能存在有别于正常夫妻的关系，办案机关的推理可能缺乏合理前提。我通过与杨某的有效沟通，分析情况，引导其告知出存在婚外情的细节，最终从这一细节入手，串联其他有利证据支持辩护观点，提出了更符合经验和情理的合理怀疑，成功动摇了检察官所认定的法律事实，促使法院基于有利于被告人原则作出了从宽判决。

本案是审判阶段辩护人临危受命，短时间内调整思路，成功辩护的案例。具体辩护策略，只是个案，不可复制。但是，运用共情思维的方式实现与客户的有效交流，全面了解、分析案情，寻找指控事实的逻辑漏洞，推理出可能存在的客观真相，这一经验，可以运用到每一个案件当中。

思维运用

刑事诉讼的过程，是让法律事实不断贴近客观真实的过程。检察官通过证据结合常理推定出来的法律事实，不可能就是客观真实的全部。被告人才是客观真实的亲身亲历者，辩护人要查明事实，就要想方设法促使被告人提供更多事实或者相关的细节。共情是一种非常有效的沟通方式，也是一种非常有效的分析方法，可以在短时间内取得当事人的信任，在较为全面地了解案情的基础上，理出切合实际的辩护思路。对于共情的运用，简单总结如下几点注意事项。

第一，共情的目的，是寻找有利于被告人的真相，而不是掩盖罪行。

第二，共情的关键是要代入对方的角色、情景和思想，并结合知识、人情和常理作综合分析和判断。

第三，作为辩护人应当首先对案件的证据有客观的了解，带着问题去共情，把控总体办案方向，不能被带跑偏。

第四，共情不是一味地相信被告人的辩解，而是要在综合考虑证据情况、公诉人思路、法官思维的情况下，拟定最有利于被告人的辩护策略。特别是在一些被告人执意不肯认罪，辩护策略和被告人意愿有出入的情况下，就要通过共情，有效沟通，促使被告人接受有利于他的辩护思路。

编剧思维：如何在法庭上讲好一个故事？

张倩雯[1]

思维边界

事实、证据与法律是刑事案件最重要的三大要素，辩护律师的专业能力与辩护技巧的运用均要基于此，这是刑事律师最基本的职业素养。但是，并非所有刑事案件都能通过足够准确、充足的证据来证实案件的所有犯罪事实，特别是对于共同犯罪来说，由于涉案人员众、牵涉范围广、案件情况复杂，案件证据极有可能因各种原因存在缺失、灭失、损坏或者不真实的情况，从而导致无法完全客观真实地反映犯罪事实。在此种情况下，就需要律师寻求案件细节及其他可能的证据，还原案件真实，拉近证据与事实间的距离。

案情简介

刘某系广东省惠州人，于 2010 年 6 月认识了同样身处惠州市的毒贩“阿健”。2010 年 11 月，“阿健”通过另一位惠州毒贩陈某的介绍，认识了前来惠州市向陈某购买“K 粉”（氯胺酮）的福建省石狮市的王某，并互相交换了联系方式。因陈某的推荐，王某决定之后都向“阿健”购买氯胺酮。刘某苦于无处营生，便去“阿健”那探探可以赚钱的路子。“阿健”让刘某与其另一位

1 盈科刑辩学院副秘书长，盈科泉州刑事法律事务部主任。

朋友“阿兵”一同出面帮其贩卖氯胺酮给王某，并将装有王某联系方式的手机交给刘某，让刘某与其共同使用此手机。刘某拿到手机后，便打电话告知王某可以联系他购买氯胺酮。

王某分别于2012年12月16日、12月23日及12月31日三次打电话给“阿健”或刘某确定每次购买氯胺酮的数量及相应的价格，再于每次商定购毒事宜的次日让其雇佣的同村人林某将现金装入黑色背包，乘坐大巴前往惠州与“阿健”、刘某交易毒品。“阿健”让刘某去酒店开房确定交易地点，并让“阿兵”负责在酒店进行具体的交易。林某到达酒店后，双方依约完成交易，林某将毒品装入黑色背包，乘坐大巴返回石狮，将毒品交给了王某。王某将毒品自留一部分吸食并将剩余的毒品贩卖给下游毒贩施某、林某某、蔡某等。

2011年1月10日，王某照常打电话给“阿健”或刘某确定购毒事宜。刘某当晚在酒吧喝醉酒后不省人事，次日在家中休息。因此，林某次日携款乘车到达惠州后，是由“阿兵”一人全程负责对接林某进行交易。林某将交易的毒品装入纸箱放在大巴的行李箱中，乘车返回石狮。王某与林某将毒品搬到王某开来的车上，驱车到隐蔽处想将毒品分装交给某下游毒贩。此时埋伏已久的警车突然出现，王某急忙驾车逃离，并让林某将车上的毒品扔出窗外。在摆脱了警车后，王某与林某下车分头逃窜。公安机关在其二人驾车的路上寻到林某扔下的部分毒品，后有附近居民寻到两袋氯胺酮交给了公安机关。

王某于2011年1月12日被抓获后，配合公安机关于2011年1月14日晚将身处广东省惠州市的刘某抓获。刘某于2011年1月14日被泉州市公安局拘留，于2011年1月17日被石狮市公安局送往石狮市看守所羁押。

检方指控刘某通过下述4次向王某贩卖氯胺酮共计117千克的行为：

（1）2010年12月16日，刘某打电话给王某，商定以每千克1.48万元的价格，向王某贩卖氯胺酮28千克。次日王某指使其雇用的林某携带40余万元现金，乘车到广东省惠州市与刘某联系，在惠州市凯雅大酒店的一房间内与刘某完成交易，并于当日乘车返回福建省石狮市将所购毒品交给王某。王某将所购毒品贩卖给其下家施某、林某某、蔡某等。

（2）2010 年 12 月 23 日，王某打电话给刘某商定，以每千克 1.47 万元的价格，向刘某购买氯胺酮 28 千克，并于次日指使林某携款乘车前往广东省惠州市向刘某购买毒品。刘某在惠州市鲁惠国际大酒店的一房间内交给林某氯胺酮 28 千克，林某付给刘某毒品款 40 余万元。当日林某携带所购毒品乘坐大巴返回石狮市将毒品交给王某。王某将所购毒品贩卖给其下家施某、林某某、蔡某等。

（3）2010 年 12 月 31 日，王某经电话联系，商定以每千克 1.45 万元的价格，向刘某购买氯胺酮 28 千克。次日王某指使林某携款乘车前往广东省惠州市向刘某购买毒品。刘某在惠州市好悦大酒店的一房间内交给林某氯胺酮 28 千克。林某付给刘某 40 余万元现金。当日林某携带所购毒品乘坐大巴返回石狮市将毒品交给王某。王某将所购毒品贩卖给其下家施某、林某某、蔡某等。

（4）2011 年 1 月 10 日，王某经事先联系，以每千克 1.45 万元的价格，向刘某购买氯胺酮 33 千克，并指使林某携款乘车到广东省惠州市与刘某交易。次日刘某在惠州市好悦大酒店的一房间内向林某贩卖氯胺酮 33 千克，并收取毒资 47.85 万元。林某携带所购毒品乘坐大巴返回石狮时，王某驾车到石狮市旧收费站附近接上林某，在前往晋江市新塘社区途中，发现有警察抓捕，遂驾车逃脱，途中与林某将毒品沿路扔出车外。后公安人员经查找，缴获 28 包氯胺酮，共计重 26.05 千克。经鉴定，缴获的毒品中氯胺酮含量为 64.8%~80.3% 不等。

办案过程

2011 年 2 月 25 日，刘某家属委托我作为刘某的一审辩护律师。通过阅卷我发现，从刘某被抓获拘留的 2011 年 1 月 14 日晚至 2011 年 1 月 17 日被送往石狮市看守所前的这段时间，其一共做了 7 份讯问笔录，其中第三份笔录到第七份笔录共计 5 份笔录中刘某均是做有罪供述；而在第一份、第二份、第八份笔录及之后的笔录（刘某被送到石狮市看守所后所做的笔录），刘某均是做无罪供述，否认其有贩卖毒品的事实。通过会见，刘某告诉我，其是在被公安机关刑讯逼供、变相体罚的情况下才做的有罪供述，并且公安机关将笔录事先写好并打印出来让其直接签字。刘某称其只是应“阿健”的要求开房招待前来广东惠州的林某，每次都有位叫“阿兵”的同行，并且是“阿兵”与林某负责交易毒品的事。第四次由于其喝醉了，根本没有与林某见面，甚至没有参与交易。我根据刘某的诉求，于 2011 年 3 月、6 月、12 月分别向石狮市公安局、泉州市人民检察院、泉州市中级人民法院递交了代为申诉、控告书，刘某也自书了详细阐述公安对其刑讯逼供经过的申诉控告书。应法院的要求，我将刘某阐述的审讯人员及实施暴力的人员名单进行记录并提交给法院。

案件于 2012 年 1 月 6 日第一次开庭。王某在庭前笔录及庭中均称其之前是找陈某及“阿健”购买毒品，后通过“阿健”知道的刘某，打“阿健”的电话都是刘某接的，便都通过电话向刘某购买毒品。而林某在庭审中称最后一次其未见到刘某，而是和另一个不认识的人进行的交易。刘某在庭审中详细叙述了被刑讯逼供的经过，要求查看公安机关的审讯录像，并称最后一次未见到林某。作为刘某的辩护人，我首先分析了以刑讯逼供及其他非法方法收集的刘某的有罪供述必须予以排除，辅以公安出具的讯问笔录、辨认笔录中存在多处程序瑕疵及涂改痕迹、与现实常理不符等情况以增强刘某被刑讯逼供的说服力；其次，我着重强调尚有重大嫌疑人陈某、“阿健”、“阿兵”、“摇仔”等人未到案，刘某的作用、地位还无法查清，以及现有证据不足以证明刘某的全部犯罪事实。公诉机关称没有审讯录像可以提供，并称《在押人员健康状况检查表》可以证明刘某身体状况正常，未曾被刑讯逼供。法官未采纳我的辩护意见，于2012年2月20日判处刘某死刑。

刘某不服判决，于2012年2月23日委托我作为其二审的辩护人。笔者于2月27日向福建省高级人民法院提交上诉状，请求撤销原判，并向法院申请调取刘某、王某、林某、“阿健”2010年12月至2011年1月的完整通话记录，以及交易酒店的监控录像、住宿登记单、电脑住宿登记资料、押金单。因为案件仍有诸多事实不清、证据不足之处，我认为还有可能争取死刑缓期执行，甚至无期徒刑，只要能够比一审判决更轻，便是辩护的胜利。

二审于2012年7月5日开庭。此次我在一审辩护意见的基础上，重点分析论述死刑案件在证据方面必须达到的认定标准，阐述公安在讯问、辨认、扣押、提取、勘验、检查等过程中存在多处程序违法的事实，以及一审认定事实错误之处。在二审开庭前，公安机关才提供了林某和刘某的通话清单，这一关键证据证明刘某与林某在第一次、第二次，即2010年12月26日之前并未联系过，还证明了一审认定第四次贩毒是林某与刘某进行事先商定的事实是错误的，更进一步证明了刘某由于刑讯逼供所致原供述不实的辩解。但是福建省高级人民法院也未采纳笔者的辩护意见，于2012年10月9日判决驳回上诉，维持一审判决中对刘某的定罪量刑。

2013年3月13日，我接受了刘某的委托担任其死刑复核阶段的辩护人。这个阶段是案件最关键的阶段，若我的辩护意见能够得到最高人民法院的采纳，案件便有极大的转机，也意味着我将刘某从死神的手中拉回了一半。此次我的辩护意见，首先，通过刘某提供的控告书、自书辩护词等材料，论证公安机关讯问程序违法，石狮市公安局禁毒大队出具的工作说明存在程序违法问题，公安机关无法提供审讯时的录音录像，二审出庭检察官未提请法庭通知讯问人员出庭作证等情况，增加最高人民法院对刘某有罪供述真实性的怀疑，在我方未能提供实质证据证明公安机关曾对刘某刑讯逼供，或者以其他非法方法收集证据的情况下，仍然使最高人民法院对刘某被指控的犯罪事实予以强烈的质疑。然后利用对我方有利的证据，如刘某、王某的供述以及二审调取到的证明林某在第一次及第二次贩卖毒品时未与刘某联系过的通话清单，刘某与林某对于第四次贩卖毒品时，林某未与刘某见过面的供述，以及法院认定的交易地点与证据不符等方面，从证据不足推导出案件事实不清，进一步加深最高人民法院对刘某犯罪事实的怀疑。待对案件各因素的分析推理论证将对案件的各种合理怀疑推至顶点时，我提出案件的另一种可能性，即刘某极有可能是“阿健”的“马仔”，受“阿健”雇用和指使来招待前来交易的林某，并且刘某与陈某、“阿健”、“阿兵”、“摇仔”有可能构成共同犯罪，且有极大可能是从犯，在上述人员未到案的情况下，刘某是否构成共同犯罪以及在共同犯罪中的地位和作用无法查清，在此种可能性下判处刘某死刑不仅不利于全面查清事实，还可能导致丧失追究未到案犯罪嫌疑人的机会。最终，最高人民法院于2013年9月3日裁定不核准刘某死刑，撤销关于刘某的二审判决，并发回福建省高级人民法院重审。

案件发回重审后，2013年11月23日，刘某继续委托笔者担任其发回重审案件的一审辩护人，考虑到之前的辩护思路和辩护意见得到了最高人民法院法官的采纳，以及最高人民法院在法院系统中的权威地位，我在此阶段继续沿用死刑复核阶段的辩护方法，并于2014年7月25日提交了排除非法证据申请书。泉州市中级人民法院于2014年11月8日判决刘某死刑缓期二年执行。刘某于2014年11月13日继续委托我担任其发回重审案件的二审辩护人。案件于2015年8月28日开庭，我在之前的辩护意见的基础上，增加希望法庭进一步对刘某从宽处理的意见。福建省高级人民法院于2015年10月16日裁定驳回上诉，维持原判。虽然进一步从宽处理的辩护意见未得到法庭的采纳，但能够最终扭转局面，保住刘某的生命，便是不负律师的责任与使命。

复　盘

本案自刘某被抓获拘留至重审二审判决，历时近5年才得以最终尘埃落定，这5年里融进了刘某的不甘、委屈与求生的挣扎。本案争议的焦点可谓众多，不仅在事实、证据上，也在程序与量刑上，辩护的空间很大，角度也很多，但同时也存在取证困难、证据缺失、证据瑕疵等诸多挑战。刑事案件的犯罪事实大多是在现有证据的基础之上进行逻辑推理与现实联系得出的最大可能结果，而死刑案件则要求这个结果必须是唯一的且必然的。显然本案的诸多争议之处不可能完全达到死刑案件的证据标准。一审法院未采纳我关于本案尚有其他未排除合理怀疑的可能性存在，并且该可能性将会导致完全不同的判决结果的辩护意见，直接判处刘某死刑，似有不够审慎之嫌。

从一审至重审二审，我和刘某多次重申公安机关曾刑讯逼供的情况，一次又一次向法庭申请调取证据，紧紧抓住证据在程序上的诸多瑕疵，为本案铺垫上疑点重重、辩方坚定据理力争的底色，让法官对本案证据的真实性产生怀疑，进而怀疑证据所体现的犯罪事实；最后提出刘某极有可能属于共同犯罪中的从犯。前期大量铺开对证据缺失、瑕疵的分析论证，使得法官更易接受我方提出的可能性设想。

思维运用

虽然刑事案件的证据往往对辩方不利，但在证据的多方面，证据与证据之间的关系，证据与现实的联系中仍然有可能挖掘出有利的细节。事实、证据、法律的关系是律师辩护的基础，辩护律师讲故事也必须“以事实为依据，以法律为准绳”。

但是并非所有事实都能够有确实、充分的证据予以证明，这就给了律师发挥联想和想象的空间。在现有证据所证明的既有事实的基础上，在法律的框架内，抽丝剥茧，分析所有事实可能产生的各种结果，选择最有可能性的最有利结果，确定辩护路线。道路一旦确定，结果决定起点，便可以回头选取证明力最强的证据，通过论证其他证据的瑕疵、缺失或不真实等证明力不足的情况，以最有利证据为桥梁，将现实与可能性结果串联起来，增强说服力，从而尽力达到辩护目标。

医生思维：如何对症下药？

胡　瑾[1]

思维边界

人们都说律师职业和医生职业是最为相似的，这种相似性主要表现在如何找到问题的关键，并通过自己的专业知识和经验累积，提出有效解决问题的方案。医生看病，首先要找到病因，然后才能够对症下药，达到药到病除的效果。刑辩律师，接受委托后，最重要的也是要找到案件的关键突破口，制定适合的辩护方案，实现当事人利益的最大化。

案情简介

2015年3月，中国人民银行滁州市中心支行注意到，有一些银行账户的交易异常。在短短两个多月的时间里，共有3亿多元的巨额资金在这些账户间频繁地进出，并且这每月上千次的转账交易时间都是在夜间，钱到账后就立即被转走。中国人民银行滁州市中心支行将这一情况报警后，滁州警方立即成立专案组。经过深入调查，多日跟踪，滁州警方在2015年5月22日中午将正在一幢大厦内进行交易的宋某抓获归案，当场在其身上搜出73张银行卡。随后，警方又从其住处搜出3500余张身份证和760余张银行卡。该案破获后，震惊

1　盈科合肥刑事法律事务部主任。

全国的滁州特大贩卖身份证和银行卡案浮出水面，其利益链条及神秘内幕也随之被揭开。中央电视台《新闻直播间》对此案进行了深度报道。

本案侦查终结后，检方以宋某构成买卖国家机关证件罪和妨碍信用卡管理罪起诉到滁州市南谯区人民法院。

办案过程

宋某被抓获后，其哥哥经人推荐，来到北京盈科（合肥）律师事务所，找到了我，并委托我担任宋某的辩护律师。我接受委托时得知案件已经到了审查起诉阶段，便立即动身前往滁州检察院复制卷宗材料，并到看守所会见了宋某。

一、慧眼如炬，发现被告人患有“偏执型精神障碍”

第一次会见宋某时，我就发现宋某非常健谈。谈自己的创业经历，谈自己的广泛人脉，谈自己的学术成就，宋某简直就是口若悬河。我将谈话笔录整理后向其家人求证，宋某高谈阔论的部分内容得到了其家人的证实，有一些内容并非妄谈。但经过几次会见后，我心中渐渐产生了一个疑问：宋某是否患有精神病？从检察院复制回来的卷宗材料看，本案能够证明宋某构成犯罪的证据可谓是“确实充分”了。本案若想获得较大的突破，如果能从减轻被告人的刑事责任能力方面找到机会，将会是最好的辩护效果。

经过几次的会见交谈，我发现宋某的思维跳跃性极大，其谈论的与某些名人交往的细节明显是编造的，存在夸大的成分，并且有一些逻辑上的错误。尤其是宋某反复称其不构成犯罪，其贩卖身份证和银行卡的目的是研究犯罪，本身没有犯罪故意的说法很让人吃惊。我在与宋某家人的沟通中提出其可能患有精神疾病，会影响其刑事责任能力的想法后，其家人都否认宋某有精神病，而且也证明其家族中也没有精神病史。

其家人虽然否认宋某有精神病，但我在仔细回想与其交谈的过程，分析其行为表现后却更加坚定了其有可能患有精神疾病的想法。我在翻阅了大量的精神病学著作后，向公诉机关提交了对宋某进行精神病鉴定的申请。一般情况下，辩护人应该在案件侦查阶段申请对犯罪嫌疑人进行精神病鉴定，但是我接受委托时该案已经进入审查起诉阶段，所以公诉人开始对辩护人提出的精神病鉴定申请很是诧异。公诉人虽然在讯问被告人的过程中对其表现有所了解，但是也并不认同我认为宋某可能患有精神疾病的观点。我把整理的相关精神病学著作的资料交给了检察官，请他再次讯问宋某时注意留意宋某的言谈举止。公诉人虽然不情愿，但是本着对法律高度负责的态度，接受了我的建议，在查阅了辩护人的资料，并再次讯问宋某后，将该案退回侦查机关，建议侦查机关补充对宋某进行精神病和刑事责任能力鉴定。

安徽某司法鉴定所鉴定后，出具了《精神疾病司法鉴定意见书》，鉴定意见认为，宋某“存在夸大妄想，有幻视。理解、判断力一般，无自知力”。宋某在案发时患“偏执型精神障碍”，辨认能力显著削弱，具有限制刑事责任能力这个鉴定意见为对其从轻、减轻刑事处罚创造了条件。

二、费尽心思，说服宋某认罪，争取被告人利益的最大化

由于宋某患有偏执型精神障碍，其多次向律师表示自己是为了“研究犯罪而犯罪”，坚持拒不认罪。宋某称其之所以贩卖身份证，是因为他发现中国的身份证管理存在很多的漏洞，其认为自己是站在道德的制高点，为了帮助国家改进身份证管理，为了国家的利益才犯罪的。宋某还用基督教的教义为自己的行为进行辩护，坚信自己无罪，坚信本案是错案。这些行为，在公诉人看来就是“态度极其恶劣”。如果宋某在庭审中还如此坚持，即便是法院认可了其患有精神疾病的事实，也极有可能不利于对其减轻处罚。

为了说服宋某对其犯罪行为有着现实的认识，我煞费苦心，尝试了多种方法说服其认罪服法。最后，宋某接受了我提出的“二分法”，同意在法庭上认罪。所谓的二分法，就是一方面从道德和宗教方面，宋某坚持自己的观点，即其是为了研究犯罪而犯罪，没有真正的犯罪故意的说法；另一方面，其也同意法庭按照法律进行审判，在法律层面，其承认自己的行为违反了法律规定，应该接受法律的制裁和惩罚。经过这种“二分法”的策略，辩护人终于在实现被告人利益的最大化方面又迈出了一步。

三、据理力争，使被告人获得大幅度地减轻处罚

2016年7月1日，滁州市某区人民法院不公开开庭审理了本案。在法庭上，宋某一方面承认犯罪，另一方面又从道德和宗教的层面为自己的行为进行辩解，并且公然反驳公诉人的公诉意见，引起了公诉人极大的反感。公诉人认为宋某构成买卖国家机关证件罪，犯罪情节特别严重，应该判处10年有期徒刑；同时，宋某还构成妨害信用卡管理罪，数量特别巨大，情节特别严重，应该判处10年有期徒刑。宋某一人犯两罪，应该对其数罪并罚，判处其有期徒刑20年。鉴于宋某患有“偏执型精神障碍”，案发时辨认能力显著削弱，具有限制刑事责任能力，依法可以适当从轻，公诉人建议法庭在15~20年内对宋某量刑。

被告人虽然在法庭上长篇大论、滔滔不绝地为自己的行为从道德和宗教两方面辩护，但是也难能可贵地采纳了我的建议，当庭承认了自己的犯罪事实，承认自己是违背了法律的规定，愿意接受法律的制裁。我以此为契机，向法庭发表了辩护意见，提出被告人符合刑法上自愿认罪的规定，然后又从证据的角度对公安机关出具的《居民身份证真伪鉴定书》的合法性，宋某的《精神疾病司法鉴定意见书》中对其刑事责任能力的认定，以及宋某不构成买卖国家机关证件罪，应该按照《刑法修正案（九）》的规定，对宋某以伪造、变造、买卖身份证件罪定罪等几个方面进行了辩护。

辩护人的辩护意见最终得到了法庭的认可，也得到了参加庭审的宋某亲属的高度赞赏，最终以法院判处宋某有期徒刑 7 年结束了本案。

复　盘

本案侦查终结后，从检方移送起诉的证据材料中能够看到，对宋某涉嫌犯罪的证据是确实充分的。辩护人接受被告人家属的委托，就是要穷尽一切可能寻找最佳的方案谋求被告人的最大利益。辩护人在与被告人的交谈过程中，敏锐地捕捉到被告人可能是限制行为能力的精神病人的信息，随后又通过查询大量精神病方面的资料，勇敢地向公诉人提出自己的判断，并说服公诉人将案件退查，由公安机关对被告人的刑事责任能力进行补充鉴定，最终得到了被告人“存在夸大妄想，有幻视。理解、判断力一般，无自知力”的鉴定意见。正是因为找到了被告人患“偏执型精神障碍”，具有限制刑事责任能力这样一个关键突破口，法院最终才对宋某有了较大幅度的从宽处罚，使委托人获得了公正的判决。

成功说服被告人认罪也是本案取得从轻处罚的重要因素。宋某“理解、判断力一般，无自知力”，其在法庭上的自愿认罪可否获得从轻处罚？庭前辩护律师与法官进行了沟通，在得到法官的认同后，辩护律师及时向宋某的亲属表达了希望被告人认罪的意见。宋某的亲属对律师的意见完全赞同，在这种情况下，辩护律师才提出说服宋某认罪的思路。最终，律师采用“二分法”，成功说服了被告人认罪，换取了被告人刑期的降低。

思维运用

律师辩护要借鉴医生思维。刑事律师发现辩点与医生诊断有很多共同之处。医生诊断患者病症的过程，其实是医患取得共识的过程。医生与病人的充分沟通是决定医生仁术水平的关键，也是能否取得患者信任的最重要环节。

医生看诊，需要详细询问患者病史，进行相关检查，顺向思维做出判断，开出辅助检查，再结合辅助检查结果，逆向思维，排他诊断，最后做出初步诊断。高明的医生在诊断过程中会与患者共同识症，与患者共同探索疾病症状的根源，并且让患者从理念上接受他的治疗方法。使医生与患者之间达成共识，形成医患合作共同战胜疾病的特殊局面。

辩护律师需要借鉴医生的思维，在辩护过程中要像医生那样与被告人及被告人家属“形成共识”。本案中，辩护人找到最有可能解决问题的“病因”，又想方设法与被告人达成了“共识”，对症下药，实现被告人利益的最大化。辩护人在充分了解到案件在事实和程序上都没有太大辩护空间的情况下，准确找到了被告人限制刑事责任能力这一突破口，最终使被告人获得了较大幅度的从宽处理。

论理思维：如何在刑事辩护中运用刑法理论？

张锦前[1]

思维边界

刑法理论，特别是犯罪成立条件方面（不论是四要件说还是三层次说）的理论，对于判断一个行为是否犯罪或者区分此罪与彼罪都起到了关键性作用。本文讲的就是从刑法理论入手，合理利用刑法主流观点，在审查起诉阶段成功将以涉嫌绑架罪移送起诉的案件变为非法拘禁罪名，成功、有效地维护了当事人的合法权益。

案情简介

2017 年 10 月 12 日，谢某灿以索要赌债为由，伙同谢某添，在福建省泉州市安溪县阆苑岩山上，以电击棒电击陈某豪，并用橡胶绳捆住陈某豪双手，将其控制在谢某灿租赁的小轿车上。而后，谢某灿二人轮流驾驶小轿车，将陈某豪带离安溪县。2017 年 10 月 12~14 日，谢某灿二人控制了陈某豪，先后途经湖南省、广西壮族自治区、贵州省等地。其间，谢某灿拨打陈某豪父亲陈某

1 盈科厦门刑事法律事务部主任。

江的电话，要求陈某江归还其在陈某江经营的赌博网站上投注的本金和获取的盈利共计人民币 180 余万元。2017 年 10 月 14 日 18 时，谢某灿驾车带着陈某豪途经贵州省从江县时被当地公安机关设卡拦截并抓获。

本案中，陈某豪的父亲陈某江否认有经营的赌博网站，否认欠谢某灿款项。公安机关以谢某灿、谢某添涉嫌绑架罪向公诉机关移送起诉。如果罪名成立，等待谢某灿、谢某添的将是漫长的十几年的刑期。

办案过程

辩护人是在审查起诉阶段介入案件的。阅卷后，辩护人的第一感觉就是本案的定性有问题，罪名应该是非法拘禁而非绑架。由此，辩护人与负责审查起诉该案的检察官初步进行了沟通，但双方的意见出现了分歧。争议的焦点在于在陈某江否认的前提下，如何证明谢某灿参与过网络赌博，如何证明谢某灿向陈某江索要的 180 余万元系赌债。

针对上述情况，辩护人运用刑法理论进行了以下的论证：对谢某灿、谢某添非法限制陈某豪人身自由，并向陈某豪的父亲索要 180 余万元的事实无异议，但认为谢某灿、谢某添不具有勒索财物的目的，行为不构成绑架罪，而是构成非法拘禁罪。

1. 谢某灿为了讨要赌债的目的是可以查清的

（1）谢某灿参与赌博的事实可以进一步查明。辩护人会见时，谢某灿提到其参与网络赌博进行下注及赢利时，其进行了截图并存在了云盘里，可以通过其本人或妻子的手机登录查询；其尾号为 3949 的建行卡及支付宝的流水也可以佐证赌资的流出情况。

公安机关调取的谢某灿尾号为 3949 的建行卡流水可以证明，在 2016 年 8

月至2017年年初，谢某灿有大额资金多次流向顾某烨等23人账户。当然，这些账户也有少量资金流入该建行卡。经辩护人与谢某灿当面核对，谢某灿陈述其均不认识这些人，这些账号均是赌博网站提供的。对于以上情况，辩护人申请公诉机关予以核实。

此外，辩护人通过谢某灿的家人筛选谢某灿的支付宝流水时，也发现在2016年8月、9月间，有大额的资金流入王某等人的账户。谢某灿也陈述系参与赌博的款项。以上情况，辩护人也申请公诉机关调取支付宝的明细予以核实。

（2）关于陈某江没有参与网络赌博的说明。辩护人认为，对于自己是否有违法犯罪行为，陈某江作为当事人，不讲实话的可能性大。对该节事实的认定上应该通过其他证据进行证明。谢某灿在供述中称：陈某豪曾经向其说起“美高美”赌盘是陈某江与陈某水开的。当时，还有苏某星、王某伟（外号“瘦猴”）、苏某来等朋友在场。辩护人申请公诉机关找到相关证人予以核实，并提出如查找这些证人有难度的话，辩护人及被告人的家属愿意协助联系。

（3）现有证据基本可以证实，谢某灿的犯罪目的是要回被欠的赌债。本案中，谢某灿、谢某添的供述及陈某江的证言均能证实：谢某灿二人非法限制陈某豪的自由后，谢某灿向陈某江要的是180万元的赌债。退一步讲，哪怕陈某江网络赌博的情况无法被证实，那么立足本案的现有证据还是可以证实谢某灿主观上是为了讨回被欠的赌债的可能性更大。

另外，在辩护人会见时，谢某灿陈述：陈某豪被非法限制人身自由时，手上戴着很贵重的手表及戒指，谢某灿、谢某添均没有拿走；而且，谢某灿也仅在自己应要回的赌债范围内向对方提出还款请求，并没有过分要求。这也从另外一个方面证实，谢某灿的主观目的仅是要拿回自己赢的赌款，而没有非法占有他人财物的故意。

综合以上事实，可以确定谢某灿犯罪的目的是讨要自己认为应得的款项而非出于勒索财物的故意。

2. 绑架罪与非法拘禁罪的区别

绑架罪，是指利用被绑架人的近亲属或者其他人对被绑架人安危的忧虑，以勒索财物或满足其他不法要求为目的，使用暴力、胁迫或者麻醉方法劫持或以实力控制他人的行为；非法拘禁罪，是指以拘押、禁闭或者其他方法，非法剥夺他人人身自由的行为。绑架罪与非法拘禁罪实际上是特殊与一般的关系，二者都是侵犯他人人身自由权利的犯罪，而且，绑架罪在客观上也必然表现为非法剥夺他人人身自由的行为，剥夺的方法与非法拘禁的方法没有质的区别，都可以是暴力、胁迫或其他方法。非法拘禁罪也可以由绑架方法构成。两罪中将被害人绑架、劫持的空间特点也一样，既可以是就地不动，也可以是将被害人掳离原所在地。

绑架罪与非法拘禁罪的区别在于，绑架罪的构成不仅要求有非法剥夺人身自由的行为，而且要求有勒索财物或满足行为人不法要求的目的，以及与此相应的勒索财物或提出不法要求的实行行为。而非法拘禁罪仅要求行为人具有剥夺他人人身自由的目的。实践中，涉及绑架罪与非法拘禁罪的界限区分问题主要是为了索债而绑架、扣押人质的案件。《刑法》第238条第3款明确规定：为索取债务而非法扣押、拘禁他人的，以非法拘禁罪定罪处罚。根据最高人民法院《关于对为索取法律不予保护的债务非法拘禁他人行为如何定罪问题的解释》的规定，行为人为索取高利贷、赌债等法律不予保护的债务，非法扣押、拘禁他人的，依照非法拘禁罪定罪处罚。

当然，为索取债务绑架他人，向被绑架人的近亲属或其他人索取债务后，又索取额外财物或以人质相挟提出其他不法要求的，行为人同时触犯非法拘禁罪和绑架罪两个罪名。但应视此为想象竞合犯或者吸收犯的形态，对行为人以绑架罪一罪处理。

3. 以索取债务为目的非法扣押、拘禁债务人以外的第三人作为人质，逼迫债务人还债的行为构成非法拘禁罪

实践中有种观点认为，勒索型绑架罪与索债型非法拘禁罪的区别之一是：勒索型绑架罪的对象是不特定的，犯罪人在实施绑架前可以任意选择要绑架的对象，被绑架人没有任何过错。而索债型非法拘禁的对象则应当是特定的，即犯罪人只能扣押与之有债权债务关系的当事人本人，并向其本人或亲属索取债务，而不能任意扣押其他与之无关的人包括当事人的亲属等，并借此向与之有债权债务关系的当事人本人索取债务，否则就侵犯了无过错他人的人身自由，应以勒索型绑架罪论处。辩护人认为，这种观点是缺乏法律依据的。应当说，勒索型绑架罪的对象，对绑架人来说，是可任意选择和不特定的。而且，一般来说，被绑架人往往与绑架人之间没有利害冲突，被绑架人也没有过错可言。而在索债型非法拘禁中，犯罪人所选择的被拘禁人常常就是与之有债权债务关系的当事人本人。之所以会发生拘禁索债，通常也是由于被拘禁人赖着债务拖着不还甚至根本不想还才引发的，被拘禁人客观上存在一定程度的过错。这些分析都是对的。但这并不等于说，索债型非法拘禁的对象就只能是与行为人有债权债务关系的当事人本人。首先，法律没有明确限制“为索取债务，非法拘禁、扣押他人”中的“他人”就是与行为人有债权债务关系的当事人本人。其次，在现实生活中，行为人想拘禁当事人本人索债，有时较为困难，故常常选择拘禁当事人的亲属特别是其幼年子女等，并以此来向当事人本人索债。之所以如此，就在于当事人与其亲属、子女具有特定的关系，行为人可以以其为要挟，实现索债目的。因此，如果将索债型非法拘禁的对象仅限定于与行为人有债权债务关系的当事人本人，并将此作为与勒索绑架罪的区别之一，既不合乎现实情况，也无法律依据。辩护人还指出，这一观点已得到法院主流观念的认可，出现在众多的法院判决中，并被最高人民法院作为审判观点予以推广。辩

护人找到了具体案例的参考资料《刑事审判参考》2002 年第 1 辑（总第 24 辑）、2002 年第 3 辑（总第 26 辑）提供给检察官。

本案经过多次沟通，检察官也认真负责地进行了退补。在这个过程中，辩护人发现检察官的观点有点松动，但还是举棋不定，即建议其向公诉科的领导及主管副检察长汇报。本案在审查起诉阶段经过二退三延，就在离案件审限还有一周的时候，承办该案检察官主动给辩护人打电话，表示认可辩护人的意见，希望谢某灿二人做认罪认罚，至此辩护人的论理辩护取得了成功。

最后，本案以非法拘禁罪提起公诉，谢某灿被法院判处有期徒刑 2 年 6 个月，谢某添被判处有期徒刑 2 年 3 个月。

复　盘

本案争议的焦点是绑架罪与非法拘禁罪之间的区别，特别是在以索取债务为目的非法扣押、拘禁债务人以外的第三人作为人质，逼迫债务人还债的行为，而且索取的债务还是非法债务的定性方面。辩护人很好地利用了最高人民法院《关于对为索取法律不予保护的债务非法拘禁他人行为如何定罪问题的解释》的规定，而且在非法债务关系无法确认的情况下，将非法债务解释为非法债务纠纷，而非法拘禁罪的犯罪对象应该包括债务人近亲属在内的第三人，从而达到说服检察官改重罪为轻罪的效果。

思维运用

我一直在思考一个问题，就是一个案件事实清楚、证据确定充分，程序上也没有瑕疵的情况下，作为辩护人，其辩护空间有多大。我的结论是，即使这样，案件无罪、罪轻的可能性依然可以发生变化。辩护人可以利用刑法的谦抑性原则、但书、犯罪成立要件、具体罪名的罪状、一罪与数罪、共同犯罪、追诉时效、刑法的溯及力、推定的可反驳性、量刑情节的认定理论，去论证案件存在无罪、罪轻、量刑轻缓免等情形，从而达到有效辩护的效果。这一论理思维，辩护人两年来屡试不爽。比如，林某英职务侵占等罪一案，在事实无异议的情况下，辩护人在审查起诉阶段利用牵连犯的理论打掉公安机关的虚开增值税专用发票罪名，利用《刑法修正案（九）》的溯及力问题打掉公安机关的使用虚假身份证件罪名；戴某宁故意杀人一案，在基础事实无异议的情况下，辩护人在审查起诉阶段成功说服检察官增加认定了防卫过当、自首等情节，最后法院减轻处罚判处当事人有期徒刑 4 年……

交叉思维：如何办好民刑交叉、行刑交叉案件？

廖　行[1]

思维边界

在刑事案件的办理中，辩护人常常基于职业习惯用刑事证明标准进行质证和辩护，但目前大量的刑事案件客观上存在和民事案件、行政案件交叉交错的情形。面对案件事实和法律关系上的交叉，甚至是冲突，以及证据证明标准上的差异，辩护人应该打破固有的思维方式，运用交叉思维，在交叉事实、交叉认定标准的情形下，拨开迷雾，寻找有效辩护的新路径。

案情简介

李 A、杨 B、李 C 为获取利益，共同出资在某市成立了四川 Y 商贸有限公司（以下简称 Y 公司）。但为了手续方便，Y 公司登记为只有杨 B 一个股东的个人独资企业，杨 B 担任公司的法定代表人。Y 公司成立后，从青海某商贸有限公司等 18 家上游企业购进增值税专用发票作为公司进项，之后再虚开增值税专用发票给下游公司。2014 年 12 月至 2015 年 9 月，李 A、杨 B、李 C

1　盈科成都刑事法律事务部主任。

以Y公司名义通过自己及中间人向四川某某机械厂等75家下游企业开具增值税专用发票265份，开票金额24,545,942.47元，税额4,172,810.08元，已纳增值税219,522.45元。除李A、杨B、李C三人外，另外还有5名嫌疑人。

我们担任杨B的辩护人。杨B到案后，对其与李A、李C共同出资设立Y公司，并从上游企业取得进项发票，在与下游企业无真实货物交易的情形下，虚开增值税专用发票的相关事实进行了供述。但是其辩称公司的设立及运营管理系由李A主要负责，李A掌控Y公司的资金和分配，自己的主要工作是根据李A的安排帮助填制入库、出库单等。

李A、杨B、李C三人的前后多次供述几乎一致，即三人是基于虚开发票获取点子费的目的而出资设立的Y公司，李A负责Y公司的运营管理及资金安排、获取进项发票、联系下游企业并开具增值税专用发票事宜；李C主要负责联系下游企业并开具增值税专用发票事宜；杨B主要负责填制入库单、出库单。

根据全国人民代表大会常务委员会《关于惩治虚开、伪造和非法出售增值税专用发票犯罪的决定》、最高人民法院《关于适用〈全国人民代表大会常务委员会关于惩治虚开、伪造和非法出售增值税专用发票犯罪的决定〉的若干问题的解释》（法发〔1996〕30号）、《最高人民法院研究室关于如何适用法发〔1996〕30号司法解释数额标准问题的电话答复》（法研〔2014〕179号）、最高人民法院《关于审理骗取出口退税刑事案件具体应用法律若干问题的解释》（法释〔2002〕30号）的规定，虚开税款数额250万元以上，即为“虚开的税款数额巨大”。2018年8月27日最高人民法院发布《关于虚开增值税专用发票定罪量刑标准有关问题的通知》（法〔2018〕226号），也明确“虚开的税款数额在二百五十万元以上的，认定为刑法第二百零五条规定的‘数额巨大’”。

该案公诉机关指控被告人李 A、杨 B、李 C 虚开的增值税税款数额达到 417 万余元，且全部已经抵扣，属于“虚开的税款数额巨大”的情形，对其应处“十年以上有期徒刑或者无期徒刑”。公诉机关的建议为，对被告人杨 B 判处 10~13 年的有期徒刑。

办案过程

一、侦查阶段

在侦查阶段，辩护人数次会见杨 B，可以确定的事实有：第一，李 A、杨 B、李 C 以虚开为目的设立 Y 公司；第二，杨 B 担任 Y 公司的法定代表人；第三，杨 B 主要参与了填制入库单、出库单。由此，基本可以确定杨 B 涉嫌虚开增值税专用发票的犯罪事实。至此，本案定性不存在疑问，辩护人只能在量刑情节上寻找辩护空间。

二、审查起诉阶段

辩护人通过阅卷发现，本案证据除公安机关侦查所形成的言词证据外，其余的大部分证据均源于下游受票企业所在地的税务机关的调查材料和笔录，主要是对下游受票企业的协查报告及相关人员对于货物、发票、资金的询问笔录，最后税务机关出具稽查报告和协查报告，税务机关的协查报告一致认定，下游受票企业接受虚开并在税务机关进行了抵扣，继而证实 Y 公司虚开增值税专用发票的事实并造成了国家税收的损失。受票企业相关人员的询问笔录亦绝大部分陈述了与 Y 公司没有真实的货物交易。

案件进行到此，似乎事实清楚，证据确实充分。由于杨 B 担任 Y 公司的法定代表人，起诉书将杨 B 列为第二被告人，该案辩护的空间十分有限。

后来我们调整思路，决定对下游企业进行不同的分类，一是对杨 B 供述的开具发票过程情况进行核实；二是对下游75家受票企业的受票情况进行分类整理，通过Excel表格对下游企业的案涉证据进行分类，主要统计交易地点、虚开数额、已抵扣数额、协查报告、下游受票企业相关人员的询问笔录。我们还发现：李A曾有过这样的供述："公司把一部分货物以不含税的价格卖给不需要发票的买家，一部分含税卖出，公司空余的销项增值税专用发票就可以收取垫资费的方式卖给一些'业务员'，赚卖发票的手续费""问：Y公司成立至今是否有真实货物交易？答：我操作了一部分货物交易。"问："你是否经办过Y公司的货物销售？答：我购买过货物，都是在龙港钢材市场买的。""问：那么你购买的货物是卖给谁的？答：大部分货物都是卖给不需要发票的买家，然后有些业务员就找我和李C购买或者直接开具增值税专用发票。"由此，我们分析Y公司的经营方式除了虚开行为外，可能还存在真实交易的情形（因为在注册Y公司之前，李A、杨B、李C曾在某钢材城担任过销售人员），具体包括真实购买钢材后正常销售出去，也有货票分离卖出去的情形，还有将增值税专用发票开具给一些市场"串串"（在市场上无固定门市，以向商家临时串货销售的人员），而这些"串串"实际上有真实销售钢材的行为，至此，不能排除Y公司与部分受票企业存在真实交易的情形。换句话说，该案事实存在无真实交易、有真实交易和代开发票的交叉共存的情况。在对协查报告的梳理中，我们发现税务机关对75家下游受票企业的协查结果可以分为4类：第一类，调查核实的证据完善，下游企业证明有真实的货物交易，而且能提供与Y公司部分相关的信息；第二类，调查核实的证据不完善，未对经办人、货物流、资金流、票据流进行调查核实，导致无法证明是虚开的情形；第三类，部分企业倒闭、失联导致无法进行调查核实；或者税务机关未对下游企业负责人、经办人进行调查核实，仅凭抵扣记录便直接得出虚开的协查报告结论；第四类，Y公司与部分下游企业完全属于虚开，下游企业完全承认是虚开，事实清楚，调查证据完善，协查结论明确。

至此，若是从行政机关调查处理的角度来看，行政调查以及处罚应当询问经办人、负责人，调取相关的书证（资金流转、合同、协议、票据等），调查钢材的来源、流向、用途等，故应当遵循严格的法定程序，然后作出的稽查报告和协查报告才可以支持其对受票企业作出相应的行政处罚。但是本案税务机关的调查存在以上未依照法律规定进行调查的情形，从行政法的角度看，其调查行为不符合行政法规定的内容和程序。而本案是刑事案件，刑事案件的证明标准是排除合理性怀疑，其证明标准比行政案件更高，我们认为本案税务行政机关调查取得的大量言词证据以及由此得出的协查报告等证据更不能作为刑事诉讼的指控证据使用，不能得出杨 B 虚开增值税专用发票的结论。这说明本案存在行政法和刑法的交叉情形，即事实上不能排除 Y 公司有真实交易的合理怀疑，行政机关的调查程序不合法，以及调查结论不符合法定程序。根据上述分析，我们决定把有无真实交易和税务机关调查取得的证据证明能力作为本案辩护的重点。

三、审判阶段

2018 年 4 月 20 日，本案召开庭前会议；5 月 9 日第一次开庭。除杨 B 表示对指控金额和作用存在异议外，其他各被告人对指控的罪名、事实均没有异议，这不由得让我们感觉到压力巨大。我们对每个人的发问都进行了精心的设计，我们逐一向 8 个被告人进行发问，特别加强对如下事实的发问：Y 公司有无从其他公司购入钢材？有的话是如何购进的？这些购进的钢材有没有对外销售？有的话是怎么销售出去的？ Y 公司有无销售人员？钢材城的“串串”是否找 Y 公司开具过发票？这些“串串”是否有真实交易？这些“串串”帮助 Y 公司销售过钢材没有？开出的发票中有没有真实的货物交易？有的话能否记得是哪些？

我们对各被告人的发问进行得非常顺利，通过发问查清了钢材销售的特点，即钢材的交易存在大量的通过业务员来联系的情况，有的是公司自己的业务人员，另外还有市场的一种“串串”，专门临时联系到买家后向各家公司串货销售的情形，“串串”相当于是流动的销售人员，有时候“串串”销售后找能够开具发票的公司开具增值税专用发票；也有从个体工商户处购买钢材而无法开具增值税专用发票的情况，个体工商户也会想办法从其他企业取得增值税专用发票；也有从钢材销售企业以不含税价购入钢材，购买方以支付所谓“点子费”的方式从其他企业取得增值税专用发票的情形；另外，钢材一般都统一存放在仓库，中间无论转手几次，直到最后的买家才来仓库提走货物。至此，我们认为本案既存在串货、串票、代开发票的情形，也存在真实交易的情形。

在质证阶段，我们对下游75家受票企业进行了分类归纳，并发表了意见，主要为：第一，有15家受票企业与Y公司有真实交易，并有税务机关的调查笔录、收款收据、发票予以证实，这与发问阶段被告人的陈述相互印证；第二，有22家受票企业的受票不能证明是虚开，税务机关未对该22家受票企业进行调查，没有按照行政调查程序进行实地调查、询问企业负责人、经办人等，也未调取相关的财务凭证，仅仅依据企业无法联系、已经注销就直接作出虚开的认定；第三，有12家受票企业没有协查报告，甚至也没有实地调查和询问相关人员；第四，剩余26家受票企业虚开的事实基本成立，实际虚开的税款金额只有104万元。

辩论阶段，我们也主要围绕以下内容进行辩护：第一，有部分真实货物交易，被告人在主观上不具有少交税款的故意；第二，指控虚开的税款金额应扣减有真实的货物交易的发票税款、无证据证明系虚开的发票税款以及指控虚开证据不足的发票税款和Y公司已自行申报并交纳的税款。

庭审后，公诉机关申请补充证据，据了解，公诉机关将我们的制作分类质证意见表作为补充侦查的提纲提交给了侦查机关。

2019 年 2 月 14 日，本案复庭，补充的证据是有意针对我方提出的辩护观点，但我们认为补充的证据仍然不足，仍然存在真实货物交易的可能性和部分虚开的指控证据存在不足，而且补充的协查报告大多未加盖税务机关的印章。我们详细地发表了质证意见并进行了辩论，取得了非常良好的庭审效果。

庭审后，经历近两个月的等待，迎来了本案的一审判决，法院认定，"Y 公司向下游企业开具增值税专用发票 135 份，开票金额 12,910,877.07 元，税额 2,194,849.1 元"，法院几乎全部采纳了我们的辩护意见，只认定了指控金额的一半。同时认定杨 B 为第三被告人并判处有期徒刑 5 年，罚金 5 万元。

杨 B 被判处的刑罚最轻，罚金最少。被告人和家属对我们的辩护工作非常满意！

复　盘

本案争议的焦点是指控的虚开税款金额能否在"数额巨大"以下认定，以及各被告人的地位和作用。我们在阅卷的过程中，对在案的证据进行了全面仔细的梳理和分析，准确把握一个行业的特殊性，从而提炼出对被告人有利的案件事实。本案被告人李 A 供述了 Y 公司有购进货物的事实，同时存在货和票分开卖出去的情形，还存在"串串"们销售钢材后找 Y 公司代开发票的情形。税务机关的调查程序及调查获取的证据材料与刑事案件所要求证据确实充分、排除一切合理怀疑的证据认定标准有差别。该案在证据的认定上，公诉机关就将该标准模糊，欲以此替代刑事证明标准直接认定下游 75 家受票企业获得的发票均是虚开。在对同一份证据存在刑事和行政的证明力认定标准交叉的情形下，我们应该基于案件的性质，坚持刑事案件的证明标准，排除一切合理怀疑。

思维运用

我们办理的刑事案件，有相当部分存在刑民交叉、刑行交叉甚至刑民行交叉的情形，同时也就存在事实、证明标准在案件中交叉并存的情形。作为刑事律师，我们在长期办案中常常会形成惯性思维，习惯性用一些固定的方法和套路来办理案件。特别是如果忽略了民商事法律法规和行政法律法规的情况下，办理交叉类案件往往会陷入迷茫。

在交叉类案件中，首先要从法律关系进行分析，根据案件基本事实，分析是否存在交叉或者本身就是行政案件或者民事案件的情形，如果存在，辩护律师就从案件属于民商事案件或者行政案件角度进行辩护，否定其存在刑事犯罪。另外，从证明标准进行分析，刑民行案件的构成要件和证明标准不同，依法对在民事案件或者行政案件中形成的证据进行排除，从刑事案件的证明标准角度否定其证明力，实现差异化区分和结构化辩护，形成交叉立体性辩护的思维和策略。

从刑事角度看，刑民行交叉案件多发生经济类犯罪中，案件事实交错复杂，辩护律师要形成并运用刑事、民事、行政三个知识体系和证明标准，准确厘清案情性质，充分抓住出罪或者减轻的情节，区分刑民行案件不同的证明标准，击垮公诉机关的证据体系，让交叉思维成为实现有效辩护的新路径！

法教义思维：如何在法规范中寻找成功辩点？

韩正武[1]

思维边界

法教义学，是指在法学研究中将现行实在法秩序作为坚定信念而不加怀疑地遵循，并以此为出发点开展体系化与解释工作的规范科学。法教义理念在司法实践中占据着绝对的支配性地位，现行法及相关司法解释几乎是法官裁判的全部依据。个案中，在适用相关理论或司法解释可能会发生背离罪刑相适应原则的后果时，应坚守法教义思维，在法律的概念中作出更为清晰的语言界分，打造超常规辩护策略，进而达到出奇制胜的辩护效果。

案情简介

王某与案外人董某系男女朋友关系。2010年下半年的一天，在日常聊天时王某告知董某，其闺蜜李某喜欢其初中男同学汤某，汤某初中毕业后即到国外发展，多年没有回来过。董某当时因做生意资金缺口较大，就说李某的家境

1 盈科福州刑事法律事务部主任。

不错，挺有钱的，提议可以以汤某的名义与李某联系借点钱来。王某因涉世不深，同时见董某又是提议“借钱”，便没有反对。此后，案外人董某冒用“汤某”身份，在网络上下载了一名帅哥照片作为头像在QQ上与被害人李某建立了联系。当李某向王某求证时，王某告知，与其建立联系、QQ上匿名的“风之子”即是其初中同学汤某。随后，案外人董某很快即与李某发展成为网恋男女朋友关系。在获取李某的信任后，2010年11月至2013年7月，案外人董某以“汤某”的身份通过QQ聊天方式对李某谎称其人在国外，以要开公司、耳朵做手术、发生交通事故、自杀未遂治疗等名义需要用钱，先后以“借款”的名义骗取李某人民币20余万元。案外人董某以汤某名义每次“借钱”时均在QQ聊天时交代李某将现金交由王某并由王某汇寄到国外给他，理由是王某有便宜的跨国汇钱渠道，费用较低。李某也觉得王某是其多年闺蜜，比较信任，通过其转交借款给“汤某”比较安全。李某每次通过王某给钱后都通过QQ聊天的方式让“汤某”确认收到相应钱款。后来，李某发觉事情不对，在找王某要钱未果后，随即向当地公安机关报案。2013年12月30日，王某被公安机关抓获，并在第一时间供述了与案外人董某共谋并由董某以“汤某”名义通过QQ网恋方式共同骗取李某20余万元的犯罪事实，并先行由其家人退出全部赃款给李某。随即，公安机关对案外人董某实施刑事拘留。但董某反侦查能力、心理素质都很强，案发前销毁了包括与李某QQ聊天的电脑等全部作案工具，甚至连日常办公乘坐的车辆牌照、QQ注册登记信息等全部都是虚假的。由于侦查机关没有获取任何有关案外人董某共谋参与实施犯罪的有效证据，刑事拘留期限届满后，不得不将案外人董某释放。后侦查机关认定王某以非法占有为目的，采取虚构事实、隐瞒真相的手段，骗取他人人民币共计20余万元，涉案数额巨大，以诈骗罪移送公诉机关审查起诉。

办案过程

接受王某的委托后，我在第一时间会见了王某，得知其已有多份笔录供述与案外人董某合谋骗取被害人李某钱财20余万元的犯罪事实，且有被害人李某的陈述、QQ聊天记录等证据相互印证，而王某所述全部骗取款项均由其转交给案外人董某，但没有留下任何转交钱款的相关证据。也就是说，王某实施诈骗的犯罪事实清楚，且数额巨大。而其所供称的共同犯罪的主犯案外人董某又因证据严重缺失而无法作为诈骗罪的共同犯罪进行刑事追诉。如果共同犯罪不成立，王某单独构成诈骗罪的话，本案涉案金额为20余万元，依据《刑法》第266条以及"两高"《关于办理诈骗刑事案件具体应用法律若干问题的解释》第1条之规定，超出"数额巨大"上限10万元标准的两倍，应处3年以上10年以下有期徒刑，应在5~6年幅度内量刑，判处缓刑几乎是不可能的。同时，我国《刑法》第25条规定，共同犯罪是二人以上的共同故意犯罪。在现有证据无法查实案外人董某即为网络虚拟人汤某的情况下，网络虚拟人汤某能否独立构成《刑法》第25条共同犯罪中的"人"则成为本案能否成立共同犯罪的关键。从法教义的角度，这里的"人"系指具备独立思维和行为能力的主体，当然既包括达到刑事责任年龄、具备刑事责任能力的人或单位，也包括没有达到刑事责任年龄、不具备刑事责任能力的人或单位，甚至包括具备独立思维和行为能力的非生物性智能机器人。如果成立共同犯罪，王某则可以被认定为共同犯罪的从犯，进而可以依法比照主犯从轻减、减轻处罚。

此外，虽然我国《刑法》没有从法律规范层面具体规定共同犯罪主体的构成要件，但传统刑法理论，同时也几乎是通识理论，认为共同犯罪的主体必须是两个以上达到刑事责任年龄、具有刑事责任能力的人或单位。既然"汤某"

系网络虚拟人，就无从认定其是否达到刑事责任年龄、具有刑事责任能力的问题。本案能否被认定为共同犯罪对上述共同犯罪主体理论将构成直接挑战。而要想对王某从轻处罚，争取被认定为共同犯罪则成为本案成功辩护的必经之路。

辩护思路是刑事案件精准辩护的战略问题。共同犯罪辩护的战略确定后，辩护人选择了坚持庭审辩护与审前辩护、定罪辩护与量型辩护，以及对抗辩护与合意辩护“三结合”的辩护战术原则。具体做法如下。

一、审查起诉阶段

一方面，在证据层面锁定并证成“汤某”系王某之外的独立共同犯罪主体，且系主犯。基于王某已经认罪且有被害人陈述相互印证，侦查机关移送公诉机关有关各涉案人的QQ聊天记录非常有限。为此，辩护人第一时间向公诉机关递交《关于商请检察机关督促侦查机关提交电子数据的申请》，经过两次退回补充侦查，由侦查机关委托专门机构提取了网络虚拟人“汤某”与被害人李某、王某与被害人李某，以及“汤某”与王某自2010~2014年年底近5年的全部QQ聊天记录及相关电子数据。通过繁杂而严密的数据分析，特别是QQ聊天记录中多次出现网络虚拟人“汤某”与被害人李某间、王某与被害人李某间同一时间节点发生在不同地点的聊天内容，结合聊天对话的上下文内容及语气等因素，从证据层面充分揭示了网络虚拟人“汤某”不是王某的隐身，而是在王某之外确实另有其人，且实际承担着犯意提起、虚构事实通过QQ聊天行骗并最终获取钱财的主犯角色。另一方面，在沟通技巧层面，坚持法教义宗旨，坚持理性、耐心与主诉检察官沟通，向其反复渗透；在法律规范层面，指出《刑法》第25条有关共同犯罪在主体方面的“二人”实指两个主体，网络虚拟人“汤某”符合该规范的主体特征。至于通识理论中要求共同犯罪主体必须同时达到刑事责任年龄和刑事责任能力的问题，毕竟还仅是理论而非实在法规范，进而也应适时指出无论是法律规范还是理论研究均因拘泥于现实而具有滞后性，理论界之所以形成两个“必须”的共同犯罪主体传统理论，系由于当初网络特别是虚拟犯罪不发达的客观环境所致，并使之相信，随着网络科技的突飞猛进，无法查实真实姓名的网络虚拟人犯罪甚至人机混合的由智能机器人参与或单独实施的犯罪将会越来越多。在此情况下辩护人及时拿出由国内著名刑法学专家签名的专家论证意见，进一步强化了本案构成共同犯罪的理论正当性。几乎是水到渠成，随后公诉机关出具起诉书，表述为“经依法查明：2010 年 11 月至 2013 年 7 月，被告人王某与他人经事先共谋，冒用‘汤某’的身份与被害人李某聊天并发展成男女朋友关系……”虽然在起诉书中没有明确为共同犯罪，但事实上已将本案以共同犯罪来处理。同时，辩护人向审判机关提出 3~4 年的量刑建议，并表示辩方在庭审中会提出缓刑的量刑建议，公诉机关并未表示反对，这为将来判处缓刑留下了伏笔。

二、审判阶段

在审查起诉阶段打下良好的辩护基础之后，辩方在审判阶段继续坚持在共同犯罪成立的前提下争取缓刑的辩护战略，以及上述“三结合”的辩护策略。针对前述提及的共同犯罪主体理论的“两个必须”，辩方也丝毫不敢大意，因为这其中不但有一个传统和通识理论的问题，还有一个司法循例和惯性的问题。不同于公诉阶段的起诉书，审判阶段的司法判决既是一个司法事实认定的过程，更是一个通过庭审、证据开示、质证评判和印证来强化法律规范和理论通识的过程。如何解开通识共同犯罪主体“两个必须”的结，至少让合议庭成员特别是主审法官主观上不认为达到刑事责任年龄、具有刑事责任能力是共同犯罪主体构成之必须，或者退而求其次让他们在事实上承认本案被告人王某之外网络虚拟人“汤某”的客观存在。坦率来说，尽管面对本案大量存在的 QQ 聊天记录并经各方的充分举证和质证，上述目的也是不容易达到的。除了庭前、庭审、庭后与合议庭，特别是与主办法官的有效沟通外，更为关键的还必须在共同犯罪主体理论方面寻求新的突破。通过在中国知网检索相关共同犯罪的理论文章，以及新近出版的刑法学理论著作，特别是在共同犯罪分类理论中受到的启发，辩护人认为，“达到刑事责任年龄、具备刑事责任能力”的传统和通识共同犯罪主体构成理论，事实上是将共同犯罪中应受刑罚处罚的要件误当作主体构成要件。在我国刑事法律中，大量存在客观犯罪因为具备阻却应受刑罚处罚的法定事由而最终免受刑罚的情形，如未达刑事责任年龄、正当防卫等情形。作为一个法律概念，共同犯罪主体的界分仅承担实施犯罪主体构成的评价足矣，而不必也不应该与应受惩罚性标准混同，上述“两个必须”的传统通识性标准即是不合理的混同。

通过共同犯罪主体理论的思考和梳理，经过庭前沟通，辩护人结合现有全部证据当庭发表了近40分钟的辩护意见，意在说服主审法官之外的合议庭成员，争取进一步扫清庭后合议的传统理论障碍。庭后，辩护人经过认真整理提交了辩护意见与专家意见以及节选的本案核心QQ聊天记录，一式三份以便合议庭成员评议时参阅。

书面辩护意见提交一周后，本案书记员通过辩护人通知被告人王某家属交纳罚金，并告知准备向被告人王某户口所在地发出社区矫正征询意见函。据此，辩护人判断本案正朝着期待的缓刑结果迈进和发展。辩护人在第一时间通知家属及时全额交纳了罚金。经过一个月的漫长等待，2015年11月15日，一审判决下达，事实认定部分遵循公诉机关的意见，认定“被告人王某与他人经事先共谋……”并依法判决被告人王某有期徒刑3年，缓刑5年，并处罚金人民币3万元。至此，本案圆满结案。

复　盘

本案争议的焦点为：网络虚拟人“汤某”能否成为共同犯罪的主体。在传统和通识理论支配下，如果司法机关简单机械套用传统刑法理论，以诈骗20余万元的犯罪后果判处被告人王某有期徒刑5年甚至更长刑期，当然也不能算作错案。但相信所有历经此案的诉讼当事人内心深处并不认为这样的判决结果实现了司法正义。传统刑法理论将共同犯罪的主体界定为必须是两个以上达到刑事责任年龄、具有刑事责任能力的人或者单位，理论上并不周延，不能为司法实践中精准量刑提供理论支撑，甚至会对司法实践造成掣肘与困惑。面对虚拟网络犯罪日益增多的态势，借用保险法上的射幸条款概念，引入射幸共同犯罪的概念或种类十分必要，可以将现实中存在的不能查实真实身份的虚拟网络主体参与的两个以上主体共同实施的犯罪统一界定为射幸共同犯罪。与此相应，“两个以上达到刑事责任年龄、具有刑事责任能力的人或者单位”的传统共同犯罪主体构成理论也应修正为：达到刑事责任年龄，具备刑事责任能力的人或单位参与的两个以上行为主体共同实施的犯罪系共同犯罪。

思维运用

从个案辩护的效果来说，本案可以说是在现有法律规范内能争取到的最好结果，并得以判处缓刑。如今王某已经结婚生子做了妈妈，逢年过节她还记得像探望长辈一样前来看望曾经陪伴她度过人生最危困阶段的辩护人。几年之后的今天，我们总结回望当初该案的辩护路径，能取得这样的辩护效果是偶然还是必然，我们能从中得到什么启示，有什么样的辩护经验值得总结和借鉴呢？我们应当如何运用看似有点孤玄高深的法教义思维呢？我试着总结以下几点仅供广大律师同仁参考。

第一，法规范条件。相关刑法条款必须从法教义的角度提供法规范的足够宽度和适应度。比如本案，我国《刑法》第25条规定“共同犯罪是两人以上共同故意犯罪”，这从规范层面为共同犯罪主体理论的创新提供了足够的弹性空间。如果将上述传统共同犯罪主体理论上升为刑法规范，则除了修法外别无他途。

第二，法律事实条件。依据相关案件证据所揭示的法律事实，如果适用相关传统理论和司法解释，则违背罪刑相适应原则和普遍存在于各诉讼参与人内心的司法正义原则。

第三，善于借助刑法学界知名学者的专家意见以增加理论说服力。在个案中，特别是传统通识性理论已明显成为恰当适用刑罚羁绊的情况下，而相关刑法规范又提供了足够的弹性空间，适时恰当借助专家意见进行辩护还是十分有用的。

第四，注重辩护策略和沟通技巧。突破传统理论的法教义思维一定程度上是对现行司法惯例的冲击甚至是背离。基于路径依赖的惯性，要想说服司法官不循例司法是很不容易的。为此，尊重、理解司法官显得尤为重要。

比较思维：如何根据举重明轻进行无罪辩护？

郭彦卫[1]

思维边界

在中国古代的唐律中曾规定了这样一个司法原则——入罪举轻以明重，出罪举重以明轻。所谓入罪举轻以明重，是指如果一个行为刑法没有明确规定为犯罪，要想把它作为犯罪来处理，可以采取举轻明重的方法。所谓出罪举重以明轻，是指一个行为刑法没有规定它不是犯罪，要想不作为犯罪来处理，就可以采用举重明轻的方法。通过这两种方法就可以使法律当中没有明文规定为犯罪的行为,或者没有明文规定不是犯罪的行为能够分别按照罪或非罪来处理。

案情简介

单某强是河北省某市水利局南水北调工程建设管理委员的工作人员，2013年赵某安通过向单某强行贿中标了南水北调若干工程。案发后，在案件的侦办过程中，公安机关发现赵某安为支取其在沧州市南水北调的工程款，多次通过杨某龙在丁某兴经营的石家庄天某建筑劳务分包有限公司（以下简称天

1 盈科石家庄刑事法律事务部主任。

某劳务公司）虚开劳务发票共 1,816.807 万元，公安机关便追加了指控罪名——虚开发票罪。

同时，公安机关开始侦查哪些单位从丁某兴经营的天某劳务公司开具过发票。

经调查，除赵某安外还有 10 人（苑永某、刘占某、曹国某、赵红某、王彦某、马金某、耿金某、朱某、王海某、杨晓某）分别用不同的公司名义从丁某兴经营的天某劳务公司开具过发票，公安机关对以上 10 人及丁某兴均移送检察机关审查起诉。

我接受苑永某的委托，担任他的辩护人。根据苑永某的介绍，其是从事建筑劳务的包工头，带领一些农民工专门承包建设工程地基的劳务。他一般是找建筑工程的总承包商，从总承包商那里分包地基的劳务。由于干完活从总承包商那里结账需要正式的发票，又由于总承包商要求签合同必须是有资质的劳务公司，因此，苑永某要承包某个劳务活时，就从天某劳务公司开出授权委托书，用该公司的名义与总承包商签订劳务分包合同，干完活结算时，从该公司开出发票，总承包商将款打给天某劳务公司，公司扣掉管理费（提点）后将余款打给苑永某。截至案发，苑永某以天某劳务公司的名义与 5 家总承包商签订了劳务分包合同，累计开具发票共计 2900 多万元。公安机关侦查完毕后，以虚开发票罪向检察院移送审查起诉。

起诉意见书指控，苑永某自 2014 年 1 月至 2015 年 12 月为支取工程款，找到天某劳务公司的丁某兴（另案处理），在该公司没有提供劳务服务的情况下，以该公司名义给北京、安徽等地 5 家公司开具劳务发票，合计总金额 29,137,236 元，并按照票面金额的 0.8% 向其支付开票费用。被告人苑永某在与开票单位无真实业务往来的情况下，让他人为自己虚开发票，情节严重，其行为构成虚开发票罪。

办案过程

接受委托后，我们了解到，当事人认为，自己带领一帮农民工，干的工程是真实的，因为没有相关资质，借用了天某劳务公司的名义签了合同，开了发票，如果认定犯罪很是冤枉。通过查阅卷宗我们发现，相关笔录、劳务分包合同、发票、打款记录，以及会计师事务所出具的审计报告和税务师事务所出具的审核报告可以印证，案件的基本事实没有太大的出入，关键在于税款损失如何认定。证据显示，天某劳务公司在经营期间上缴税金是当地税务部门按照核定征收的，其间没有少交过税款，总承包商在此期间也没有少交纳税款。

为准确认定案件事实，我们采用穷尽的方法查阅了相关法律法规及司法解释，虚开发票罪是《刑法修正案（八）》新增加的罪名，该罪名规定在《刑法》第 205 条第 1 款，除此之外，没有其他的法律法规和司法解释。根据最高人民检察院、公安部《关于公安机关管辖的刑事案件立案追诉标准的规定（二）的补充规定》（公通字〔2011〕47 号）的规定，虚开发票 100 份以上或者虚开金额累计在 40 万元以上的就达到立案标准，本案涉及 2900 多万元的发票，单从数额上看就远远超过了追诉标准，是不是情节特别严重，还有待于再查询和论证；再查询相关的案例，裁判文书网上竟然没有查到一份无罪的判决书，都是有罪的判决书。通过查询得到的信息，我们感到情况不容乐观。与虚开发票罪接近的、关联密切的是《刑法》第 205 条，我们随后继续查询虚开增值税专用发票罪，希望能够有些收获。果然，通过查询，我们有重大发现，关于虚开增值税专用发票无罪的情形有以下观点。

（1）2001 年，最高人民法院答复福建省、湖北省高级法院请示的湖北汽车商场虚开增值税专用发票一案中，最高人民法院审判委员会经讨论形成一致意见，认为，“主观上不具有偷骗税款的目的、客观上亦未实际造成国家税收损失的虚开行为”，不构成犯罪（〔2001〕刑他字第36号）。

（2）2001年，最高人民法院答复福建省高级法院请示的泉州市松苑锦涤实业有限公司等虚开增值税专用发票一案中，明确答复不以抵扣税款为目的的虚开行为，不构成犯罪（法研〔2001〕58号）。

（3）2004年，最高人民法院在苏州市召开的经济犯罪案件审判工作座谈会上形成的《经济犯罪案件审判工作座谈会纪要》中，对于“虚开增值税专用发票罪”的认定达成共识：主观上不以偷骗税为目的，客观上也不会造成国家税款损失的，不应认定为犯罪。

（4）2005年最高人民法院的《基层法院法官培训教材（实务卷）刑事审判》中阐述，“行为人主观上不以偷逃、骗取税款为目的，客观上也不会造成国家税款流失，不应以虚开增值税专用发票犯罪论处”。

（5）2006年《刑事审判参考》第49期，最高人民法院的法官牛克乾在《虚开增值税专用发票罪与非罪之认定》一文中所持的观点同上。

（6）2015年最高人民法院研究室答复公安部经济犯罪侦查局时指出，行为人主观上并无骗取抵扣税款的故意，客观上未造成国家增值税款损失的，不宜以虚开增值税专用发票罪论处。虚开增值税专用发票罪的法定最高刑为无期徒刑，系严重犯罪，如将该罪理解为行为犯，只要虚开增值税专用发票，侵犯增值税专用发票管理秩序的，即构成犯罪并要判处重刑，也不符合罪刑责相适应的原则（法研〔2015〕58号）。

（7）2016年11月16日，最高人民法院的法官姚龙兵在《人民法院报》发表《如何解读虚开增值税专用发票罪的“虚开”》一文，认为：虚开增值税专用发票罪，包括《刑法》第205条第1款规定的虚开用于骗取出口退税、抵扣税款发票罪在内，均要求有骗取税款的主观目的，如不具备该目的，则不能认定为《刑法》第205条之“虚开”行为，不能以该罪论处。

（8）2017年最新版《最高人民法院司法观点集成（刑事卷Ⅱ）》在编者说明中指出，一般说来，对于为虚增营业额、扩大销售收入或者制造企业虚假繁荣，相互对开或循环虚开增值税专用发票等行为，由于行为人主观上不以偷逃、骗取税款为目的，客观上也不会造成国家税款流失，不应以虚开增值税专用发票犯罪论处。

（9）2004年，陈兴良教授在《不以骗取税款为目的的虚开发票行为之定性研究》一文中认为，偷骗税款应该成为虚开增值税发票罪成立的必要要件。

综合以上观点可见，行为人主观上“不以偷逃、骗取税款为目的”的虚开增值税专用发票的，不构成犯罪。以上观点中只有2015年最高人民法院研究室答复公安部经济犯罪侦查局（法研〔2015〕58号）具有准司法解释的效力，其他的观点都不是正式的司法解释,都不是以最高人民法院的名义正式颁布的。实际的施行情况又是怎样的呢？当时，2018年12月最高人民法院为充分发挥审判职能作用，保护产权和企业家合法权益典型案例(第二批)中，对张某强虚开增值税专用发票案并未公布。通过检索裁判文书网，我们查到了山东青岛市中级人民法院崔某祥虚开用于抵扣税款发票罪（2017）鲁02刑再2号的无罪判决书，在该判决书中法院认为：“从刑法的具体条文来看，具有骗取抵扣税款的故意应当是认定此类犯罪的构罪要件，最高人民法院也曾通过多种形式对此类犯罪应如何认定进行了指导。2015年6月的法研（2015）58号复函是最高人民法院对此类犯罪应当如何认定的进一步指导和明确。没有骗税目的地找他人代开发票行为与以骗税为目的地虚开犯罪行为的社会危害性不可相提并论，因此，在不能证明被告人有骗取抵扣税款或帮助他人骗取抵扣税款故意的情况下,仅凭找其他公司代开发票的行为就认定构成此类犯罪不符合立法本意，也不符合主客观相一致原则和罪责刑相适应原则。”这样，不仅有了理论依据，而且有了实务判例，我们可以确定“不以偷逃、骗取税款为目的”的虚开增值税专用发票的，不构成犯罪。但是，问题又来了，本案是涉嫌虚开普通发票罪，“不以偷逃、骗取税款为目的”的虚开增值税专用发票的，不构成犯罪的理论是否当然适用普通发票呢？法律依据又在哪里呢？

通过对比法条可以看出，虚开增值税专用发票罪相比虚开普通发票罪是重罪，“不以偷逃、骗取税款为目的”虚开增值税专用发票不构成犯罪，那么同样“不以偷逃、骗取税款为目的”的虚开普通发票也应当不构成犯罪，这本是常识、常理、常情，发自普通人内心的朴素认识。本案事实上无论苑永某、天某劳务公司，还是发包方都没有偷逃、骗取税款，他们也应当是无罪的。这种常理、常识、常情有没有理论上的支持呢？我们的脑海里突然出现一个词——“举重以明轻，举轻以明重”，经过查询得知，这是唐代的一个司法原则，流传到现在已经演变成常识了。

这样，本案无罪辩护的思路就确定了。接下来是同检察院的承办人进行联系沟通，我们出具了书面的建议不起诉辩护意见，本案经过两次退回补充侦查，但最终承办检察官告诉我，本案经检委会讨论决定起诉，只能由法院决定了。经过开庭，我们按照既定的无罪辩护思路进行了辩论。河北省广宗县人民法院于2018年8月10日作出刑事判决书，判决苑永某犯虚开发票罪，免予刑事处罚。从结果上来看，似乎还算可以，其他几个人都没有上诉。但本律师坚定地认为应当判决无罪，经苑永某同意，提起了上诉。河北省邢台市中级人民法院经过开庭审理，于2018年11月13日作出刑事判决书，苑永某及辩护律师无罪的辩护意见予以采纳，撤销原判，上诉人苑永某无罪。

复　盘

本案之所以能够无罪辩护成功，首先是辩护律师进行了大量的数据检索，穷尽了所有法律法规及司法解释、司法观点和司法判例，树立了坚定不移的无罪辩护的信心。然后进行充分论证，第一，合同主体是分包公司与发包方，苑永某不是合同的主体，没有缴纳税款的义务，从这个意义上说，苑永某不是“虚开”，只是“挂靠”。第二，案涉项目都是真实的，苑永某均提供了真实的劳务，发票都是据实开具的。第三，苑永某、公司及发包方都没有偷逃、骗取税款的目的。第四，事实上国家税款也没有流失。从证据方面，辩方提交了控方未提交的分包公司给苑永某出具的委托书；二审中，辩方还补充提交了苑永某所做的5个项目的原始账册，用以证明项目的真实性；还提交了发包方代扣税款的证明，用以证明劳务分包的项目已缴纳了税款。一、二审法院对控方提交的税务师事务所出具的审核报告认定天某劳务公司涉案的劳务分包工程少缴纳税款的事实都没有证据支持，认为是否少缴税款应当由税务机关予以认定。一审法院认为，苑永某与开票单位没有真实业务往来的情况，让他人为自己虚开发票，情节严重，构成虚开发票罪。二审法院认为被告人进行了实际的经营活动，主观上并无骗取税款的故意，客观上也未造成国家税款损失的，不宜认定为《刑法》第205条之一规定的“虚开发票”，遂撤销原判，改判苑永某无罪。

思维运用

“举重以明轻，举轻以明重”这个最朴素的理念，有着深厚的历史渊源。虽然，现行法律没有对此作出明文规定，但其属于众所周知的事实，符合日常生活的经验法则，因此，该原则具有普适性。刑法发展至今，刑事立法仍不能罗列所有罪名的所有问题，《唐律》中“举重明轻，举轻明重”的思想存在于诸多刑法解释的规则中，属于“当然解释”的应有之义。即刑法虽无明文规定，但依规范目的进行衡量，某法律事实较之法律所明文规定的事实更有适用的理由，从而适用该法律规定的一种法律解释方法。

在运用比较思维时，应当注意以下几点。

第一，要厘清基本法律事实，找出争议的核心问题。

第二，要熟练掌握相关联的具有可比性的罪名与裁判规则，找准对比的标本。

第三，要进行充分的论证，将两者之间建立比较的逻辑，通过“三段论”推理出最终观点。

逆向思维：如何在质疑中寻找辩点和突破？

宋西显[1]

思维边界

虽然我国《刑事诉讼法》第12条明确规定了“未经人民法院依法判决，对任何人都不得确定有罪”的原则，但侦查机关与公诉机关常常带着“追诉”的思路，围绕当事人构成犯罪收集和运用证据，对当事人无罪和罪轻的证据重视不够。此时，就亟须辩护人运用逆向思维模式，积极行使法律赋予的调查取证权，主动寻找证明当事人无罪、罪轻的证据，以获得最有利的辩护效果。

案情简介

2015年5月25日20时左右，河南省鲁山县城西琴台办事处三里河村的“鲁山县康乐园老年公寓”发生火灾，事故造成39人死亡、6人受伤，过火面积为745.8平方米，直接经济损失达2064.5万元。

事故发生后，党中央、国务院高度重视。2015年5月27日，经国务院批准，依法成立了事故调查组。同时最高人民检察院和河南省、平顶山市及鲁山县检察院等四级检察机关组成检察调查专案组，依法严查火灾事故所涉渎职等职务犯罪行为。

1 盈科郑州经济职务犯罪法律事务部主任。

调查认定，该事故为生产安全责任事故，主要表现为：康乐园老年公寓违规建设运营，管理不规范，安全隐患长期存在；在民政环节违规审批经营许可，行业监管不到位；在公安消防环节落实消防法规政策不到位，消防监管不力；在国土、规划、建设环节执法监督工作不力，履行职责不到位；有关地方政府忽视安全生产工作，安全生产属地责任落实不到位。根据调查认定的问题，有关部门对58名责任人进行了处理。

我代理的是犯罪嫌疑人李某，原系鲁山县公安局董周派出所主管消防工作的副所长，火灾发生后李某积极参与扑救。随后根据所长曹某某的安排，李某主动找到鲁山县康乐园老年公寓法定代表人、院长范某某，让其在伪造的一份《2015年5月5日消防检查记录单》上签字；同年6月3日李某主动向局纪委交代了自己弄虚作假的事实，鲁山县公安局经请示专案组后给予李某记大过处分。6月11日李某接到所长曹某某通知到专案组说明情况，6月12日因涉嫌玩忽职守犯罪，被平顶山市公安局刑事拘留，同日被羁押至平顶山市看守所，经河南省人民检察院决定，6月25日被平顶山市公安局执行逮捕。

办案过程

2015年6月14日上午，李某的父亲来到律所找我进行咨询，当天下午签署了委托手续，经律所指派，我和助理于次日上午、第三天下午连续两次会见了李某。

在会见过程中，我了解到，李某自2013年3月任鲁山县公安局董周派出所副所长，主管消防、反恐、值班接处警、法制工作，派出所设消防副所长和消防民警，主要职责是监督、检查，但消防大队负责消防验收工作，一个单位是否符合消防验收要求由消防大队负责，而不是由派出所负责。2015 年 1 月县公安局通知上报重点消防单位，当时李某被抽调到平顶山市公安局“打击非法集资工作专案组”工作，其正在平顶山市公安局中兴路分局“亿通投资担保公司集资诈骗案件专案组”（以下简称“专案组”）工作时，接到县局通知后，李某立即通知消防民警杨某，案发后才知道县局把该单位定为“三级重点消防单位”，而实际上应为“二级消防单位”。关于抽调工作，李某告诉我，2014 年 11 月 7 日接到所长曹某某通知，要求他到平顶山市公安局警犬基地办案区报到，他参加了“专案组”成立大会，市局领导要求被抽调的人立即回原单位办理工作交接手续，在“专案组”办案期间一律脱离原单位工作，否则由抽调单位重新派人。当天下午，李某即回原单位向所长汇报并办理了工作交接手续，2014 年 1 月 8 日李某到“专案组”报到，2015 年 5 月 5 日结束“专案组”的工作正式回所上班。在借调期间，听所长曹某某说消防工作交给杨某了，自己没有主管消防工作；从“专案组”回来后，当时没有明确工作分工，直到 5 月 24 日该所才召开全体会议，对全所工作进行重新分工，其仍主管消防、反恐、值班接处警、法制工作。在工作分工后其没有去案发单位“康乐园老年公寓”检查过，5 月 25 日即发生火灾；据其了解，案发前，鲁山县消防大队和人大法工委、安监主管部门都去案发单位检查过，而且案发单位曾受到领导们的表扬，法定代表人范某某系“鲁山县人大代表、道德模范”；其在借调前，李某多次去该单位检查，单位自称有“消防验收许可证”，但拒不提供，其已多次向所长和消防大队袁参谋反映此事。

会见结束后，我组织团队律师进行认真研讨和分析后认为，本案最大的问题是李某主动到案、自认有罪，系国务院“专案组”、最高人民检察院“专案组”批复移交司法机关处理的公安机关第一个涉案人员，案件重大复杂、社会影响极大，必须高度重视，审慎发表辩护意见，经过对案情的分析，最终确定了如下几点辩护意见和策略。

第一，侦查机关认定犯罪嫌疑人李某涉嫌玩忽职守罪事实不清、证据不足。案发之前犯罪嫌疑人脱离原工作单位，被平顶山市公安局“专案组”抽调回来刚刚20天，案发前一天前才进行工作分工，对鲁山县康乐园老年公寓没有监管职责，与本案的发生没有刑法上的因果关系，侦查机关存在“有罪推定”倾向，有违“罪刑法定”“疑罪从无”原则，建议调取或者准许辩护人调取“平顶山市公安局成立专案组”的有关文件和规定、李某在“专案组”的工作表现等书证，以证实犯罪嫌疑人不符合本案玩忽职守犯罪主体资格的观点；李某伪造《消防检查记录单》的行为，系受其直接领导曹某某的指使，且及时主动向组织说明情况，没有造成严重后果，不构成犯罪。

第二，退一步来讲，即使李某的行为构成犯罪，其系主动到案、如实供述自己的罪行，依法应认定为自首。

辩护思路确定后，我立即着手准备法律意见书，2015年6月18日8时20分我赶到平顶山市人民检察院，向该院案管办递交了长达3200多字的法律意见书，并附上取保候审申请书。案管办工作人员接收材料后，我又及时提出约见办案人员的请求，但未获同意。6月19日刚一上班我再次和主办检察官联系，面见检察官后我重点陈述了李某的借调情况和消防验收、消防分级的有关规定，并申请为李某变更强制措施、办理取保候审。但主办检察官认为，虽然李某存在被市公安局借调的事实，而且案发后其本人主动到案，自愿认罪，但是消防工作仍由其主管，而且火灾造成重大人员伤亡和财产损失，李某不符合取保条件，我们的沟通陷入僵局。随后不久，李某父亲电话告知我，李某所在的派出所所长曹某某、鲁山县公安局主管消防工作的领导高某、消防大队一干警已因涉嫌玩忽职守罪被平顶山市人民检察院采取强制措施，2015年6月25日李某被批准逮捕。2015年6月30日，我和助理再次会见了李某，告知其批捕后的相关规定并告知其辩护思路和策略，对关键问题再次进行了分析和总结。李某在案发前办理过多起刑事案件，其对刑事办案流程非常熟悉，对我的辩护思路非常认可，李某的精神状态也出现明显好转。2015 年 8 月 5 日，为便于查明事实，我和助理在鲁山县公安局向有关人员进行询问并制作调查笔录，证明李某借调和借调前曾依法检查涉案单位的事实，次日即以辩护人的名义向平顶山市人民检察院递交调查笔录，并书面申请对相关内容进行核实，办案人员以辩护人未经批准无权取证以及与本案无关为由不予采信、不予核实，这不但没有影响我的办案思路，反而更加坚定了我为李某依法辩护的决心和信心。

2015 年 9 月中旬，该案由平顶山市人民检察院指定鲁山县人民检察院审查起诉，我和助理及时阅卷并结合卷宗内容重新制作了法律意见书。在法律意见书中我们重点阐述了“曹某某、杨某等人证实李某在借调期间仍然负责消防工作”这一说法的真实性、合法性以及两人与本案的利害关系，驳斥了曹某某、杨某的虚假证词。在递交意见书前我再次会见了李某，建议李某仍然坚持认罪，辩护人独立发表无罪或者罪轻的辩护观点；并告知李某，即使构成犯罪，李某系案发后主动投案、认罪态度较好，情节轻微，不需要判处刑罚，根据《刑事诉讼法》第 173 条第 2 款之规定，符合不起诉条件，建议作出不起诉决定，李某完全同意我的辩护观点，并表示愿意与我积极配合。因案情复杂，鲁山县人民检察院决定延长审查起诉期限半个月。其间，因事实不清、证据不足，于 2015 年 11 月 4 日退补；在退补期间，我多次约见主办检察官表明我们的辩护观点，建议对嫌疑人取保候审。侦查机关补查后于 2016 年 1 月 11 日重新移送审查起诉，鲁山县人民检察院接受案件后，于 2016 年 2 月 17 日对李某变更强制措施为取保候审，并于 2016 年 2 月 26 日再次以事实不清、证据不足退补；2016 年 4 月 22 日，鲁山县人民检察院作出［鲁检公诉刑不诉（2016）8 号］

不起诉决定书，采纳了辩护人的第二个观点，对犯罪嫌疑人李某作出不起诉决定，李某重返工作岗位。李某系公安机关第一个被采取强制措施的犯罪嫌疑人，也是唯一一个未被追究刑事责任的犯罪嫌疑人。

复　盘

本案在会见过程中，李某开始时认为自己有罪且刑期应在5年以上，本案争议的焦点是李某是否负有监管职责，核心在于案发前李某是否存在严重不负责任，应当发现隐患而没有发现，致使火灾发生的行为。虽然公诉机关没有采纳辩护人的无罪辩护的观点，但实际上正是认定了李某被借调和在借调期间脱离原工作岗位的这一客观事实，引起了审查起诉部门的重视，并得到认可。

同时，辩护人积极主动调查取证、积极主动与办案人员沟通。虽然有可能存在人为风险和阻碍，但辩护人仍然积极行使《刑事诉讼法》赋予律师的权利，竭尽全力维护当事人的合法权益，维护法律的正确实施，维护社会的公平和正义。

思维运用

在本案中，有以下几点思路可供参考。

第一，学会质疑和反思，积极运用逆向思维，为维护当事人的合法权益寻找辩点和突破口。

我认为，虽然律师和检察官、法官同为法律职业共同体，但由于各自肩负的“客观性义务”和职责定位不同，在办理案件过程中思维方式是存在明显差异的。

根据《刑事诉讼法》的有关规定，在刑事公诉案件中，被告人有罪的举证责任由人民检察院承担，侦查机关应当收集、调取犯罪嫌疑人有罪或者无罪、罪轻或者罪重的证据，证实犯罪嫌疑人、被告人有罪的证据应确实、充分，排除一切合理怀疑，犯罪嫌疑人、被告人没有任何举证证明自己犯罪或者不构成犯罪的义务，辩护人的责任是根据事实和法律，提出犯罪嫌疑人、被告人无罪、罪轻或者减轻、免除其刑事责任的材料和意见，维护犯罪嫌疑人、被告人的诉讼权利和其他合法权益。因此，辩护人只要能够证明案件存在合理怀疑、只要能够打破侦查机关、公诉机关证据链条上的任何一环就可以突破其整个证据体系，以证实犯罪嫌疑人无罪或存疑，取得良好的辩护效果。因此，在刑事辩护中，辩护人应大胆突破侦查机关和公诉机关的办案思维模式和导向，实行逆向思维，逐项分析、发现疑点，为维护当事人的合法权益寻找辩点和突破口。

第二，依法运用调查取证权，为辩护意见寻找证据支持。笔者建议辩护人慎用、少用调查取证权，最好结合会见笔录以书面形式向办案机关提供证据线索，申请办案机关调取、收集证据，或者经过办案机关同意后再进行调查取证。如果确需自行调取、收集证据的，一定要加强自我保护和提高安全防范意识。

第三，注重和当事人的配合，全面、独立发表辩护观点。在刑事辩护中，当事人自认有罪和辩护人做无罪、罪轻辩护并不矛盾，而且是一种有机、巧妙的配合。当事人自认有罪，但在没有证据和法律依据认定其构成犯罪的情况下，司法机关仍应认定其无罪。但是，如果司法机关认定当事人构成犯罪而当事人拒不认罪则会影响“自首、认罪态度较好”的认定，从而会对量刑和适用“缓刑”造成直接影响，很多案件因辩护人盲目引导当事人翻供、拒不认罪，辩护人做无罪辩护，一味追求所谓的庭审效果，从而导致当事人被认定有罪并处以较重的刑罚，辩护效果可想而知。当然，有些案件律师应当旗帜鲜明地进行无罪辩护，切实维护当事人合法权益，维护法律正确实施，维护社会公平和正义，在此不再赘述。

“釜底抽薪”思维：如何有效利用好既定事实？

田宏伟[1]

思维边界

何为釜底抽薪？釜底抽薪的原意指把柴火从锅底抽掉，才能使水止沸，即从根本上解决问题。这个思维运用到刑事辩护中，就是直接从案件的根本立论出发，将控方的观点驳倒，从而维护当事人的利益。本文讲的是在某些特殊的情况下，如何破解控方的指控逻辑，进行“釜底抽薪”，打掉对方的基础理论，从而达到出奇兵而致胜的目的。

案情简介

2012 年 7 月，方某得知某公司将负责施工管理青岛至兰州公路中的一段高速工程（以下简称高速工程），遂联系时任某公司五公司党委副书记、执行董事、总经理吴某，请求吴某让自己来承接该工程项目，并向吴某承诺，若他成功承接该项目，将会对吴某表示感谢。按照规定，高速工程需要一个有资质的公司和某公司签订合同，于是方某通过李某找到了本案被告单位福建某建筑工程有限公司(以下简称建筑公司)的总经理翁某，向翁某借用建筑公司的资质。翁某答应了方某的请求，但同时叮嘱方某，因借用资质涉及单位的利益和信誉，

1 盈科西安刑事法律事务部主任。

所以方某务必把工程做好。后李某作为建筑公司的代理人和某公司签订了合同，然后李某口头委托方某具体施工。方某承接到了高速工程后，于2013年2月、7月分别交付吴某50万元、100万元。而方某为增加工程利润，找到了工程设计方负责人杨某，请求杨某作为设计方负责人向业主方提出更改设计，杨某马上就答应会帮方某说话，同时提出了自己想换车的想法，方某当即决定将自己名下的起亚越野车过户给杨某。后工程在杨某的建议下修改，使工程整体造价增加了2000万元左右，而方某获得的利润相应增加了300万元。2013年2月，方某在其居住小区附近交给杨某50万元现金；2013年年底再次交给杨某20万元现金。

2015年8月，西安市某派出所接到某公司集团纪委的举报，称某公司五公司总经理吴某在高速工程项目中收受项目实际施工人方某人民币20万元的线索。接报后该所立即传唤方某到所进行谈话，方某主动交代了行贿事实。2015年8月21日某区人民检察院正式立案侦查。

方某作为工程的实际施工人，为了谋取不正当利益，做出了向相关人员行贿的行为。因为被告单位建筑公司借出了自身资质给方某使用，检方难免怀疑方某的行贿行对象中也包括建筑公司。

2017年，西安市某区人民检察院变更起诉书，指控被告单位建筑公司和被告人方某犯单位行贿罪、对非国家工作人员行贿罪，于2017年4月14日向西安市某区人民法院提起公诉。

办案过程

接受建筑公司的委托后，我立即了解了本案案情，并和该单位的代表人进行沟通，他再三向我强调的是：单位对于方某行贿一事根本不知情，也完全没有与方某有过其他任何的利益交换。我当时想，这有没有证据证明呢？结果这在方某自身的供述中说明了一切。在案件相关人员的供述中，我发现被告单位所强调的事实确实存在，并非是他杜撰出来的，那时我的脑海里对此案已经有了一个大致的辩护思路。

通常来说，接到一个辩护案件后，我们律师分析的是被告被控诉的罪名，然后按照该罪名的四大要件进行分析、诊断、辩驳。但在我再三确认案情的基本内容，经过反复的考量后，发现了很明显的一件事：被告单位在整个案件过程中唯一的行为，便是借出自身的施工资质和某公司签订了合同。由此，我便确立了整个案件的辩护方向：直接从最基本的事实出发，反驳控方的指控，以此达到为被告单位无罪辩护的目的。与此同时，我对本案的辩护思路也就呼之欲出了：

检方的起诉违反了法定程序。某区检察院没有依法对建筑公司进行刑事立案，无权就建筑公司提起公诉。根据《刑事诉讼法》第 3 条第 2 款以及第 109 条的规定，刑事诉讼活动必须依法进行。通过询问被告单位的法定代表人可知，自 2015 年 8 月 13 日方某被西安市公安局某分局刑事立案开始，案件于 8 月 20 日被移送、8 月 20 日被某区检察院立案，截止到 2016 年 12 月 9 日，被告单位都未被告知刑事立案，而且检察院也从未在立案后对被告单位进行过调查，在这样的情况下，就随意将建筑公司确定为犯罪嫌疑人，明显违反了刑事诉讼法的原则规定。当然，这并不是主要的辩点，但能指出来驳斥控方，这对被告单位也更有利。

控方指控的被告单位向非国家工作人员杨某和国家工作人员吴某行贿的犯罪依法不能成立。首先，被告单位并没有行贿这一犯罪事实。建筑公司并没有向吴某和杨某赠送过任何财物，案卷材料已经清楚地证明是方某分别向吴某和杨某送过财物，而且建筑公司和杨某以及吴某并不认识，又何来送财物一说呢？同时应当指出，方某赠送给杨某和吴某的财物也与建筑公司毫无关系，通过方某的多次供述可知，他行贿所用财物并不是来自建筑公司。再结合案件事实可知，方某在借用建筑公司自身资质签订合同后，再没有和建筑公司有过任何联系，更没有经济往来。而建筑公司也并未通过吴某和杨某获得过任何利益，建筑公司依法不构成单位行贿罪。其次，建筑公司没有行贿的犯罪故意。通过对整个案件的了解可知，建筑公司没有过行贿的意思表示，即建筑公司并未指示或者暗示和同意方某向吴某、杨某行贿。另外也需指出，方某的行为并不代表建筑公司，因为案件所涉工程项目的实际承包人是方某，并非建筑公司。

按照罪名的构成要件分析，建筑公司也不构成单位行贿罪。根据最高人民法院《刑事审判参考》指导案例第 89 号的裁判要点，单位犯罪必须具备两个要件：第一，犯罪是以单位名义实施的；第二，违法所得归单位所有，此特征是区别单位犯罪和自然人犯罪的关键所在。根据单位行贿罪的法律规定和指导性判例可知，单位行贿罪必须具备以下条件：（1）有谋取不正当利益的故意；（2）有单位行贿的客观行为。但本案中，建筑公司并不具有法律规定行贿罪的主观要件和客观要件。首先，建筑公司没有给付吴某和杨某财物，给付吴某和杨某财物的是自然人方某，其行为是个人行为，并不代表建筑公司法人单位；其次，建筑公司没有给付吴某和杨某财物的便利条件，通过整个案件的事实基础，我们可以发现是私人关系在其中起了决定性的作用：方某通过胡某认识吴某，加之和杨某是同学，方某才能顺利拿到高速项目工程，才能顺利变更设计扩大利润，因此不难得出给付吴某和杨某财物是方某私人对他们的感谢，也只有他能做到，而建筑公司不具备给付财物的条件；最后，通过方某的询问笔录可知，方某给付财物时，并没有以建筑公司的名义，而且建筑公司也并不知晓此事。综上所述，建筑公司根本不构成单位行贿罪。

以上三点辩护意见，均言之有据，言之有理。先从控方没有履行法定程序，指出其程序上的不合法，增强了我方的辩胜信心；接着直接指出控方所指控的罪名根本不成立，“以事实为根据，以法律为准绳”，刑事辩护主要讲证据，而事实便是最好的证据；最后再根据被指控的罪名分析论证，从法律逻辑上肯定我方无罪的事实，最终加强了对控方的驳斥力度。当然，在这种情况下，当我们拿出既定的事实去辩驳控方的指控时，不要忘记运用法律加以修饰强化自身的辩点，这样遇到的问题也都会迎刃而解，不攻自破。

经审理，法院对被告单位作出的判决是：无罪！

复　盘

本案争议的焦点在于被告是否构成行贿罪，而我的思维核心就是证明控方的指控与被告单位无关，通过基本的事实来证实，从而将指控从根本上予以推翻。很明显，当控方指控被告时，他一定提出了相应的指控证据来证明控诉的无误，而我们更需要注意这些事实是否与被告相关、相关的程度、程度的大小等问题。就本案而言，我直接在第一步就将指控的证据推翻了，即控方指控的事实与被告基本无关，那么又何谈其相关的程度以及程度的大小呢。

因此，牢牢地抓住最基本的事实与控方辩论，通过打破传统的辩护逻辑从根本上瓦解指控证据，正是本案的精彩之处。作为本案的辩护人，我对此感受尤为深刻，辩护有时候就是这么巧妙，当你抓住了某个案子的核心时，你就已经成功一半了。

思维运用

“釜底抽薪”思维的含义，正如本文开篇所言，即指从根本上解决问题。那么在实践过程中，我们如何运用这一思维，以达到我们的目的呢？

在刑事辩护中运用“釜底抽薪”思维的前提，是要对控方建立指控逻辑所依赖的基础事实证据存疑，抑或控方指控的罪名于被告来说是不适宜的情况下，通过推翻控方的事实证据达到自己的目的。

相对于通常情况下从指控罪名的构成要件出发进行分析，这种思维模式主要是依靠确凿的事实去反击控诉方提出的事实，以事实碰撞事实，从指控的根本出发点去辩驳。

在利用该思维模式进行辩护的时候，同样要注重对法律的使用。因为任何的辩护都离不开法律的准绳，只有牢牢地将法律与事实相结合，才能更好地发挥出辩护的效果。

专业思维：如何向侦查机关表明态度？

蔡正华[1]

思维边界

刑事诉讼程序，某种程度上是一种化解社会矛盾的制度设计。这其中就必须讲究平衡维护社会法益和保障公民（当事人）合法权益之间的关系。但同时必须认识到，这一平衡在个案中又有赖于一个个具体的个体（司法工作人员）去操作。因此，前述平衡实现的过程中，就必须要善于向司法人员表明专业意见，用专业意见保护当事人的合法权益。

案情简介

2019 年上半年，西部某地区警方到上海抓捕了某网贷平台的主要负责人之一林某，将在公司工作的多位工作人员一并带到宁夏地区，并着力继续抓捕案发时正在外出差的公司另外 4 位股东王某、程某、谢某和王某某。

该网贷平台主要从事网络小额消费借款业务，即为有资金需求的自然人提供不需要担保的小额信用贷款，数额一般为 2000~20000 元不等。在实际操作过程中，因为借款人诚信程度较低，坏账率较高，为了降低平台风险，保障经营利益，林某在实际负责公司运营过程中设计了收取"砍头费"的做法。

1　盈科上海刑民交叉法律事务部主任。

所谓“砍头费”，是指在借款人签署电子借款协议后，提前收取部分费用作为利息或者服务费用。该网贷平台即在借款人签署电子借款协议后，按照30%的比例提前收取服务费，仅将剩余的70%转账给借款人。但是在借款到期后，平台将会按照100%的比例要求借款人偿还本金，并以此为基础收取数额极低的利息。

2019年上半年，打击“套路贷”犯罪成为打击新型涉黑恶案件的重要典型，多地公布的扫黑除恶成绩单中，“套路贷”涉罪案件都占据了较大比例。该平台之所以被警方立案侦查，主要就是因为该地区的某位借款人因为到期无法偿还借款本息，在平台外包的催收公司多次催收后选择了自杀。虽然经过抢救，该借款人自杀未成，但是警方经过初查，发现平台存在前扣“砍头费”的做法，存在实际增加借款人债务负担的情况，由此对该平台以涉嫌套路贷犯罪为由予以立案侦查。

该案作为当地办理的首起网络领域的套路贷犯罪案件，虽然相关司法机关面临着办案经验不足的实际情况，但是出于打击该犯罪的政策考量，主观上的追诉心理较强。

办案过程

该案发生后，林某的家属和其他几位股东一起找到我，希望委托我的团队统筹负责本案的处理；后来我安排多位同事和我一起接受委托，正式介入案件处理。在对该网贷平台具体情况进行详细了解，并与相关人员进行了谈话之后，我们初步判断本案中各相关人员的经营行为确实存在诸多法律瑕疵。

第一，存在非法放贷的情况下，该网贷平台没有放贷资质，但是却实际上实施了向不特定人员发放小额信贷资金的行为。

第二，存在收取高出法定利率上限利息的情况，该网贷平台虽然将大部分收益以服务费的名义收取，但是根据最高司法机关的解释，相关利率比例应当按照综合借款成本计算。根据这一原则，该平台收取的综合年化息费远远超出 36% 的上限。

第三，存在收取“砍头费”的情况，借款人实际到手的借款数额并非合同记载的数额。

经过会见已经被抓的林某，以及从警方了解到的消息，上述三点法律瑕疵中的第一点和第三点是警方侦查的重点，侦查人员也在讯问中明确告诉犯罪嫌疑人其可能涉嫌非法经营罪和诈骗罪。但是我们经过团队的研讨后，一致认为上述法律瑕疵并不构成犯罪。

首先，违法放贷行为不构成非法经营罪。虽然该网贷平台不具有发放贷款的资质，其发放小额贷款的行为不一定受到现有法律的保护，甚至国内也曾在个别地区的个别案件中，出现过将该种案件认定为非法经营罪的情况。但是这种做法很快得到了最高人民法院的纠正，编号为〔2012〕刑他字第 136 号的最高人民法院《关于被告人何伟光、张勇泉等非法经营案的批复》就明确指出：“我院经研究认为，被告人何伟光、张勇泉等人发放高利贷的行为具有一定的社会危害性，但此类行为是否属于刑法第二百二十五条规定的‘其他严重扰乱市场秩序的非法经营行为’，相关立法解释和司法解释尚无明确规定，故对何伟光、张勇泉等人的行为不宜以非法经营罪定罪处罚。”

其次，本案中收取“砍头费”的行为不构成“套路贷”背景下的诈骗罪。虽然和“套路贷”相关的司法解释并无关于“砍头费”的直接论述，但是最高人民法院刑事审判庭在《人民法院报》刊发的《〈关于办理“套路贷”刑事案件若干问题的意见〉的理解与适用》中明确提到，要严格区分民间借贷和“套路贷”，并明确提到“砍头费（息）”的问题。该文指出，“民间借贷中，虽然常会出现出借人从借款本金中预扣利息、收‘砍头费’的现象，但在这种情况下，预扣的利息、收取的费用是基于借贷双方的约定，借款人对于扣除利息、收取费用的金额也心知肚明，出借人后续亦不会实施故意制造违约、恶意垒高借款等行为”。换言之，有无“砍头息（费）”并不是区分民间借贷和“套路贷”的标准，民间借贷中也可能出现“砍头息”的问题，即认定“套路贷”犯罪必须根据案件事实和证据综合评判，不能只关注某个因素、某个情节。本案中，虽然可能存在收取“砍头息”的问题，但是因为该网贷平台发起借款、收取服务费等所有借贷行为都是通过网络借贷系统自动完成的，而不是线下沟通后予以支付以完成借款程序，不存在未明确约定服务费的情况下提前收取服务费的可能性。也就是说，“砍头费”收取的情况已经事先明确告知了借款人，不存在虚构事实或者隐瞒真相的行为。

有了专业上的自信后，我即开始与承办警方加强沟通，希望能够促使他们尽快认识到案件中的问题，最好能够及时撤案。但是侦查机关对我的观点不置可否，并告知我其已将在逃人员上网追逃。考虑到当事人都正值青春年少，不太可能选择到处潜逃，于是，在做好当事人的思想工作，并把我对案件的预判告知的情况下，我电话联系警方来上海接人，以便当事人尽快到案方便警方查清案情；同时，也考虑到案件万一发展到最后无法以无罪处理时最起码有自首情节作为保底，为不利情况下争取较好的结果留有空间。

在当事人到案后，我立即带领辩护律师团队再次奔赴该西部地区，紧急与警方再次交换意见，并提交关于王某等人不构成犯罪的律师意见和取保候审申请书，同时我们将相关意见又通过邮政快递向侦查人员和该机关的法制部门寄送了一份。但是，侦查机关拒绝了我们取保候审的申请。

为了进一步争取家属的支持，我们通过案例事实和缜密的分析告知家属：（1）重点打击此类犯罪期间，类似犯罪几乎不存在缓刑可能；（2）本案属于无罪案件，不能轻易接受所谓轻罪处理的方案。同时，我们还进一步搜集了案件的相关证据，并完善了律师意见，准备在审查批准逮捕期间进一步争取最好的结果。

案子很快到了审查批准逮捕阶段，在联系好承办检察官之后，我约见了该检察官，向其提交了不应批准逮捕的律师意见，并根据该地区司法机关首次处理该种案件的实际情况，花了半个多小时的时间向其说明了案件中存在的问题以及律师意见的核心内容。在其表露出自己虽然赞同律师意见，但还是要尊重检委会意见（重点打击该类犯罪期间，该院此类案件都要经过检委会讨论）的情况下，我坚定地表达了三个观点：第一，即便是经过检委会讨论的案件，只有他发表了不同意见的情况下才可以免责，建议把我们的律师意见带到检委会。第二，在捕诉合一的检察体制改革的背景下，现在的错捕未来有可能还需要错诉来消化，作出逮捕决定必须慎重。第三，我们的态度坚决：未来不能通过犯罪嫌疑人、被告人妥协来消化案件。

在我们严肃而又准备充分的沟通下，该检察官表示肯定会将我们的意见带到检委会，并再次表达了通过和律师沟通进一步了解了案件情况的想法。

最终，该案件在该阶段获得了全案不予批准逮捕的结果，并且不予批准逮捕的理由是可能不存在犯罪。该决定虽然不是最终确认案件全案无罪，但不可否认的是其为案件的无罪处理打下了较好的基础。

复　盘

本案在案件事实与法律适用上的争议虽然较大，但只要认真研究，还是可以厘清的。在现有重点打击该类犯罪的政策驱动之下，案件办理的难度是显而易见的。为此，我们做了以下几项工作。

第一，依托对互联网金融领域相关知识的熟悉，迅速地掌握案件事实。

第二，根据相关法律规范，对案件中当事人行为的刑法定性进行了准确分析。

第三，通过专业和及时的沟通工作，获得当事人和家属的绝对支持。

第四，将专业的案件分析意见完整地传递到案件承办机关和承办人员，使其虽然囿于立场因素不好直接表达认可意见，但亦没有反对的正当理由。

第五，以专业意见为本，坚定表明态度，使案件承办人员最终选择将案件推入依法处理的轨道，有力保障了较好结果的取得。

思维运用

刑事诉讼中，司法机关有天然的法律“解释权”，当事人和家属确实更容易相信他们；况且，当事人的行为即便无罪，也可能存在其他或大或小的法律瑕疵，“受制于人”往往导致接受“取保、不逮捕、缓刑”等多种妥协方式。

如何在这种被动局面下打赢刑事辩护这场战斗？我认为，最首要的就是要有专业的思维，“打铁还需自身硬”，律师在与司法机关对接过程中，要具备快速搜集案件信息、掌握案件事实的能力，并辅以具体适用的法律规定，就像战斗中的“粮草先行”和“战略制定”，是打赢个案辩护硬仗的基础。同时，要学会利用一切机会，向司法机关和承办人员表明绝不妥协的态度，善意提醒其办理冤假错案的风险与责任，让其在长期的办案习惯中感受到来自犯罪嫌疑人、被告人一方的正当理由，以督促其作出正确的选择。

逻辑判断思维：如何面对侵犯公民个人信息的“不真实”之辩？

朱利锋[1]

思维边界

提到律师，人们会认为这个群体拥有丰富的法律知识，能够利用法律知识对法律问题进行充分的分析、论证。然而，在实际办案过程中，我们刑事律师所使用的并非是单纯的刑事法律知识，更多地体现在对证据形成过程的逻辑判断，以及各项证据之间关系的逻辑判断。逻辑判断的思维运用，在部分案件中经常会体现出意想不到的效果。

案情简介

朱某某拥有自己的房产营销公司，同时在台州某置业有限公司工作。2015年11月25日，为扩大营销业绩，其通过网络向程某某购买了置业公司所在地的公民个人信息。程某某以邮件方式将包含有61,171条“三门车”（车主信息）和57,637条“三门VIP57810”（银行卡持卡人信息）的两个Excel文件发送给朱某某。Excel文件显示，“车主信息”包括汽车类型、车辆型号、车牌号

---

1 盈科慈溪刑事法律事务部主任。

码、中文品牌、英文品牌、车辆识别代码、车主姓名、公民身份证号码、手机号码、车主住址以及日期共 11 项内容，“银行卡持卡人信息”包括卡号信息、卡别、存款类型、余额、储蓄类型、期限、结息、状态、网上支付、开户人、身份证号码、联系电话、地址、日期及备注 15 项内容。根据信息的各项内容，所有信息都将被认定为财产信息。根据最高人民法院、最高人民检察院《关于办理侵犯公民个人信息刑事案件适用法律若干问题的解释》（以下简称司法解释）第 5 条第 1 款第 5 项规定“非法获取、出售或者提供行踪轨迹信息、通信内容、征信信息、财产信息五十条以上的”属于“情节严重”；第 2 款第 3 项规定“数量或者数额达到前款第三项至第八项规定标准十倍以上的”属于“情节特别严重”。基于此，在犯罪嫌疑人朱某某没有自首、立功等量刑情节的情况下，其法定刑为“处三年以上七年以下有期徒刑，并处罚金”。

办案过程

2017 年 7 月下旬，犯罪嫌疑人朱某某被刑事拘留。我接受委托之后，第一时间与办案民警取得联系，递交律所函件、了解案件情况。同时，我积极分析、研究刑法条文、司法解释，梳理侵犯公民个人信息犯罪案件的辩护要点和辩护策略，为辩护工作做好充分准备。

从本案的行为分析，朱某某的行为非常简单，通过微信聊天达成交易内容，再由朱某某通过微信支付价款，然后由程某某通过邮箱发送公民个人信息从而完成交易。案情非常之简单，其对自己的行为也供认不讳。因此，如果无法从证据角度进行突破，本案的辩护空间将非常有限。最终，我把关注点集中在司法解释第 11 条第 3 款的规定“对批量公民个人信息的条数，根据查获的数量直接认定，但是有证据证明信息不真实或者重复的除外”，而该条款的后半句就是朱某某的“救命稻草”。若能抓住，本案就能拨云见日，重现光明，否则当事人将面临牢狱之灾。

待本案移送检察机关后，我第一时间调取了全部案卷，包括核心证据两个 Excel 文件。看到两个 Excel 文件后，我有点蒙的感觉。从车主的信息来看，从姓名到公民身份证号码，从车牌到车架号，一应俱全；从银行卡的信息来看，也是从姓名到公民身份证号码，从卡号到存款金额，看似毫无破绽。

一、开始突破

对案件的突破是从“车主信息”开始的，而突破的理由就是前述司法解释第 11 条第 3 款“但书”中的“不真实”和“重复”。

突破的对象是“车主信息”中的车辆识别代码。车辆识别代码是汽车的身份证号，它具有唯一性，包含了车辆的生产厂家、年代、车型、车身型式及代码、发动机代码及组装地点等信息。如果车辆识别代码无法做到唯一，以“重复”为由认定相关公民个人信息“不真实”。

通过随机选择的车辆识别代码，利用 Excel 的“筛选”功能，发现多数车辆识别代码对应了多辆车，这个不经意的发现引起了我的重视，也激发了我要进一步核实“车主信息”是否真实的欲望。经过多次尝试，利用 Excel 的“排序”功能，我以“品牌为主要关键字、车辆型号为次要关键字、车辆识别代号为第三关键字”对所有信息进行重新排序后，突然发现 61,171 辆车的车辆信息是如此的“有规律”。根据排序规则，我制作了车辆识别代号分析表，将 61,171 辆车归类为仅仅只有 7657 个车辆识别代码，其中重复使用的车辆识别代码竟然有 7591 个，仅有 66 个车辆识别代码与车辆一一对应，其重复率高达到 99.89%。基于此，我可以初步判断上述“车主信息”的不真实，且表格存在人为编造的可能性。

突破车辆识别代码之后，我马上与承办检察官沟通，说明涉案证据存在严重问题，“车主信息”应该为“不真实”的公民个人信息。但是，检察官的反馈意见是，一条公民个人信息中一项内容“不真实”，并不代表其他几项内容不真实，去掉“不真实”部分，这些信息还是可以认定为刑法意义上的“公民个人信息”。

二、大量突破

在解决车辆识别代码之后，我感叹Excel表格中筛选与排序功能的强大。随之引出的思考是：“车主信息”表中的其他信息是否存在与车辆识别代码同样的问题。

第二个被我选中的信息内容是公民身份证号码。在通过排序以公民身份证号码为主关键词进行排列后，我发现了意想不到的结果。所有车主的身份证号码的开头6位全部是331022，并出生于1965~1980年这16年当中。通过进一步分析，我还发现了下列有规律的内容。

（1）车主的出生日期存在不可思议的规律。全部车主的出生日期全部集中于每年的1月1日、1月13日、1月25日、2月2日、2月14日、2月26日、3月3日、3月15日、3月27日、4月4日、4月16日、4月28日、5月5日、5月17日、5月29日、6月6日、6月18日、6月30日、7月7日、7月19日、8月8日、8月20日、9月9日、9月21日、10月10日、10月22日、11月11日、11月23日、12月12日、12月24日这30个日期内，没有其他日期。通过对公民身份证号码的判断，我发现不但存在大量同年同月同日生的车主，还存在大量重复的身份证号码。

（2）身份证号码前6位地址码331022存在错误的可能性。根据1985年《公安部关于居民身份证编号的规定》，居民身份证号码前6位地址码一律使用国家标准局批准的《中华人民共和国行政区划代码》（GB 2260—84）中的代码。同时结合1986年版《居民身份证条例实施细则》中“公民年满十六周岁时，在从生日起计算的三十天内申领居民身份证”的规定，我认为出生日期在 1980 年之前的三门县公民身份证号码的前 6 位应该是 332626。

对于这个分析结果，我专门制作了《车主出生日期分析表（车）》，将所有存在的问题，全部通过表格的方式体现出来。

（3）公民个人信息中的车辆信息不符合三门县的实际情况。《2014 年三门县国民经济和社会发展统计公报》的数据显示：2014 年年末，三门县户籍总人口 44.06 万人，其中城镇居民 4.55 万人、农村居民 39.51 万人。另外，2014 年年末城乡居民百户家庭家用车辆拥有量为：城镇居民 30 辆、农村居民 14 辆。假设 2014 年三门县每户家庭人口为 3 人，并基于统计公报数据，我估算三门县 2014 年年末家用车辆为 22,988 辆，而这个数据远远低于表格中体现的 61,171 辆车。

在逐渐发现 Excel 表格中的“车主信息”存在严重问题之后，我以同样的方法对银行卡信息中的持卡人进行排序。排序的结果让我非常兴奋：居然和车主信息的结果基本一致，即所有持卡人均出生在 1965~1980 年，具体出生年月集中在前述的 30 个日期内，同时存在大量同年同月同日出生的持卡人、存在大量重复的身份证号码。基于此，我制作了《持卡人资料汇总（卡）》。

通过几个星期的加班加点，在我整理出上述三张表格之后，案件已经退回公安机关补充侦查。通过与犯罪嫌疑人朱某某沟通，我决定向公安机关提出补充证据申请，并将上述三张表格作为补充证据申请书的附件，同时抄送检察机关。补充证据的具体要求包括：（1）核实涉案公民个人信息的真实性，并查清两个文件的形成过程。（2）核实 1965~1980 年出生的三门县居民的身份证号码中的前 6 位“地址码”。（3）核实两张表格出生信息是否与三门县 1965~1980 年实际出生人口数量相符。（4）根据银行卡前 6 位卡号核实涉案银行卡的银行归属，并明确银行卡属于借记卡还是贷记卡。

三、全面突破

随着分析的深入，本案仍然有很多问题困扰着我。比如，身份证号码中“地址代码”变更的缘由，三门县的人口数量变化等。为此，我通过多种渠道得到了1999年版《中华人民共和国行政区划代码》和《三门县志》（2014年版），以此获得了行政区划代码变更依据以及三门县1965~1980年的人口变化依据。

随着相关证据的逐步收集，我将本案的涉案信息进行了全面分析，并整理出一整套分析材料和证据，包括10张分析表、17家银行信用卡章程、《三门县志》（2014年版节选）、《2014年三门县统计公报》、《行政区划代码》（1984年版）和《行政区划代码》（1999年版）、《公民身份号码》（1999年版）以及抽取的银行卡样本的核对结果信息的音、视频光盘，通过上述17组证据及材料来证明犯罪嫌疑人朱某某案件中的两张Excel表格中的公民个人信息全部为“不真实”公民个人信息。

具体分析、证明结果如下。

1. 涉案公民个人信息中的公民对应的身份证号码全部错误。我从“身份证的发展历史”“身份证号码的编码规则”“行政区划代码的变化”三个方面，论证三门县于1965年1月1日至1980年12月24日出生人员的身份号码的前6位应该为332626。对此，基于身份证号码的唯一性，我认为公民身份号码对应的公民并不存在，既然“公民”不存在，所谓“个人信息”便没有任何意义。

2. 涉案的车主以及持卡人的出生日期和出生人数不符合三门县的社会实际情况。我根据分析表将1965~1980年的日均出生人口数量折算成年出生人口数量，按车主人数分析，出生人数为三门县实际出生人口的5.02倍，按照持卡人人口分析，出生人数为三门县实际出生人口4.68倍。而这个倍数还不包括两张表格合并在一起的数据。根据两张表格1965年出生人口的合并分析，没有一人的身份证号码和姓名存在重复现象。同时，我根据1965年的29天的出生日期，转换成三门县1965年全年的出生人口为102,036人，日均接近280人不符合三门县实际情况。

3. 车辆识别代码的重复性，直接证明车辆信息“不真实”。表格内的61,171辆车中有61,105辆车出现“车辆识别代号”的重复情况，重复率达到99.89%，把车辆识别代码置于个人信息中间，致使这些个人信息毫无真实性。另外，在剩下的66辆车中，有55辆车存在车牌号重复、车主的身份证号码重复情况；剩下的11辆车的车主的地址不符合地址书写方式或者不存在相关地址。

4. 文档“三门车”的车辆数量61,171辆与三门县2014年年末的车辆保有量严重不符。根据《2014年三门县国民经济和社会发展统计公报》的统计数据，我核算2014年三门县车辆保有量为22,998辆，远远低于表格中的61,171辆车。

5. 持卡人人均存款的金额远超三门县人均存款金额。根据《2014年三门县国民经济和社会发展统计公报》的数据，2014年年末，三门县户籍总人口44.06万人，本外币个人存款余额105.03亿元，基于此，三门县的人均存款为23,837.95元。而文件“三门县银行持卡人信息”内57,636张银行卡“余额（元）”经过统计，平均每张银行卡的存款为4,124,771.26元，基于该数据，三门县的人均存款为539,571.76元，超出统计数据的21.63倍。

6. 存款金额的数字和小数点后的尾数存在蹊跷规律的问题。经过整理分析，根据金额数据的前3个数字进行归类，刚好分为25类。根据归类，每个数字类别的小数点后的尾数也是出奇的一致。如果出错，也是错的高度的一致。按照常理判断，银行卡的存款金额不应该存在如此高度规律性的现象。

7. 在我完善上述证据分析时发现，银行卡在“贷记卡”和“借记卡”的分类中错误严重，还大量出现信用卡高额银行利息的情形。这些情况，完全不符合常情。

在对核心证据进行分析以及收集相关材料之后，我在证明公民个人信息为“不真实”信息方面实现了重大突破。然而，侦查机关的第一次补侦没有获得实质性证据，同时认为车主信息中去掉重复的车辆识别代码部分，核算结果的数量为 7657 条。

四、举证责任的冲突

案件第二次移送检察院之后，检察院通知我召开诉前会议，就本案的证据交换意见。在诉前会议上，我出示了一整套 17 组证据，以证明涉案全部公民个人信息为“不真实”信息，应当予以剔除。但是，侦查机关就公民个人信息的真伪问题坚持两个观点：（1）出示的证据为批量公民个人信息，出示即被推定具有真实性，无须另行证明；（2）要证明批量公民个人信息虚假或重复的证明责任在辩方。侦查机关坚持观点的潜台词实际就是他们无法认定公民个人信息的真实性。而我的观点是，出示证据与证据的真实性完全是两个问题，前者是举证方式，而后者是证明结果，不能以举证方式代替证明结果。退一步来讲，即便侦查机关无法证明公民个人信息的真实性，但只要辩方提供的证据能够证明涉案的公民个人信息存在“不真实”情形，那么证明每一条公民个人信息都是真实的举证责任就转移到侦查机关。

五、案件结果

诉前会议之后，检察机关将本案退回侦查机关进行第二次补充侦查。我以涉案公民个人信息为“不真实”信息为由向侦查机关递交了《终止侦查法律意见书》，要求侦查机关根据司法解释第 11 条第 3 款的规定，全部予以剔除。基于此，建议侦查机关对朱某某终止侦查，并撤销案件。2018 年 7 月，朱某某终于拿到了《解除取保候审决定书》以及《终止侦查决定书》。

复　盘

本案的圆满解决，是我充分利用了司法解释对于公民个人信息在数量计算方面的规定，从发现证据存在问题到发现大量问题，再到最终论证全部信息为“不真实”信息，办案部门从开始拒绝接受到最终接受，关键因素是举证责任及举证效果影响着案件的走向。但是，司法解释第 11 条第 3 款的前半句“对批量公民个人信息的条数，根据查获的数量直接认定”的规定严重影响了侦查机关、检察机关对于举证责任的理解，他们简单地认为查获即确认，而无须证明，侦查机关忽略了对公民个人信息的来源和形成过程的证据进行强化，反而让我在证据的“不真实”方面取得了巨大突破，并最终扭转了案件的局面。

思维运用

在本案中，律师最核心的工作是涉案公民个人信息的分析。在分析证据时，将车辆识别代码、公民身份证号码等信息的内在逻辑，作为判断涉案公民个人信息是否真实的唯一标准。然而，分析问题的前提是发现问题，这需要律师在关注刑事辩护相关理论、实务的同时，也要了解民商、行政等法律法规，建立发现问题、解决问题的逻辑思维。同时，还要掌握能发现内在逻辑的工具，让混乱变清晰，让复杂变简单。

律师通过建立逻辑思维、掌握逻辑知识、运用逻辑工具，认真对待每一个案件，成功辩护就会向你靠近。

危机管控思维：如何平复舆情压力，完成罪名逆袭之辩？

张继先[1]

思维边界

危机管控（理），是指应对危机的有关机制，是为应对危机情境所进行的规划决策、动态调整、化解处理及培训等活动过程，其目的在于消除或降低危机所带来的威胁和损失。危机管控通常分为两大部分：危机爆发前的预计预防和危机爆发后的应急善后。而刑事涉案，对绝大多数人来讲，几乎铁定就是一场危机的到来。既然是一场危机，可否利用危机管控理论，运用我国危机管控专家艾学蛟老师的“切割法”“示弱法”“速度法”等实操方法，合法动态调整，化危为机呢？

案情简介

2014年8月23日，广东某市某珠宝玉器及名贵家私商场遭集资受害人“哄抢”，随即将该商场所有者——彼时该市及全国都知名的企业家黄某某推上了非法集资爆雷的风口浪尖。

1 盈科惠州刑事法律事务部主任。

一时间，各种传言四起。

有说黄某某卷款数亿元潜逃；

有说黄某某早已离婚，财产早已转移至妻儿名下，且妻儿早已移民出国；

有说黄某某仅融资不投资，涉诈骗近 40 亿元……

2014 年 8 月 28 日，某市公安机关对黄某某以初始罪名“非法吸收公众存款罪”立案侦查；

2014 年 9 月 3 日，黄某某向某市公安机关投案，随后被羁押在某市看守所。不久，在法定期限内，黄某某被某市人民检察院以非法吸收公众存款 18 亿余元批准逮捕；

2014 年 10 月，黄某某被转羁押至广东省看守所；

2014 年 11 月 27 日，某市公安机关向市检察院移送起诉，罪名依然为“非法吸收公众存款罪”；

2014 年 12 月初，以“某网站”为代表的媒体发表《某市某老板被捕，传多名官员涉案》的长文，将不利于黄某某的舆情推上高潮。此时，关于黄某某“官商勾结”“集资诈骗”“肆意挥霍”“非法转移巨额财产”的坊间传言就更加甚嚣尘上。一些集资受害者去公安机关、检察院和市政府上访，拉横幅，要求公开案情并追究黄某某法律责任！本案循“集资诈骗”方向继续侦查！至此，本案看似已进入死胡同。

案件不久出现了转机。

2014 年 12 月 19 日，某市检察院将案件移交其下级单位某城区检察院审查起诉。

2015 年 3 月 23 日，某城区检察院向某城区法院起诉本案，罪名依然是“非法吸收公众存款罪”，涉案金额削减为 7 亿余元。

2015 年 6 月 30 日，某城区法院出具判决书，以非法吸收公众存款罪判处黄某某有期徒刑 7 年。黄某某表示不上诉，判决不久后生效。

办案过程

本案是非法集资类案，涉案金额巨大。圈内人士都明白，这类案件，一旦靠上集资诈骗罪名，便几无出头之日，这是因为，虽然《刑法修正案（九）》已废除了该罪的死刑，但最高刑仍是无期徒刑。而同属非法集资类的“非法吸收公众存款罪”，无论涉案金额多大，封顶也就判 10 年有期徒刑，差别甚大。所以，一旦惹上此类案件，避重（集资诈骗）就轻（非法吸收公众存款），就成为无罪无望的犯罪嫌疑人的最佳选择，辩护律师亦然。

一、危机管控之“切割法”：“空间切割”，以空间换时间

我于 2014 年 8 月 25 日经黄某某亲友介绍介入本案。此时，黄某某名下的珠宝玉器和名贵家私商场已经被“哄抢”一空，但仍有近 1000 名集资受害人聚集在商场门口不肯散去，群情激愤，事态有进一步失控危险。

如果不能妥善化解聚集事件，这一危机就无法解决，必须切割此空间。于是，我向当时还未投案的黄某某建议，让他本人直接打电话，并派得力人员亲自到商场前，告知一众集资参与人，不要去商场“搬东西”了，而是转移到他一典当行办公室面谈退钱事宜。并且，黄某某告知在商场门前的聚集者，商场已无值钱东西可搬了！此后，人群逐渐从商场散去。他们选出了代表，与黄某某进行了多次商谈。如今看来，这虽只是缓兵之策，但此次聚集性事件事态没有进一步恶化。

二、危机管控之“速度法”：负面舆情管控，以真相回应传言

从危机管控的角度，一旦产生负面舆情，必须迅速、及时“拿下”，不能任由负面舆情蔓延，否则结果难以收拾。此时不能用“清者自清，浊者自浊”

的混沌处理方法。

2014 年 12 月初，当以《某市某老板被捕，传多名官员涉案》长文所涉内容为代表的坊间传闻甚嚣尘上之际，我频密地去看守所会见黄某某，告知他舆情影响的利害关系，建议他动员直系家属，一定要通过各种渠道向外界传递真实信息。

随后，关于黄某某的真实消息：没有潜逃，而是主动投案（家属知情）；直至案发并未离婚，妻儿也在国内，并未移民；黄某某非仅融资“空手套白狼”，其集团公司正常业务涉足 24 个行业，网上可查……

通过黄某某原所任会长的某商会、某促进会等合法渠道，真实信息逐渐盖过了坊间传言，舆情不再是那么明显地对黄某某不利了，上访拉横幅的人没有了。人们转而集中关注黄某某被查封冻结了多少财产、财产如何分配，以及对黄某某日后（判刑出来后）如何还钱的期待上去了。

司法机关也松了一口气。在我跟时任某市检察院办案检察官约见陈述辩护意见时，他便郑重对我说过：“张律师，幸好现在集资受害人不再上访！否则，我们也不放心把案子就这么直接交办下去（指本案以非法吸收公众存款罪交办予某城区检察院）。”

我心中庆幸，还好管控好负面舆情，否则一旦退查，夜长梦多，对黄某某来讲，就是风险。

三、危机管控之“示弱法”：诚恳道歉，以真诚求普遍同情

危机管控理论之“示弱法”，就是在自身面临灾害或负面舆情等危机风险时，要态度真诚地道歉或表态，而非置之不理或示强，让人反感。

办理本案过程中，我建议黄某某写公开信给他本人曾任会长的某商会、某促进会。这些公开信通过合法渠道传递到位后，信中诚恳的态度和对未来的承诺，获得了众多高端人士的好感；

在案件即将公开开庭审理前，我与黄某某共同商定了一个环节，即黄某某在开庭自我陈述阶段，要公开表态对所有参与集资受害人负责，要勇于担当并承诺努力偿债。这一点，从《某某都市报》第二天的新闻报道中便能很好印证。该篇报道写道："黄某某说，他会……学习史玉柱，偿还所有债权人的借款，树立诚信榜样。""黄某某的陈述结束后，旁听的众多债权人竟然纷纷鼓掌，法官不得不制止。"

所以，有因才有果，黄某某最终获从轻定罪从轻量刑，并非一蹴而就。

复　盘

纵观全案，本案有两个关键节点。一是2014年8月25日前后，案发当初，一是众集资参与人在黄某某商场门前云集之时。如果任由事态发展抑或处置不当，一旦演变为封路堵路、打砸抢烧等公共事件，后果不堪设想。二是负面舆情发酵，甚嚣尘上时。此时如不正确对待，不及时把负面的舆情"拿下"，案情可能会被迫推着往相反的路径上走。圈内人士都明白，按照相关司法解释，非法集资类案件，一旦具有如下情形，则可以认定为"以非法占有为目的"，从而构成集资诈骗罪：（一）集资后不用于生产经营活动或者用于生产经营活动与筹集资金规模明显不成比例，（二）肆意挥霍集资款……（五）抽逃、转移资金、隐匿财产，（六）隐匿、销毁账目……试想，彼时众多非法集资大案，有哪宗能铁定避开如上情形？如果黄某某案因受舆情左右而转向集资诈骗罪侦查，作为辩护律师的我，也将会一筹莫展，毫无建树，只能苦等开庭了。

"示弱法"，在众多有罪辩护案件中，屡见不鲜。

思维运用

危机管控（理）理论由美国危机管理专家罗伯特·希斯率先提出。虽然最先主要在企业管理中盛行，但随着社会的发展，目前已逐渐向政府管理、军事及外交等领域渗透，成为管理界的“新宠”。就律师行业来说，特别是刑事辩护律师，如果能设身处地地为当事人考虑，把当事人特别是民营企业家即将面临或已经面临刑事指控当成一场危机，能够充分合理运用危机管控理论，及时准确地把不利因素“切割”，把负面东西“拿下”，通过“示弱法”等实操的辩护技巧，达到“大事化小，小事化了”的终极目的，未尝不是好事。而有时候，加上点天时地利人和，实现案情扭转或反转，罪名从极重到极轻逆袭，也并非不可能。

如此，实乃幸事快事！

侦查思维：如何还原完整的案件事实？

杜　平[1]

思维边界

虽然法律规定律师在侦查阶段的职责定位是辩护律师，但现实中该阶段辩护作用发挥得实在有限。这主要是受制于该阶段律师所了解的案情是碎片化的——委托人习惯于避重就轻的陈述、案件信息来源单一化等诸多因素，导致律师在审查起诉阶段阅完案卷后所形成的辩护思维实际上已受到有罪侦查思路的限定。如果辩护律师不能依据现有证据材料建立反向分析侦查思路，那么还原案件事实将是力有不逮，更难以做到案件定罪是真正排除了“合理怀疑”。

案情简介

案发当天，某地中学初二学生马某龙、马某某、张某某、党某某在路边闲谈。党某某因此前与其同学孙某某有矛盾，便鼓动马某龙帮他“教训”一下孙某某。正当商议时，王某某及李某某途经至此，因王某某及李某某与孙某某也熟识，故马某龙与党某某要求王某某及李某某在他们“教训”孙某某的时候不要插手，该二人均表示与己无关。

后党某某派人找来孙某某，马某龙出手对孙某某进行殴打。此时，王某

1　盈科兰州刑事法律事务部主任。

某与马某某因曾在学校发生过矛盾而发生口角，一言不合，王某某用拳头、膝盖多次击打马某某的脸部、胸部，后经在场人张某某、党某某、李某某等人劝阻，王某某停止殴打，并背对着马某某的方向与在场其他人闲聊。此时马某某正常站立，身体、神智未出现异样。

嗣后，马某龙突然开始殴打马某某，跳起侧踹马某某，夹住马某某的脖子用膝盖连续撞击其胸腹部，揪住其肩膀并用膝盖连续击打其胸腹部，此时马某某倒地，其脸色发青、身体抽搐，昏迷不醒。

见状，马某龙、王某某及在场人员立即采取抢救措施，让党某某从距离案发地不远的宿舍端来温水，由王某某与党某某搀扶马某某半坐起身，马某龙往马某某口中喂水，喂了几口水，但只有少量水进入口腔，大部分水都外溢流出。马某某仍处昏迷状态，此时王某某拨打急救电话，后被害人马某某被紧急送往医院，途中死亡。

经过尸体解剖，该县公安局法医出具鉴定意见，结论为：被害人马某某腹部外力致膈肌抬高呼吸困难，呼吸道吸入水性液体，引发窒息导致死亡，另查明被害人马某某生前患有慢性支气管炎。

一审法院认为，被告人马某龙、王某某无视国法，因琐事故意伤害他人身体，致一人死亡，其行为已构成故意伤害罪，公诉机关指控被告人马某龙、王某某的犯罪事实清楚，证据确实充分，罪名成立，量刑建议符合法律规定，予以支持。关于王某某辩护人所提的主观恶性小、宣告缓刑的辩护意见，本案系故意伤害致一人死亡，后果严重，对以上辩护意见不予采纳。关于王某某辩护人所提的被告人王某某犯罪时未满16周岁、认罪态度好，有悔罪表现、积极赔偿取得谅解的辩护意见与当庭查证的案件事实相符，予以采信。被告人王某某家属积极赔偿受害人家属经济损失11万元，并取得了被害人家属的谅解，且被告人王某某系未成年人，故本院决定对其减轻处罚。据此，综合被告人王某某在本案中的犯罪性质、犯罪情节和认罪态度、造成的伤害后果，判决被告人王某某犯故意伤害罪，判处有期徒刑 7 年。

办案过程

我接到本案第二被告人王某某家属的求助时已是一审判决下发的第 8 天了，家属乘坐夜班火车赶到兰州，抱着试试的心态进行咨询，但是却没把一审判决书带来。问其原因是一审法院没有发给法定代理人判决书，一审指派的法律援助律师也拒绝将判决书交给法定代理人，只是简单告诉了一审判决结果。在没有见到一审判决书的情况下，我无法判断一审判决结果是否符合法律规定，但在仔细倾听了家属梗概化且碎片化的案情陈述后，我对自己原则上不接受刑事案件二审委托的一贯做法产生了动摇。在听了家属介绍被告人家庭状况的困苦，及被告人的亲生母亲在其年幼时离家出走至今未归的情况后，我感到这名未成年被告人的心智应与同龄人的差异化明显。

我当即安抚家属，让其立刻返回当地索要一审判决书并抓紧时间交给我，以便准备程序性上诉，家属带着遗憾又期待的心情离开。次日上午，我接到家属的电话，说当地看守所负责被告人的管教民警能够提供一审判决书，我让其立刻将判决书拍照发给我，初步分析后草拟了上诉状，随即赶往案发当地办理委托手续，并安排会见被告人王某某。

在上诉期的最后一天，我见到了被告人王某某，经过简单的交流，我了解到，他对一审法院认定的事实表示完全认可，但对是否上诉犹豫不决，即便上诉对未来的判决结果他也丝毫不抱希望。我当时认为再和被告人大谈刑法理论、畅谈法治信仰，是无济于事的，遂将草拟的上诉状留下，详细告知其法定权利与义务，并解释因为时间原因，我还没有看到一审案卷，故未能全面细致地了解案情，是否上诉的决定权在于当事人自己。

回到兰州的第二天，我接到家属的电话，他们告诉我被告人王某某同意上诉并通过看守所转交了上诉状。一个月后，案卷移交到某市中级人民法院，我详细阅卷后，针对“犯意联络”“是否共犯”“喂水救治行为是否应纳入刑法定罪评价”三个主要观点提交了书面辩护意见，二审法院书面审理后很快将本案发回一审法院重审。

在重审阶段，我申请侦查人员、法医鉴定人出庭，一审法院以案情已经查明为由，只勉强同意了法医鉴定人出庭。

在法庭上，我首先对案件的起因、经过、先后殴打被害人时的各自站位及方向，以及采取喂水救治的原因、经过、被害人当时的状态等细节详细询问了二原审被告人。然后将根据二人在侦查阶段供述内容与在场证人陈述内容高度重合部分所制作的案发现场还原图提交法庭。该图详细描述了二人先后殴打被害人时案发现场情况的连续状态，说明二人在案发事前、事中存在犯意联络的证据明显缺乏，在非常短暂的殴打过程中二人如何产生共犯犯意的证据更是不存在。结论是在侦查阶段对于二被告人是否成立共犯的事实根本没有查清，所以对本案二被告人属于成立共同犯罪的认定错误。其次，因法医鉴定结论也属于刑事案件的侦查证据，我详细询问了出庭的法医鉴定人形成本案鉴定意见的依据、解剖的过程、为何只有签章而未签名等关键问题，根据法医鉴定人的当庭陈述，我客观发表了此鉴定意见不能作为定案依据，本案伤害行为与结果存在因果关系严重存疑的辩护意见。另外，我当庭还发表了侦查阶段讯问未成年人时未通知法定代理人到场，一审庭审时未让法定代理人参与庭审活动，更未进行法庭教育等程序性违法的辩护意见。

经重审后，一审法院改判第一被告人有期徒刑 8 年，第二被告人有期徒刑 3 年。

二被告人均对重审判决提起上诉。在本案第二次上诉的开庭审理中，根据本案查明事实与合理怀疑的矛盾之处，我对我国刑法学界对刑法共犯理论、刑法因果关系做了充分的阐述；并重申侦查行为的违法、鉴定意见的违法，强调侦查阶段的调查内容既不能客观、完整地证明一审认定事实正确，更不能证明二被告人成立共同犯罪。我指出，法医鉴定作为侦查行为的一项重要工作，此次鉴定严重违反鉴定程序，尸体解剖的记录方式与结果完全违背常理，鉴定依据严重不足，如作为证明本案殴打行为与死亡结果之间存在刑法意义上因果关系的唯一证据，实属违法且并不具有证据资格，不能作为定案依据。二审法院如强要依据在案证据给被告人王某某定罪量刑，将陷入循环论证的误区，事实上证据链条断裂且不能补正。本案如要定故意伤害罪，那么本案受害人的伤情没有证据结论，伤害的程度无证据证明，殴打行为与死亡结果是否存在因果关系更无证据证明；本案如定过失致人死亡罪，那么本案一审认定二被告人成立共犯属错误，且一审法院未对案发后二被告人积极救治被害人的行为做出法律意义上的评价，喂水救治究竟属于伤害行为的“逆行为”，还是属于“酌情从轻处罚”的情节，一审法院均未认定。另外，如定过失致人死亡罪，那么同样存在殴打行为与伤害结果之间因果关系证据的缺失且不可补正。根据《刑法》的有关规定，犯罪时未满16周岁的，对过失致人死亡不承担法律责任。

庭审后一个月，我接到二审法院的专递，是一份某市某鉴定机构出具的鉴定意见（下称第二份鉴定意见），主要内容是根据侦查阶段的某县公安局法医的鉴定过程，第二份鉴定意见完全认可本案第一份鉴定意见的内容、解剖过程、依据、结论。令人匪夷所思的是，第二份鉴定意见竟然对二被告人在案发时对昏迷不醒、嘴唇青紫、浑身抽搐的受害人喂水的行为不属于“现代医疗救治行为”进行了论证。很快，二审法院电话通知我三日内到庭质证。在质证前，我首先了解了第二份鉴定意见的鉴定人的情况，又详细分析了第二份鉴定意见的矛盾点后，便前往法院质证。我的质证意见为：第一，第二份鉴定意见的鉴定人曾在本案侦查机关工作过，存在“其他可能影响鉴定结果”的情形。第二，第二份鉴定意见陈述的鉴定材料是侦查机关提供的，那么对于侦查阶段的法医“一手持手术刀、一手持摄像机连续录像”所制作的音影资料是否看到？是否看清？我得到的答复是没有看清解剖影像记录，那么怎么能认定检材是客观完整呢？第三，第二份鉴定意见陈述受害人的死亡结果是由殴打行为和喂水行为共同导致，那么这两个行为导致死亡结果的作用力比例是多少？哪一个行为作用力更强？鉴定人无法回答。第四，第二份鉴定意见论述喂水行为不符合现代医疗救治行为，不属于救治行为的鉴定依据与结论是否符合本案已查明的被告人的救治心态？我们完全有理由要求医护人员按照抢救规则与手术指征去完成医疗救治行为，但本案救治人是“未成年人”，法律不能强人所难，我们怎么能苛求未成年人在当时的紧急情形下按照现代医疗措施去完成鉴定人现在所要求的救治措施的医疗性呢？本案是否是救治行为的定性要从行为人的未成年心智、行为原因、案发现场条件，主观与客观相一致的角度判断，这本应是刑法学、犯罪学、犯罪心理学意义上的判断，而不应是超出常人常识的臆断。

庭后，二审法官也从专业角度与我交流了对这份鉴定的质证，并告知因案情重大，本案将提交审判委员会讨论决定。两个月后，我遗憾地拿到了二审维持的判决。虽然二审法官向我诚恳地说明了二审维持的原因，但我的情绪仍久久难以平复。即便经过大幅改判后的第二被告人的实际刑期已经很短了，但是任何一位法律人手捧本案的结果时，努力去追求《刑事诉讼法》第55条“证据确实、充分”的初心始终不应改变。

复　盘

本案案情虽然相对简单，但是侦查工作不细致，甚至出现重大疏漏的情况，导致在案证据不能证明共同犯罪，证明行为与结果之间存在因果关系的关键证据不具备证据资格。本案在实体上存在三个焦点问题：

第一，二被告人是否存在共同犯罪。我是在二审阶段接受委托后才看到案卷材料的，我首先归纳了第二被告人的行为过程，再将此行为作为案情发展的横向脉络去嫁接第一被告人的行为过程及其他在场人的站位、方向与相应陈述，由点及面，将案件发展的整个经过复盘出连续动态图示。当我反复查看案发现场连续动态的情况后，我明白了一审法院认定二人成立共同犯罪的真正用意是什么，在二审时相应的辩护对策就可以确定。

第二，本案出罪思路的核心是阻断因果关系，但是刑法上的因果关系论证真是非常令人头疼，法律关系本就是常理与法理交融的理论设置，法学大家之间尚有争论，实务律师强行论证易给法庭造成“吹毛求疵 ”之嫌。于是，在本案中我只能从打掉证明因果关系的直接证据入手，针对“横膈膜肌抬高”的生理现象请教了法医临床学、法医病理学专家，得知尸体解剖时“因身体内外压力平衡，是不可能看到这一现象”的，我通过当庭对法医鉴定人的直接发问，固定其陈述与鉴定意见矛盾之处，使该证据证明力殆尽，加之证据形式本身违法而不得采信，从而反证该侦查行为（指两份鉴定意见）是对此前重大疏漏的侦查行为的“背书”。

第三，辩护“喂水”与指控“灌水”的一字之别，更能说明一审中控方已注意到该行为的本质并非伤害行为的延续，但当时控方是不能做出与侦查机关遗漏事实的结论，但恰好是我将该救治行为回归“正行为”本质的机会。错过了审查起诉阶段的辩护，只能通过法庭调查固定事实，起底本案侦查行为存在严重疏漏，而且部分笔录取证程序也是违法的。

思维运用

刑事律师要将一个案件办到不留遗憾或少留遗憾，必须要非常清晰地掌握相关案件的侦查思路。只有完全理解法律事实固定的起始并梳理出侦查方向、方法，刑事律师才能够真正回到“案发现场”，才能够将被告人案发时的心态、行为、应然结果、偶然所得等关键案件要素了然于胸。

当然，案件“侦查思路的还原或纠错”决不能靠自己的主观臆断，而是要严格按照相关案件的侦查方向、取证方法去“按图索骥”。此非一日之功，不仅要潜心学习有关侦查学的知识，更重要的是在办案过程中要特别注意总结经验。在本案中，我是在二审时介入案件的，那么就要按照一审判决书→起诉书→侦查总结报告→案卷证据，这一反向思维去推导演绎侦查思路是如何形成的，再按照言词证据事实高度重合的部分→起诉书→一审判决书→案发现场的行为还原，这个正向顺序去细致研究，必定能发现侦查遗漏且不能补正的关键问题，一旦按照此种侦查思路去追索案件待查事实而出现未能查清案情的情况，原本侦查遗漏部分必将为刑事律师准确指向案件事实认定错误的部分。根据此时综合提炼出来的“合理怀疑”再去寻找在案证据进行印证，不能印证者，则表明证据链断裂，这就是将看似“事实清楚”的系统侦查行为抽掉了“脊梁”，此时，辩护工作定会取得良好的专业效果，从而维护法律的公平、公正。

沟通思维：如何运用沟通的力量助力有效辩护？

谷丽娟[1]

思维边界

美国石油大王洛克菲勒说，“假如人际沟通能力也是同糖或者咖啡一样的商品的话，我愿意付出比太阳底下任何东西都珍贵的价格来购买这种能力”，沟通的重要性由此可见一斑。在刑事案件办理过程中，司法机关工作人员与律师的立场不同，角度也有差异，对案件有不通的看法，这很正常。这个时候，良好的沟通能力对律师辩护工作的开展，甚至是辩护目的的实现，无疑具有事半功倍的效果。

案情简介

2018 年 6 月，张某在云南省陆良县某村委会租用了老房子，在租房内安装了假烟加工设备，安排易某运输成品假烟，并让吕某等人在租房内非法加工南京雨花石、黄鹤楼、中华等品牌香烟。2018 年 7 月 10 日，公安民警在该出租房内查获卷烟加工设备、成品假烟及卷烟纸等物品。经县价格认证中心认定，

1　盈科昆明刑事诉讼与合规法律事务部主任。

查获的烟草制假设备、成品假烟及卷烟纸等原料价值共计人民币3,828,135元。一审法院认为，被告人易某、吕某未经烟草专卖行政主管部门许可，非法经营烟草，情节特别严重，其行为已经构成非法经营罪，查获的烟草专卖价值已经超过25万元，属于情节特别严重。在共同犯罪中，被告人易某、吕某明知他人非法经营烟草，仍接受他人雇佣运输、加工成品假烟，在共同犯罪中起次要、辅助作用，系从犯，应当减轻处罚。其中，被告人吕某相对被告人易某作用较小。一审同案犯易某犯非法经营罪，判处有期徒刑3年，缓刑5年，并处罚金50万元；被告人吕某犯非法经营罪，判处有期徒刑2年零9个月，并处罚金40万元。当事人吕某不服一审判决，上诉至曲靖市中级人民法院。

办案过程

接受被告人吕某的委托后，我第一时间会见了当事人，进行了详细的阅卷，发现一审已经查明的事实并无遗漏，二审发回重审的可能性微乎其微，那么结果就只剩下存在维持原判或直接改判两种可能。如何让法官支持我方改判的辩护意见，我分别站在不同角度思考如何办理本案。

一、如果我是法官，改判此案有什么难点？

1. 本案判决的刑期，符合涉嫌罪名的量刑标准，且属轻罪，难以改判。

关于吕某，一审法院已认定其在共同犯罪的过程中，接受他人雇佣、加工成品假烟，起次要、辅助作用，系从犯。认为吕某相对于易某的作用较小，归案后如实供述了自己的犯罪事实，认定其有坦白情节。

再者，本案的非法经营数额达300多万元，已达到情节严重的标准，刑期和罚金符合法定刑规定的“处五年以下有期徒刑或拘役，并处或单处违法所得一倍以上或五倍以下罚金”。吕某被判刑2年零9个月，量刑已在幅度内从轻，难以轻易改判。

2. 本案第一被告人易某被判缓刑已宣告执行，如认定一审判决有误，一审第一被告人的执行将处于不确定状态。如果改判将会对同案判决的执行产生什么影响，也是二审法官需要考虑的问题。

二、站在律师角度，我有哪些可以说服法官的辩点？

1. 一审判决虽然认定了同案两被告均为从犯，但在判决中并未区分两人的具体犯罪情节，导致对上诉人量刑畸高，有失公平。

本案中通过张某（另案处理）的供述可以证实：从事非法生产经营的场所是张某租赁的，所需的设备、原材料也是由张某出资购买的，设备是技师安装的，生产骨干也是由张某招募的。而吕某的工作是把从机器上生产出来的卷烟装入纸箱。在吕某来之前，同案第一被告人易某早已在该厂工作多日，参与了该厂组建、经营的工作，对加工流程都很了解，其犯罪情节比吕某严重，但一审在量刑时两人的宣告期并没有明显差别，且比吕某犯罪情节更严重的易某被判了缓刑，理由仅仅只是因为他缴纳了部分罚款，这种量刑时不考虑各被告人的具体犯罪情节，而是根据是否缴纳罚金所作出的判决，向社会昭告的是“花钱买刑”的量刑事实，严重影响了司法的公正力。

2. 本案的另一涉案人员董某，在非法经营中与上诉人有着同样的行为，但董某却未被公诉机关起诉，而一审法院对上诉人吕某却科以重罚，作出相同行为的当事人被区别对待，判决对吕某明显不公。

上诉人吕某在整个共同犯罪中的行为和董某是相同的，都是把机器生产出来的烟装入烟箱，本案在侦查机关调查期间，董某和吕某两人都被取保候审，直至一审审理阶段吕某才被执行逮捕，可见公安局和检察院也都是认为吕某的犯罪行为未达到羁押条件，所以一审法院对两个有相同行为的人，一个未起诉，却对另一个施予重罚，“同案不同判”严重影响了司法的公信力。

3. 涉案的总体金额全部计入上诉人吕某的犯罪金额，这对只在现场工作10多天，且一分工资没拿的吕某有失公平。

上诉人吕某从案发日至庭审阶段所作的供述，都是自己到现场时已有很多箱成品香烟摆放在厂房，自己参与的只是十多箱黄鹤楼的装箱工作。而且在上班期间，曾经请假一个星期到隔壁亲戚家帮忙装榨油机，这一供述也得到了邻居的证实。这样算下来，吕某的实际工作时间仅10多天，法院对工作较短时间，工作量较小，且未拿一分薪酬的临时工判处2年9个月的刑期，并处40万元的罚金，显然有违司法公正。

反复衡量双方观点后，为了让本案引起法官的足够重视，我决定分步采取沟通措施：（1）及时跟进案件。与收案法院立案庭的工作人员经常保持联系，以便掌握案件到院时间。（2）在得知案件已分配给承办法官后，在分配的第二天我就找到承办法官进行沟通，把本案存在的问题告知法官。此时，虽然承办法官尚未阅卷，但经过我们第一时间的沟通，会在承办法官心中形成一种先入为主的效果，有利于我方辩护观点给其留下初步印象。（3）在法官承办案件期间，将我方所做的证据审查报告及可视图、法律法规汇编、相似案例汇编及时提交法官，方便法官阅卷。（4）在最后一次沟通递交辩护词时，再次向法官重申我方观点，如果维持原判，将会带来一系列的司法不公现象，将会对法官本人造成不良的影响，以面对面的沟通方式引起法官足够的重视。

在案件办理过程中，除案情本身外，我们发现有一些可能影响到法官裁判的因素。（1）在一审判决下达前，吕某的亲属未主动预先缴纳罚金，相对于同案易某主动缴纳了部分罚金来说，这一行为在一定程度上影响了一审法官的量刑考量。经和家属沟通后才得知，他们并不知道可以提前缴纳罚金，主观上有缴纳的意向，但法定程序并未有人告知。（2）在案件到二审阶段时，吕某的妻子即将分娩，让一个妻子在分娩时有丈夫的陪伴，让一个初生的婴儿来到世上时有父亲的照顾，也是司法人员让法律有温度的考量。（3）吕某本身家庭经济困难，加之岳父母这边是低保户，父亲那边又身患残疾，一审法院的巨额罚金对于这样一个家庭来说无异于雪上加霜。

基于以上案外考量因素，当我和法官沟通时，第一，明确向法官解释一审时家属未能预先缴纳罚金的原因，表明吕某本人及家属愿意积极缴纳罚金的情况，与此同时，同家属积极沟通，协助其履行义务。第二，吕某犯的是轻罪，建议法官量刑时人性化地考量其妻即将分娩的法外因素，让其早日获得自由，重归家庭。同时，我向法官出示了医院的病历，以证明吕某妻子的预产时间。第三，我向法官递交了由村委会出具的吕某家庭困难的证明文件、吕某父亲的残疾证。

本案在和法官就案情案外因素进行充分沟通后，二审法院在 2019 年 7 月 4 日改判我方当事人吕某缓刑。当事人终获自由，我们的辩护得到了当事人及其家人的认可。

复　盘

本案的争议焦点是量刑，核心在于全案的量刑均衡问题。第一，单从量刑上看，刑期在法定幅度以内，且是轻刑，刑期改判幅度不大；第二，同案已宣告执行缓刑，二审法官综合量刑时也要考虑对同案人身自由存在的状态有何影响。但深入了解案情后，会发现有一个和我方当事人有同一行为的当事人检察机关并未提起公诉；涉及 300 多万元的非法经营数额，我方当事人仅是后期进入工作 10 多天，如将全部金额计入吕某的犯罪金额，则有违客观归罪原则；如法官维持原判，则有违量刑均衡的公平原则。

思维运用

本案中，如何打破法官轻刑不改判的固定思维，如何让法官产生变更结果的意愿，是我在办案过程中深刻思考的问题。而此案一审，假如是我接受了委托承办了案件，和法官、检察官、公安如何进行沟通，也是我复盘归纳总结的问题，现将一些心得体会分享如下。

1. 熟知案情是一切沟通的基础。

公检法工作人员与律师是法律职业共同体，律师与公检法沟通的基础是我们对案情了然于心。精准地说明此案存在的争议问题，会对办案人员起到警示与提醒的作用。如沟通只流于形式，沟通起来给人感觉不熟悉案情，给对方不专业、不敬业的印象，办案人员将不会重视律师后续所要表达的观点，这样的沟通对案件是起不到任何帮助作用的。

2. 选好自己的定位，扮演好自己的角色。

面对将要进行的沟通，首先要做的就是寻找共同目标，现实中，我们接到案子时，首先想到的是自己如何才能办好案件，为了达到目标自己要怎么做，他人要如何配合我们、协助我们，恰恰很少想到如果要让对方做出我们想要的结果，对方要进行的办案流程是什么。比如针对直接改判案件，法院内部的工作流程是什么，法官会遇到什么样的阻力，而为了克服阻力，我们律师是否提供了实质性的证据及材料，帮助法官突破体制内的障碍作出有利于我们的判决。

对于控审双方，我们律师除有抗辩权外，还要牢记我们与对方有着一个天然的共同目标——查清犯罪事实，维护司法公正。在沟通时只有意识到这个共同目标，才能全面地审视案件，想对方之所想，急对方之所急，积极主动地引导控审双方朝着有利于辩方的方向办案。

3. 沟通时专注于自己的目的：我在做什么？我这样做的目的是什么？

站在辩护人的角度，我们总是急于想让控方及审判人员接受我方的观点。如果对方提出不同的意见，在沟通上就很容易会形成一场争论，求胜欲会令我们产生把自己的观点强行植入对方大脑的迫切感。但欲速则不达，在沟通中如存在胜负感，存在征服感的话，将会让沟通转化为一场不利于我方的口舌之争。

克服上述现象的方法就是时刻问自己："沟通的目的是什么？"我认为目的是用平和的语气，冷静地与办案人员沟通案情，用法理、法规、事实、证据影响办案人员对案情的考量。

4. 充分的沟通可以培养我们对负面情绪的钝感力，对不利于沟通的细节采取暂时性的回避态度。

在当今的司法环境下，律师在控审辩三方的地位中仍处于劣势。沟通时，我们经常能感受到来自司法工作人员的一种不太友好，甚至恶劣的态度。如果你没有被他影响，而是继续以微笑和友善的态度进行沟通，通常情况下对方的态度也会因为你的诚恳与不放弃而有所缓和，我们也就换来了进一步沟通的机会。"种瓜得瓜，种豆得豆"，如果我们想要获得友好的态度，首先我们就要向对方释放友好的信息。

控方思维：如何运用控方逻辑寻找控方的漏洞？

刘双玲[1]

思维边界

说到控方思维，很多朋友会觉得在司法实务中没有价值，认为律师只需要做好自己的辩方思维即可。确实，在事实清楚、证据充分的情况下，我们并不需完全掌握控方的思维。但是，本文讲的是在某些特殊情况下，合理运用控方逻辑找出控方的空白点，就能发挥力挽狂澜的关键作用。

案情简介

2018 年，何某、唐某、胡某、董某、朱某、杨某被指控在四川贩卖毒品，通过电话与其他吸毒人员联系贩卖毒品。买卖双方在电话里商量好购买数量与金额后就到约定地点进行交易。2018 年 8 月 14 日何某与唐某在约定好的地方见面时，民警突然出现，将二人抓获，并从现场搜到大量现金、980.9 克冰毒和 18.77 克麻古。本案由四川省绵阳市检察院起诉到绵阳市中级人民法院。

毒品犯罪一直是我国大力打击的犯罪类型，本案由于涉及毒品数量较大，

1　盈科绵阳刑事法律事务部主任。

公安机关和检察院都非常重视，提供了大量证据，包括：物证、书证、证人证言、现场勘验、检查笔录、搜查笔录、辨认笔录、鉴定意见、电子数据、视听资料、被告人的供述与辩解等。检察官认为，被告人何某贩卖毒品给唐某，唐某贩卖毒品给胡某，胡某贩卖毒品给董某，董某为牟利贩卖给其他人，朱某贩卖毒品给其他吸毒人员，犯罪事实清楚、证据充分，均触犯了《刑法》第347条，应当以贩卖毒品罪追究被告人何某、唐某等的刑事责任。但本案中何某具有正当职业且一直否认自己贩卖毒品，让人不禁产生疑问：为什么会出现这种情况？真相到底是什么？我接受了委托，担任何某的一审辩护人。本案的特殊性在于，毒品案件关系重大，在办理毒品案件时收集证据需要严格按照程序进行，没有按照程序收集很有可能会影响案件最后的结果。"两高一部"对于毒品犯罪处理的相关过程有很严格的要求，2016年还联合制定了《办理毒品犯罪案件毒品提取、扣押、称量、取样和送检程序若干问题的规定》，其中对相关的程序进行了详细的规定。同年公安部制定了《公安机关缴获毒品管理规定》，对毒品的保管、移交、入库、调出、出库与处理作了相应的规定。依照以前办理毒品案件的经验，公诉机关提供的证据与案件的关联性，其收集程序是否合法等都有可能成为突破口。同样的案件，公诉机关提供的证据合法性与有效性的不同，可能导致最后罪轻罪重、有罪无罪的不同判决结果。

办案过程

接受委托之后，我第一时间到绵阳市检察院进行阅卷，在查看了检察院提供的证据，了解相应的案情后，会见了当事人何某，向他了解具体情况。会见后我发现当事人所说的情况和检察院指控的情况具有天壤之别。作为一名辩护人，应该在合理、合法的范围内尽最大的可能帮助自己的当事人找出真相，做有利于当事人的辩护。

回到办公室后，我反复思考这个案件，为什么公诉机关认定的事实与当事人陈述的事实差别会如此大？于是我又仔细阅读了一遍案卷，这一次我在案卷中发现了控方提供的证据中的很多瑕疵与疑点，找到了控方逻辑中的漏洞。

第一，控方提供的证据有很多程序问题。检察官对案件的思维，是依据侦查机关侦查终结后提供的材料形成的，是一种简单的、单一的、先入为主的思维。公诉人在看到侦查机关提供的证据时，很多时候就已经认定侦查机关提供的证据没有问题，对案件的证据材料是否符合要求的审查并不仔细。在本案中，对侦查机关提供的辨认笔录、搜查笔录、现场勘查笔录、扣押笔录、取样笔录、称量笔录、扣押决定书和扣押清单中的见证人身份存疑；查获的毒品未现场封存，也未在相关当事人在场的情况下进行扣押、称重、取样等；在没有进行现场称重的情况下，也没有按照规定附上情况说明；毒品检验报告上的送检时间没有在“两高一部”规定的期限内。这一系列证据的合法性、有效性都存在瑕疵，其所证明的案件事实不能被排除合理怀疑。

第二，控方提供的证人证言与同案犯的证言不能作为认定何某有罪的有效证据。检察官作为控方，总是习惯性地考虑当事人有罪或者是罪重，有时候会忽略相关证据是否真的可以作为证据使用。关于证人证言，本案中的证人证言只是证人一个人的表述，没有其他可以相互印证的证据；证人的身份大多都是吸毒人员，他们面对警察时很难保证证言的客观性；大量的证人证言前后矛盾，甚至只凭自己的臆想猜测，疑点重重。《刑事诉讼法》第 61 条规定：“证人证言必须在法庭上经过公诉人、被害人和被告人、辩护人双方质证并查实以后，才能作为定案的根据。……”本案的证人均未出庭作证，按照上述规定，其证言不能作为定案的根据，法庭不应当采用。关于同案犯的证言，也与前文所述的证人证言存在同样的问题：没有其他证据可以互相印证，只是同案犯的片面之词。

第三，检察院指控的何某在唐某处购买毒品的证据不足。以当事人为坐标，检察官的思维是主动进攻型，通常目的都是找到可以证明被告人有罪的证据。检察官根据侦查机关提供的证据材料，在何某坐上唐某汽车时将二人抓获，并现场搜出大量的现金与毒品，一切都看似很合理，具有关联性，其实不然。

首先，何某是一名二手车售卖员，在与唐某见面前，二人的微信聊天记录也是购车的相关内容；其次，从何某与唐某的陈述中可知，当天晚上二人相约去看车，何某携带的大量现金也是为了先支付车款，再转手卖给唐某；再次，从唐某车上搜出的大量毒品并不能证明是由谁所有：何某与唐某都否认毒品是自己的，且没有毒品上指纹的相关证据；最后，公安机关在何某坐上唐某的汽车时将二人抓获，而不是在二人一手交钱一手交货的过程中抓获的，不能证明二人当时在进行毒品交易。

第四，胡某贩卖到秦皇岛的毒品源于何某，这并没有证据可以证明。例如，一件事因为A所以B，但没有想过为什么会有A，最后是不是只能有B的结果。检察官指控胡某的毒品源于何某是因为胡某取钱交给了何某，但只是这一个行为并不能证明这笔钱是用于购买毒品的，何某是一名二手车售卖员，这笔钱很有可能是其购买车辆的款项。而且胡某的证言也没有其他证据予以印证。

通过上述4点可知，检察官提供的证据不能排除合理怀疑，不能作为定罪的根据。我们也可以从中看出控方的思维逻辑。首先，控方经常先入为主地认为被告人有罪，并且对侦查机关提供的证据信赖度较高，审查不严谨会导致很多程序性细节的遗漏，我们可以从中抓住漏洞。其次，控方作为国家公权力的代言人，往往是站在被告人的对立面，对被告人有利的证据有时会忽略。我们作为辩护人在这种情况下一定要提出对当时人有利的证据，以维护当事人的合法利益。最后，控方处于一种单向思维中，由于主观认定被告人有罪，有时会忽略案件事实的其他可能性，没有全面思考，这也导致证据不能排除合理怀疑。我国刑事诉讼的证明标准是“犯罪事实清楚，证据确实充分”，即（1）定罪量刑的证据都有证据证明；（2）据以定罪的证据均经法定程序查证属实；（3）结合全案证据，对所认定的事实已排除合理怀疑。我国也遵循“疑罪从无”原则和有利于被告人的原则。

在发现这些证据后我第一时间进行了整理、准备，在一审庭审时依次提出我的观点，反驳检察官的观点，希望法官能够在判决前对相应的证据进行审查，不使用不符合规定、不能排除合理怀疑的证据，依法认定我的当事人因犯罪事实不清、证据不确实、不充分，贩卖毒品罪不能成立。法院最终因为案件事实不清、证据不足依法宣判我的当事人何某无罪。判决下达的那一天，我知道我的努力没有白费，也证明了我从控方的惯性思维中寻找控方错误的辩护方向是正确的。

复　盘

本案的争议焦点是证据，核心在于我国刑事诉讼的证明标准是：犯罪事实清楚、证据确实充分，达到排除合理怀疑的程度。在面对检察院的指控时，我们要非常全面地去看待问题，从控方的思维逻辑中找出其中的弱点或漏洞，然后逐一地对这些证据提出合理怀疑，进而达到我们的辩护目的。在目前的侦查实务中，容易出现很多程序问题，因此，我国法律也做了非常详细、全面的规定。回顾整个案件，支撑我们最主要的一点就是从控方的惯性思维中找到漏洞。例如，侦查机关在办案过程中没有按照相关规定进行证据的收集，我们的检察官在拿到材料时基于惯性思维也没有客观地对证据进行判断，因此，我们才能找到如此多的证据来推翻控方的指控。这个案件给我们的启示是，有时候律师只寻找酌情点还不够，还要通过掌握控方思维，从而找到切入点对控方提出的观点进行合理怀疑，以达到有效辩护的目的。

尽管在实践中出现程序问题的案件并不是很多，但是通过掌握控方思维从中寻找漏洞的辩护方法却是非常有效的，其往往能帮助我们找到辩护的切入点，从而达到满意的辩护效果。时间是检验真理的唯一标准，律师要在一次一次的实践中找到适合我们自己的“真理”，从而为刑事辩护服务，使辩护取得更好的效果。

思维运用

辩护人也在思考，本案只是众多同类型案件中的一个，是否每一个辩护人都能如此仔细地从控方思维出发，找到其中的漏洞从而将其作为辩护方向的切入点来进行辩护？答案当然是否定的。那么我们在从控方思维出发寻找切入点时需要做到哪些呢？

第一，我们要树立全面审查证据的观念。不仅要审查有罪、罪重的证据，还要审查无罪、罪轻的证据。对两种性质的证据同时审查，学会换位思考。

第二，要提高分析、判断和运用证据的能力。在分析有罪证据时，既要分析现有的指控证据能否形成完整的有罪证据链，也要分析每个证据的证明力，分析证据上的瑕疵和薄弱环节，是否存在无罪证据，更要分析无罪证据与证据链的薄弱环节对有罪证据的形成会造成何种冲击。在分析罪重证据时，既要分析罪重证据属于证明法定的从重证据，还是属于证明酌定从重的证据，也要分析罪轻证据对罪重证据的冲击和影响。

第三，要尽量避免受侦查机关的影响，防止先入为主。要在全面分析案情和证据的基础上，努力形成辩护人自己的意见。

第四，刑事辩护中运用控方思维，主要是通过反向思维来推翻证据链，辩证地分析问题，从而达到最终的辩护目的。

证据思维：如何理解刑事证据的“破”与“立”？

王　飞[1]

思维边界

法律和证据是法官裁判的两把尺子，在刑事案件中，控方承担搜集、出示被告人有罪、无罪、罪轻证据的责任。但在司法实践中，控方由于职业本能，难免会忽略、遗漏被告人无罪、罪轻的证据；而律师调查取证又存在非常大的法律风险，所以很多律师都会采取保守策略，对控方的证据“破”而不“立”，导致被告人未能获得更有效的辩护。因此，在一些案件中，在做好风险防控的同时，攻守兼行、破立同存，通常会取得意想不到的辩护效果。

案情简介

1993 年 A 县卫生局成立民族医药开发有限公司（以下简称医药公司），1997 年医药公司筹集了 1060 万元资金准备购买设备，租用 A 县彩印厂厂房创建黄酮厂。2000 年 5 月，B 公司法定代表人陶某与业内专家经走访、考察黄酮厂后认为：黄酮厂工艺设备、工艺技术先天不足，无法正常生产，需投入大量

1　盈科贵阳刑事法律事务部主任。

资金进行技术改造。经过长达两年的磋商、洽谈，医药公司和B公司于2002年6月5日达成合意，医药公司决定以400万元一次性整体低价将黄酮厂出让给B公司，双方就收购黄酮厂事宜分别签订了4份合同，分别为：（1）A县国土资源局与陶某签订《国有土地使用权出让合同》，将黄酮厂的土地使用权按10万元出让给陶某；（2）医药公司与陶某公司员工翟某签订《机器设备买卖合同》，将黄酮厂的机器设备部分按30万元价格卖给翟某；（3）A县经贸局、医药公司与陶某签订《房屋买卖合同》，将黄酮厂房屋产权部分按30万元出让给陶某；（4）医药公司与陶某签订《合作经营合同》，将黄酮厂技术及无形资产按330万元以付合同报酬的方式转让给陶某。与此同时，双方还签订了4份《付款确认书》，明确约定了付款方式和期限。合同签订后，陶某按照约定支付了医药公司100万元，《合作经营合同》付款确认书中载明："陶某对黄酮厂技术改造后，生产出符合外贸出口标准的产品后且医药公司与债权人D公司之间债权债务纠纷解决清楚后，即付清首期款项30万元（此款实际提前支付），从付清第一笔款项之日起一年内付清第二期100万元，第二期款项付清之日起一年内，支付剩余200万元。"

2002年8月，陶某以其名下黄酮厂资产与翟某共同成立C公司。C公司成立后，原黄酮厂土地使用权、房屋产权证均办理至C公司名下。后C公司于2002年9月以原黄酮厂土地使用权、房屋产权作抵押与银行签订《最高额抵押合同1》，向银行贷款630万元。2002年11月，C公司以原黄酮厂的机器设备作抵押与银行签订《最高额抵押合同2》，向银行贷款403万元，所贷资金全部用于C公司的技术改造及经营。

后医药公司因与D公司的经济纠纷被D公司起诉至法院，经法院审理判决，医药公司依法应偿还D公司460万元。2002年11月，法院向陶某发出协助执行通知书：责令陶某暂停履行支付医药公司300万元债务，陶某要履行支付义务的，应将该款支付至法院账户。同时，黄酮厂因种种原因一直未能生产出合格产品，为此陶某未支付剩余合同价款300万元。

2006年12月，A县人民政府作出注销登记的决定，将C公司抵押给银行的他项权注销，后银行提起确认行政行为违法及行政赔偿诉讼，经法院终审判决A县政府的行政行为违法。2015年，政府依法赔偿银行损失396万元。与此同时，陶某等于2015年1月因涉嫌合同诈骗罪被立案侦查，2015年9月被批捕，2018年10月经A县法院一审判决：陶某犯合同诈骗罪，判处有期徒刑10年，处罚金50万元，并需赔偿A县政府经济损失396万元。

办案过程

被告人陶某是省内知名的女企业家，商场几十载，一直坚韧、冷静，但只要提到一审判决，她瞬间会情绪激动、泪流满面，即使稍作平复，依然哽咽到无法说出话来。我作为陶某的二审辩护律师，陶某向我表示，黄酮厂的收购过程经各部门的相关人员参与，程序公开、透明，且经过长达两年的磋商、谈判最终才确认了收购事宜，根本不存在任何欺骗、诈骗的行为；接手黄酮厂后，陶某对黄酮厂投入了大量的人力、物力，积极筹备以便生产出合格产品；此外，陶某还按照合同约定支付了100万元合同价款，后续款项因未达到约定的支付条件，且人民法院向陶某发出暂停履行支付300万元债务的协助执行通知书。事后陶某也曾多次找到有关负责人，但对方均未明确处理方案，剩余价款这才一直未予以支付。

经过阅卷，我认为，一审法院既未查明贷款去向，也未查明陶某个人及其公司的经营状况；同时一审法院在没有确实、充分证据证明的情况下，否认陶某不支付价款的正当性、合理性，现有证据不能形成一个完整的证据链，再结合辩护人与被告人陶某沟通和对案件深入了解的情况，辩护人内心确信，陶某不构成合同诈骗罪。

成立合同诈骗罪需要满足：主观上，行为人故意且具有非法占有的目的；客观上，行为人在签订、履行合同的过程中，实施了虚构事实、隐瞒真相的行为，而且是对关键事实进行虚构或隐瞒，从而骗取对方的财物，数额达到较大以上的标准。

控方对陶某的指控主要集中在以下 4 点，以证明陶某在不具备真实收购意图且没有履约能力的情况下，与医药公司签订合同占有黄酮厂，借此贷取高额款项占为己有：第一，陶某在明知无履行能力的情况下，收购黄酮厂；第二，未按照合同要求对黄酮厂进行资金投入；未开展正常的经营活动，未支付医药公司剩余转让费；第三，在未履行合同义务的情况下，将黄酮厂的资产抵押给银行，贷取巨额款项，取得贷款后未将款项用于公司经营，且 A 县政府为避免国有资产流失，注销了原黄酮厂土地、房屋上的他项权，政府为此承担了赔偿义务，陶某的行为造成国有资产流失；第四，陶某与医药公司合同中约定的支付条款“医药公司与 D 公司债权债务解决清楚及改造后的黄酮厂能正常生产出合格、符合外贸出口标准的产品时，陶某等再支付技术转让、无形资产转让的费用”系陶某等人在合同中设置的陷阱，以此使价款支付遥遥无期。

从一审控方提供的证据来看，确实没有任何证据显示陶某对黄酮厂进行了投入、经营，陶某也没有证据证明案涉贷款去向，陶某是否具有履约能力和真实的收购目的，是否对黄酮厂进行投入、经营，这些都成为本案的争议焦点。

陶某及家属明确提出了实际存在经营及部分员工的信息，但是黄酮厂经营过程中的资料遗失，无法提供，一些员工也无联系方式。正所谓巧辩不如证据能辩，为攻破控方指控的事实，辩护人经过综合分析、判断，决定主动搜集、寻找陶某无罪的证据。经过详细梳理案发前陶某的 B 公司的经营状况，积极走访陶某的 B 公司员工，并深入和陶某家属进行沟通了解，辩护人搜集到以下几方面的证据：（1）B 公司相关的资产报告、财务资料及省政府官方批文等证据；B公司及陶某个人资产、银行流水等证据。（2）B公司经营期间获取了13个药品批文、2个保健品食品批文和其他药品研发成果等证据，B公司已经建有5条药品GMP生产线、5条保健食品GMP生产线等证据。（3）陶某个人及其团队的履历及获奖情况。

以上证据充分证明陶某及其团队多年致力于银杏产业发展，并取得了卓著成果，被告人陶某及其团队具有专业知识、经验、能力、资金等综合实力，具备收购黄酮厂的技术条件；同时B公司具备雄厚的资金实力，其公司还经省政府有关部门批复同意拟筹建上市，系省内银杏产业的龙头企业，具有良好信用，具备强大的经济实力，完全有能力收购黄酮厂。

在走访、调查过程中，辩护人还发现了一个重大的线索，被告人陶某的B公司的一位老员工在黄酮厂被收回时，将经营期间的所有材料抢救并保存了下来，陶某家属联系上了该员工，该员工将满满几大箱的证据材料提供给了法院。这些证据包括陶某接手黄酮厂期间的人员管理、物资采购、生产情况、财务账簿、税务登记等经营材料，充分证明了陶某接手黄酮厂后，按照合同约定投入资金，进行经营管理，实际履行了合同义务，陶某不存在任何诈骗行为。而控方指控的将原黄酮厂土地使用权、产权抵押等事宜，被证明系陶某对其所有财产的自主处分，合理合法；而控方认为合同条款存在陷阱的问题，被证明合同经双方长达两年的洽谈、商议，系共同协商达成一致，是正常的民事合同行为。

二审庭审中，辩护人对以上新搜集的证据进行充分举证后，法庭最终裁定一审事实不清、证据不足，将本案发回重审。

复　盘

辩护人在本案中为被告人做的是无罪辩护，本案的争议焦点是被告人陶某在签订、履行合同过程中，是否有真实的收购目的和履行能力，这也是正常的民事合同行为和合同诈骗罪的根本区别。但本案面临的问题是，当事人实际履行了合同，对黄酮厂进行了经营管理，并投入了生产。可是侦查机关对这部分证据，并没有进行搜集，一审中证据的缺陷导致陶某被判处高达10年的有期徒刑。打击罪犯，搜集犯罪证据是侦查机关的职能，因此，使其对有罪证据尤其敏感、积极，对无罪证据较为迟钝、消极。在这种情况下，辩护人及时、准确发现证据的能力对案件至关重要。本案能取得较好的辩护效果，一方面得益于辩护人对本案投入了大量的时间和精力，辩护人所在团队的7名执业律师，积极参与到对本案证据的搜集、整理、分析、论证中，共计投入了600多个小时的时间，最终搜集到有利于被告人的证据；另一方面还得益于积极与家属、员工等进行有效的沟通，终于找到了一审阶段“被遗忘了的证据”。

思维运用

证据是会说话的真相，刑事律师调查取证，可以平衡控辩双方的力量，完善证据，帮助法庭查明事实真相。但是调查取证对律师而言，又无异于刀尖上跳舞，技术难度高。既需要律师嗅觉灵敏，具备良好的发现证据的能力，具有百折不挠、求真较真的精神；同时还需要律师正确决策：一是对证据线索、关键证据能作出正确判断；二是对证据真实性、合法性作出正确判断，避免少做或不做无用功。总之，我认为，作为一名优秀的刑辩律师，对证据既要敢“破”，更要敢“立”，但是对于案件是否需要调查取证，如何调查取证，需要具体案件具体分析。因此，我对刑辩证据思维提供以下几点思路供参考。

第一，证据的破与立。根据具体的案件事实，以国家公诉机关指控的犯罪事实、罪名为起点，掌握指控罪名的法定证明标准，严格以“确实、充分”

的证据规则为基准，对控方现有证据进行分析、论证，指出控方证据不足、缺陷之处，破除控方构建的证据锁链。同时，综合指控罪名和全案证据，对于明显不符合“确实、充分”标准的证据，需要继续寻找遗漏、缺失的证据，弥补、减少可能存在的证据漏洞，重新构建新的证据链和法律事实，使法官重新形成内心确信。

第二，证据的发现与搜集。注重细节、学会倾听，从以下几个方面发现和搜集线索：（1）从犯罪嫌疑人、被告人处获得有用的取证线索；（2）从现有证据中发现取证线索，通常案件已经涉及某个事实，但控方未深挖，此时可以深入寻找线索；（3）从家属的反映中发现取证线索等。发现线索后，需结合案件情况，分析、判断证据的真实性以及对本案的作用，决定是否深入调查。

第三，风险防范。调查取证全程必须重视风险防范，要做到调查取证的程序合法合规；取证过程视听同步，以确保在出现不必要的麻烦时能自证清白；对于不合理、不合法的要求严厉拒绝，保持头脑清醒，不被误导、诱导。总之，辩护人调查取证时一定要保护好自己，也只有这样，才能确保调取的证据真正有利于当事人。

一体化思维：如何用真相说服司法机关？

严　锦[1]

思维边界

公检法司和律师作为法律职业共同体的要素和成员，其职业特点和行业属性各有差异，但都是以事实、证据、法律为共同基础，以公平正义为共同追求。由于角色与立场的差异，在办案过程中，刑辩律师难免因一些分歧与公检法发生碰撞，但不管是对抗还是平和的理性沟通，都是基于一体化思维的多样表达方式而已。维护公平正义既需要斗争的艺术，也需要“讲和”的智慧。

案情简介

刘某营于 2012 年 1 月从某铜业有限公司调至“昆铜”，任主管营销部的副总经理（副厅级）。2012 年 12 月左右，广东沃华公司、新能可公司的实际控制人许某来昆铜拜访赵某洪（昆铜总经理兼党委书记）。因许某与赵某洪是多年的好友，在赵某洪的支持下，昆铜与许某的广东沃华公司签订了合作协议。2013 年 4 月、5 月，为进一步解决合作双方在资金结算方面的信任问题，许某引荐第三方广东的银行介入合作，在原有协议的基础上增加了一种新的付款方式——厂商银，具体操作交易模式为：昆铜销售给许某公司的货物，货款由银

1　盈科昆明经济犯罪法律事务部主任。

行向昆铜支付，但条件是昆铜必须接到银行指令才能发货。

2013 年 10 月，许某向赵某洪提出他可以帮助昆铜解决一部分原料供应的问题，鉴于当时昆铜在银行融资额度受限，所以赵某洪决定使用商业承兑汇票。昆铜按赵某洪的要求与许某控制下的新能可公司签订了 500 吨价值 2500 万元左右的采购合同。2014 年 1 月，昆铜与新能可公司又签订了一个 22,000 吨的年度采购框架协议，按照该年度采购协议，昆铜营销部采购员根据月度采购计划向财务部申请资金支出。财务部批准付款之后新能可公司便安排发货。但截至案发时，新能可公司也没有给昆铜发货。

2014 年 3 月，昆铜并入云铜集团，原昆铜的领导机构发生了变化，由云铜副总经理郑某生兼任昆铜的总经理，下派陈某良出任昆铜常务副总经理，全面主持日常工作。赵某洪（党委书记）不再主管生产经营，只负责党务工作。刘某营的职责分工不变。

2014 年 3 月底，许某因资金困难，未发货便提前开具发票向银行贴现，随后找到昆铜财务部经理孙某勇，希望昆铜接受发票后与他所控制的国领公司签订一个贸易合同，许某再让国领公司与新能可公司再签订一个货物购销合同。这样一来，原先昆铜与广东新能可签订的原材料购销合同，在形式上就由昆铜指示交付给国领公司，国领公司再把“货物”转卖给新能可公司。如此许某便可以规避因“货票分离”被税务稽查的风险。财务部经理孙某勇找刘某营征求意见，刘某营当即表示反对，其认为帮许某处理发票会涉及税务风险，许某一旦出事，其欠昆铜的货款就难以收回。所以刘某营建议孙某勇向陈某良汇报。之后刘某营又单独向陈某良请示，陈某良的意见是客户的忙要帮，后面还要继续合作。由于刘某营不懂涉税方面的业务，再次向孙某勇核实是否会有风险，孙某勇承诺说没有风险。但刘某营依然不放心，建议公司让许某将其在香格里拉的一个价值逾 3 亿元的矿山做担保，许某出具保函之后，刘某营才会同刘某在昆铜与国领公司签订的1200吨货物的购销合同上签字。

2018年8月21日，刘某营因涉嫌虚开增值税专用发票罪，被云南省昆明市公安局刑事拘留。

办案过程

2018年9月初，接受刘某营的妻子李某香的委托后，我第一时间赶去看守所会见。通过一整天的会见，我制作了详细的律师会见笔录，全面了解了整个案件发生的事实和背景。

2018年9月9日，我接到李某香打来的电话，她说在整理丈夫书房的时候发现了一堆日记本，部分日记本里记载着刘某营的工作内容，问我有没有用。我立刻告诉她说："太有用了，这可是最重要的书证。"后来我让李某香把日记本拍成照片整理成电子档。把日记打印出来后，我抑制不住内心的激动，这个正直的老人，不但记载着与本案有关事实的详细经过，居然还有很多关于当时昆铜内部斗争的无奈、领导决策失当致使国有资产流失的记载，其愤懑等情绪的文字跃然纸上。但是这么重要的证据，在会见的时候，刘某营却只字未向我提及。

2018年9月20日，公安机关将案件移送检察院提请批准逮捕。2018年9月22日上午，我将整理好的证据材料、律师会见笔录和建议不予批准逮捕的律师意见一并提交给检察官，并面对面与检察官交流了全案没有犯罪事实发生的无罪辩护意见。

1. 刘某营主观上是为了维护昆铜的利益，缺乏犯罪动机，主观上没有实施虚开增值税专用发票的犯罪故意。

许某是原昆铜总经理赵某洪深交多年的好友，刘某营在昆铜任职期间一直坚持中立的立场，与许某没有私交，更无暗中利益输送的情形，主观上缺乏为许某虚开增值税专用发票的动机；相反，刘某营担心许某一旦因涉税问题被查会给昆铜回收货款带来风险，所以让其以矿山做担保出具保函后才同意签字。由此可见，刘某营在主观上是为了最大限度维护公司的利益，而不是为了偷逃国家税款。

2. 本案没有给国家税收造成损失，国家税收征管利益这一法益并未受到侵害。

许某为解决资金短缺的问题，让新能可公司未出货便先开具发票向银行贴现，其最终目的是规避被税务稽查的风险。但每个环节都缴纳了税款，不但没有偷漏税的行为，还为国家增创了税收。可见许某主观上是为了解决资金紧张的问题，而昆铜主观上是为了避免许某出事会导致货款难以回收，双方均不具有偷漏税款的目的，客观上也没有给国家税收造成损失。

3. 本案中存在真实的货物交易基础，缺乏构成虚开增值税专用发票的前提。

是否有真实的交易基础，是否给国家税收造成损失，是认定虚开增值税专用发票能否成立的核心要素。没有及时交货不等于没有真实的交易基础。

首先，许某的新能可公司与昆铜签订了年度采购协议后已经交付了部分货物，只是第二批交货条件成就时，许某资金安排的不到位，所以无法按照约定先交货，这才提前开具发票向银行贴现。其目的是为延后交货创造条件，“票货分离”只能说明许某的公司违约，但不能否定公司之间存在真实的交易基础。

其次，部分货物许某是以“仓单”的方式交货。仓单相较于实物交易，能够实现商流与物流的彻底分离，具备高效快捷的交易优势，是现代市场经济中一种有效的资源配置方式。我国《合同法》《担保法》中对此均作了原则性规定，仓单即视同实物交割，而不仅仅是一种权利凭证，具有“物”的属性，可直接在市场中进行流通，与实物交易具有同等的价值和效力。故同样存在真实的货物交易基础。

4. 刘某营对“厂商银”融资模式缺乏专业判断能力，不具备违法性认识的基础和条件。

由于刘某营对“厂商银”交易模式不熟悉，对“虚开”行为没有专业判断能力，在赵某洪批准后又经财务部经理孙某勇的“专业”解答，在“排除”税务风险后，他才履行了签字程序。刘某营作为原昆铜分管营销部的副总经理，增值税专用发票的处理属于财务部的职权范围，而财务部并不属于刘某营的主管部门。刘某营在购销合同上签字，只是正常履行程式化的形式流程，而非实质性的审查决定行为。

5. 本案关键在于精准锁定造成国家财产重大损失的原因。

2014 年 3 月昆铜并入云铜之前，依照惯例，年度采购协议和销售合同由单位一把手同意后，由公司法律顾问审核通过，再由业务员按照既定流程层报部门负责人、副总经理、总经理逐级签字后归档。但部分年度协议传至刘某营签字后，恰值云铜合并昆铜，新上任的“一把手”陈某良以协议需报云铜集团过会讨论为由拒绝签字。这显然已经超出了刘某营的职权和能力所及范围，更非刘某营的责任。而且刘某营的签字必须经单位“一把手”（赵某洪、陈某良）最后确认方为有效。刘某营的签字与昆铜所遭受的损失之间，没有刑法层面的因果关系。另外，刘某营与国领公司签订的 1200 吨货物购销合同，是否放货是由财务部门独立审核并做出决定。销售部正常履行程序性事项的行为不得作为造成重大财产损失的原因。是故，刘某营对于该事件的走向没有提供具有刑法评价意义的职务支撑行为，对刑法层面的因果关系没有贡献力，不具有刑事违法性。

6. 本案属单位犯罪，公司犯罪中涉刑高管的主观认知程度与自然人犯罪相比较，不具有等价性。

在自然人犯罪中，行为人对欲达成的目标通常具有明确的认知。而单位犯罪中，作为业务部门处理的事务，相关领导往往缺乏专业判断能力，实践中常出现领导与具体负责专业操作的人员之间信息不对称的情形。不能把行政责任简单等同于刑事责任。

辩护人建议对刘某营行为的考察，应着重从以下几个方面进行判断：其一，相关领导是否系具体操作业务部门的主管领导；其二，是否具有专业判断能力；其三，其是否提供了在刑罚评价体系中不可或缺的职务支撑行为；其四，对其行为的意义及产生的后果，是否有明确的认知。

2018年9月26日，我再次会见了刘某营，并根据新的会见笔录制作了《致昆明市××人民检察院在刘某营涉嫌虚开增值税专用发票罪一案中承办检察官的紧急函》。同年9月27日，我再次来到检察院，检察官一见到我，对我说："严律师，我昨晚还在认真研读你的律师意见呢。"来自检察官的尊重，让我对案件结果的预判更有信心，我进一步补充了以下辩护观点：

1. 原昆铜在经营过程中产生的经济损失，以及国家税收是否造成损失，是启动本案立案侦查程序的逻辑起点。

2. 国有企业具有明显的行政管理色彩，公司内部派系林立，弄清楚刘某营是否系本案中经济问题爆发"核心圈子"里的人，对认定刘某营是否涉刑有最直观的判断价值。国企单位犯罪的特点和政治派系的把握对案件办理影响重大。

3. 刘某营从2013~2014年所作的工作日志，是重要的书证。该工作日志是本案办理的忠实指南。

4. 将作为证人的刘某营当成嫌疑人羁押，不但与事实不符，在"先入为主"的侦控思维主导下，侦查策略也会有问题。

5. 刘某营仅仅是公司的副总经理，在决策层面，总经理、党委书记有最后的决定权。在实际执行层面，由各专业部门和业务部门具体负责实施。除了销售部门以外，其他部门要么不属刘某营分管，要么就是由总经理直管（尤其是最核心的财务部门），刘某营并没有最终的决定权。但因为副总的身份，必须根据“一把手”或董事会的决定履行程序性职责。

6. 刘某营基于强烈的道德感和责任心，要求许某提供担保以保障单位的利益，但上级领导似乎并不看重代表国有资产的对外债权能否顺利回收，甚至不惜故意延误债权收回的生命期，对刘某营的合理建议迟迟不作出决策，借机将刘某营等人排挤出昆铜。这也正是云南省税务系统核查昆铜财务后未发现税款流失，反感昆铜内部斗争而置之不理的原因。

2018年9月28日，检察机关作出对刘某营不予批准逮捕的决定，同时搭“顺风车”走出看守所的，还有孙某勇和许某。这起由公安机关立案调查了4年的案件，暂时落下帷幕。

走出高墙的那一刻，昔日的国企老总会心地一笑。

复　盘

法律真相不同于事实真相，司法实践中，法律共同体更关心的是现有证据能证明什么，证据从何而来，以何种方式收集。任何人都必须尊重证据所呈现的真相。争取法院以判决无罪的方式推动司法进步，纵然是刑辩律师期盼加冕的王冠，代表“单骑挑战万军”归来的荣耀。但是，冤案对中国老百姓的伤害实在太深了，法院判决无罪的代价太大。争取实质无罪的案件能够在庭前释放，挽救的不单是身陷囹圄的犯罪嫌疑人，同时还有效规避了检察官、法官的职业风险。“一体化”不是凭空创设强制遵守的规则，而是对事物本质规律的忠实表述，与孔子所主张的“述而不作”一脉相承。

思维运用

我认为：作为刑辩律师，专业、勇气、智慧三要素缺一不可，刑辩律师必须拥有正知正见。一体化思维符合“道”的法则和事物运行的基本规律，其内涵极为丰富，是对传统法律思维的超越，是以中国优秀传统文化为基石的文学修养为表达方式的良法之治。

为正确表达刑事辩护的精神与特色，彰显一体化思维的核心价值和理念，我抽象出三条黄金规则：

第一，无分别不妨分别，理不碍事。“一体化”与选择和公权力对抗不矛盾，对抗不等于对立。

第二，刑辩律师反对冤假错案的制造者，但不是反对公检法机关。因为，冤假错案的制造者，不能，也无权代表公权力。

第三，刑辩律师要团结法律共同体的正能量，将辩护思维、换位思维与一体化思维有机融合，在法治中国建设中大有作为。

换位思维：如何有效解决法律冲突？

潘立波[1]

思维边界

传统的大众观念中对于刑事辩护律师的印象都是为坏人进行辩护，他们常常面对的是危险与暴力，是人性中最丑陋的那一面。殊不知，刑事辩护律师也在匡扶正义、力求公正。

作为一名刑事辩护律师，会从当事人的角度去思考，如何进行有效辩护才能够最大限度地维护当事人的合法权益，想当事人所想，与当事人共情，是我们刑事辩护律师始终追求的目标之一。在刑事辩护中充分运用换位思维去办理案件，站在当事人的角度去思考案件，这样才能获得当事人最满意的案件结果。

案情简介

2013 年 2 月 16 日 1 时 10 分，李某驾驶小型轿车沿 102 国道由哈尔滨市往长春市方向行驶。行至 102 国道 1175 公里处，车辆驶入右侧沟内与树木相撞，造成车辆损坏，李某受伤，轿车上乘员孙某死亡的交通事故。2013 年 3 月 1 日德惠市公安局交通管理大队出具的道路交通事故认定书认定：李某承担此事

1　盈科哈尔滨刑事法律事务部主任。

故的全部责任，孙某无责任。我在本案中担任刑事附带民事案件原告即受害人家属的代理人。在本案审理期间，经司法鉴定机构鉴定，李某为限制民事行为能力人，最高人民法院《关于适用〈中华人民共和国刑事诉讼法〉的解释》第143条规定：附带民事诉讼中依法负有赔偿责任的人包括刑事被告人的监护人。因此，本案中被告人李某的父亲李某某与被告人李某的母亲杨某均被列为本案刑事附带民事诉讼的被告人，李某赔偿原告不足部分的金额由其共同承担连带赔偿责任。

因被告人李某无视国家道路安全法规，造成被害人孙某死亡，给被害人孙某家属造成了巨大的经济损失和精神伤害，其行为构成交通肇事罪。依据最高人民法院《关于审理人身损害赔偿案件适用法律若干问题的解释》第17条、第27条、第29条之规定，原告请求被告李某赔偿死亡赔偿金人民币355,931.4元、丧葬费人民币17,098.5元、交通费人民币332.5元、住宿费人民币440元，上述4项费用合计人民币373,802.4元；同时请求被告人李某某和杨某对被告人李某赔偿原告的不足部分承担连带赔偿责任。

案件经过审理得知，被告人李某名下并无可供赔偿的财产，通过李某的供述我们得知，李某父亲李某某曾因为刑事案件被判处无期徒刑，并且现在无法得知其父亲李某某的具体住址。李某母亲杨某是残障人士，其名下也无可供执行的财产。在这种情况下三个被告人中两人无财产可供执行，一人下落不明无法查找具体住址，使得本案的附带民事赔偿陷入了一个僵局。本案法官建议我们撤诉，认为我们即使提起了刑事附带民事诉讼，也无法获得赔偿，会使得原告遭受二次伤害，但是我并没有因此而放弃，我将案件看作是自己亲身经历过的事情，设身处地地为我当事人考虑，即使只有最后一丝希望也要尽最大努力去争取，这种换位思考的办案思维是我们刑事辩护律师必不可少的，也是我们刑事辩护律师的职责所在。

办案过程

接受被害人家属的委托后，我在第一时间深入了解案情，向被害人家属了解案件情况，并向吉林省德惠市人民法院提交了刑事附带民事起诉状，但是被告人李某在羁押期间申请了取保候审，始终没有被真正羁押。

本案实属一波多折，我到德惠市人民法院与审理本案的法官了解情况时，法官告诉我，由于被告的身体不好，无法羁押。我们向法院提出申请与表达意见，如果被告人的身体有特殊情况无法羁押，应当有医学鉴定证明其身体状况。案件开庭审理时，由于被告人被取保候审，其并未到庭，此时被害人家属十分着急，想让法官尽快审理案件，我十分理解被害人家属的心情，多次与主审法官进行交涉并提出，案件审理期限临近，如若再不开庭就会违反法律规定。受案法院对此也十分重视，并开会组织人员对此进行讨论，最后法院做出了对被告人李某批捕的决定，要求办案机关德惠市公安局对被告人李某执行逮捕归案。在法院通知被害人家属与我参加诉讼时，被告人家属提出被告人李某患有精神疾病。对此，德惠市法院委托司法鉴定机构对被告人李某进行鉴定，鉴定结果为被告人李某为限制民事行为能力人，同时也是限制刑事责任能力人。在当时的情境下，被告人李某及其家属认为李某为限制民事行为能力人就可以减轻被告人李某的赔偿责任。作为原告的代理律师，我站在了我方当事人的角度去思考这个问题，在综合考虑了被告人李某的经济状况的情况下，认为追加被告人母亲和父亲为本案刑事附带民事诉讼的被告人，能够提高被害人家属取得赔偿的可能性，从而为被害人家属争取到最大的利益。

但在此时，我们又遇到了一个新的问题，在询问被告人李某母亲杨某时得知，其与被告人李某父亲李某某在李某年幼时已经离婚，被告人李某由杨某独自抚养，与其父亲再无联系，不知被告人李某父亲的下落。面对这种情况，德惠市人民法院建议我对刑事附带民事诉讼案件撤诉，回到哈尔滨市管辖法院另行提起民事诉讼。根据我多年的办案经验，我告诉被害人家属，按照法律规定，涉嫌交通肇事罪类案件提起刑事附带民事诉讼赔偿不需要另外再交案件受理费，但是如果回到哈尔滨提起民事诉讼，不仅被害人家属需要另外再交案件受理费，而且有可能面临立案难的问题。综合考虑利弊，我们还是坚持在德惠市人民法院审理本案。但是主审法官提出，在不知道被告人李某父亲姓名、住址等具体信息的情况下，法院无法送达传票通知其开庭。

我通过多方渠道了解到被告人李某父亲的姓名和出生日期，随后又到哈尔滨道外区某派出所调取被告人李某父亲的基本信息。值得庆幸的是，通过上述信息我们找到了被告人李某父亲李某某的基本信息及近期照片，并将此事告知了德惠市人民法院，同时也将调取的信息提交给法院。

法院随即确定了开庭日期。开庭的时间是9时，我与被害人家属8时30分左右到了法院，在等候开庭的过程中我看到了李某的母亲杨某，杨某身旁还有一位男士，经过仔细观察并与手中的材料进行比对，我认出这位男士就是我在道外区某派出所看到的照片中的男子，也就是被告人李某父亲李某某。此时我并未打草惊蛇，在法庭审理过程中，法官让我向被告人李某进行发问时，我问李某，是否与其父亲有联系，被告人李某一直否认说没有。对此，我对法官明确提出“被告人李某在说谎，在开庭之前我与被害人孙某的表姐在法院的楼梯内见到了被告人李某的父亲李某某”。

此时，被告人的母亲杨某情绪十分激动地说：“原告代理律师在说谎，我们与李某某多年未曾联系过。”法官随即让两名法警与我一同到法院楼下去指认，我在法院门口指认出了李某某。因为他对于我们的赔偿有着至关重要的作用，我们追加李某某为刑事附带民事被告人，法官也果断地当场给他送达了传票及起诉状。由于李某某当时正在经商，并且知道其可能要承担法律责任，所以主动找到被害人家属要求和解，但是和解过程中并未谈到赔偿的具体数额与时间，一直避重就轻。之后一段时间内，我们也同本案的被告杨某和李某某进行了四五次的谈判，谈判后杨某同意赔偿 5 万元，李某某同意赔偿 10 万元。但后来两被告人可能在咨询了律师后得知李某因其为限制刑事责任能力人，需承担的刑事责任可能较轻，因此不想进行民事赔偿。

案件此时又陷入了僵局，一段时间内我们都无法再联系到杨某与李某某。再次取得了联系后，李某某与我们沟通过程中说道："我是李某的父亲，杨某是她的母亲，李某与我并没有实际生活，我与李某也没有什么感情，我们只是有血缘关系，如果只有我一方赔偿的话，我是不会赔偿的，并且我刚服刑出来，也没有那么多的钱来进行赔偿。"我在与李某某交涉过程中说道："如果李某不是限制刑事责任能力人，那么你无须承担任何赔偿责任，但是你现在是他的法定监护人，需要对本案中的赔偿承担连带责任，即使你现在不与我们进行和解赔偿，最后法院判决下来，判定你承担赔偿责任，我们也一定会申请强制执行的。"被告人李某父亲李某某第二次开庭时也聘请了律师，最终李某某在律师的见证下签署了和解协议并当场履行，双方协商结果是由被告人一方一次性赔偿被害人家属现金 10 万元，被害人家属撤诉。

案件结束后，被害人家属向我送来了锦旗，对我表示了感谢，还提到了我在办案过程中身体发高烧仍坚持办案。我深知律师在每代理一个案件时都是在陪伴当事人度过他人生中的一段艰难的时光，走过其人生中的黑暗时期，当事人基于信任将案件委托于我办理，我就应当不负当事人期望将案件当作自己的事情来处理，即使只有最后一丝希望，仍要坚持到底。这就是将换位思维运用到刑事辩护中，切实维护当事人的合法权益。

复　盘

本案的核心问题在于当案件已经处于瓶颈时期，我已经尽到了作为律师的职责后是否还会继续为当事人争取最后一丝希望，最大限度去实现当事人的合法权益？在综合考虑了被害人家属的经济能力等多种因素的情况下，我仍坚持建议被害人家属在德惠市人民法院进行诉讼，并在法院无法找到被告人李某父亲的时候，仍然没有放弃，在经过多方调查后，皇天不负有心人，找到了李某的父亲，使我的当事人最终获得了赔偿。

本案结束后，被害人家属为我送来了锦旗，我心中感到十分欣慰与温暖，当事人的肯定与认可远比案件最终的结果重要得多。换位思维是刑事辩护思维中的一部分，将情融于法，为法律赋予了温度。实践中，律师应当站在当事人的角度看待案件，处理案件，真正将换位思维运用到刑事案件中，更好地服务当事人，推动案件结果取得当事人满意的效果，也为建设法治国家贡献自己的一份力量。

思维运用

通过本案，我也一直在思考，本案只是刑事案件乃至法律案件中的沧海一粟，在我国执业律师人数有限，但案件却层出不穷的时候，是否每一个办案律师都能真正地运用换位思维？都能用心、用情来认真对待每个案件？针对这个问题，我相信每个律师的心中都已有了答案，那么如何将换位思维应用到具体案件中呢？笔者认为应当做到如下几点。

首先，在刑事案件中把自己当成当事人，设身处地去考虑，如果这起案件发生在我身上我将会如何运用我毕生所掌握的法律知识为自己进行维权。要以己之心度人，以己所见看人，以己所想想人，方能使案件获得满意的结果。

其次，要详细地了解案情，分析案件，对案件中的任何一个细微之处都不放过，做到细致耐心。

最后，一位哲人曾说：“什么样的人值得尊重，那便是吃饱了还知道饿是什么滋味的人。”在刑事辩护中律师善于运用换位思维才能获得当事人的尊重，使得法中有情，激活法律的温度，促使案件获得圆满的结局。

细节思维：如何利用蛛丝马迹进行有效辩护？

陈启明[1]

思维边界

泰山不拒细壤，故能成其高；江海不择细流，故能就其深。细节思维是一种态度，更是一种精神，案件中任何一个微小的细节，都有可能决定审判的走向和量刑的轻重。在刑辩律师的眼里，细节往往成为有效辩护的不二法宝。面对案件，我们不仅要积极了解案情、整理证据，还应主动挖掘案件中的细节、抽丝剥茧，不放弃任何蛛丝马迹，擅于发现对被告人有利的情节，以达到积极、有效辩护的目的。

案情简介

2013年6月，刘某和石某在网上聊天时，刘某问石某如何弄钱，电脑另一端的石某正在观看警匪影视剧，便开玩笑说绑架可以搞钱。刘某遂产生绑架之意，同时将该意思告诉了江某和程某，并邀约二人共同参加。2013年7月一天的下午，刘某、江某邀约石某、程某，准备当晚在城区寻找目标实施绑架。

1 盈科武汉监察刑事法律事务部主任。

同时，为作案需要，4 人到电信营业厅购买了一张电话卡，专门用于索要赎金。石某同刘某一起，到附近商店购买了数卷透明胶带。23 时左右，刘某等 4 人锁定准备去网吧找上网的余某。刘某利用其喜欢上网的行为特点，以其亲戚网吧刚开张、可以免费上网为由，伙同石某将余某骗至城区的一个偏僻场所。随后，刘某骑摩托车去接江某、程某，在此期间，由石某单独负责看管余某。刘某等三人来到余某身边，刘某等 4 人威胁余某，要求余某说出其母亲的联系方式，余某称手机号码存放在其出租屋的手机里，刘某等 4 人遂让余某带他们去出租屋。到达余某的出租屋后，石某在门外看管余某，刘某、程某将房间里的一部手机和一储钱罐拿走。之后，石某换上新购买的手机卡，打电话给余某的母亲，称余某在其手中，向其索要 3 万元的赎金，并威胁不准报警。其间，刘某等 4 人同余某一起玩耍、聊天，并没有使用威胁语言对余某进行威胁，更没有实施殴打、捆绑等行为。因都是同龄人，具有相同的兴趣、爱好，彼此之间很谈得来，余某甚至根本没有丝毫要逃走的想法。第二天下午，刘某等 4 人将余某带至县城郊区准备和余母进行交易，因害怕余母报警，刘某等 4 人不断改变交易地点。余母报警后，在公安机关的安排下，不断地和刘某等人联系，配合刘某等 4 人转换交易地点。21 时许，公安机关通过严密布控，将来不及逃走的刘某等 4 人抓获，余某被成功解救。经检查，余某身体没有任何损伤，精神状态较好。

刘某、石某、江某和程某 4 人共同实施的绑架行为，因属于青少年共同犯罪，且团伙成员中有两人未满 18 周岁。该案发生之前，该地区从来没有发生过一起绑架事件，该案作为当地的绑架第一案，自然引起了不小的轰动。当地党委政府高度重视，在事发后抽调精干力量参与办理该案。该县法院也把该案作为典型的青少年暴力犯罪案件不公开开庭审理，庭审后将本案审判过程作为经典案例在内部化名宣传示范。

办案过程

石某的父亲带着深深的自责找到我。从他的话语里，我看到了他对孩子恨铁不成钢的无奈，对孩子疏于管理的悔恨，更看到了一个父亲力图为孩子减轻罪责的深深渴望。

接受委托之后，我第一时间去看守所会见了这位未满18周岁的当事人。短短数天，我见到的石某不再是其父亲介绍的那个充满活力的阳光少年，坐在我面前的石某，充满了自责、后悔，精神颓废。除此之外，幼稚的脸上更多的是惶恐。我意识到，这是一个心智、思维均远未成熟的孩子。作为他的辩护人，我只能一方面通过循循善诱去化解其心中的不安，让其坚定生活信心；另一方面，通过交流努力挖掘案件细节，力图发现新的有利线索，为其提供有效辩护。

公安机关的卷宗材料反映：当刘某问石某如何搞钱时，确实是石某提出的绑架这一想法；石某也确实伙同其他被告人一起实施了劫持被害人余某的行为；也确实是石某打电话给余某的母亲索要赎金。大量证据证明，石某确实积极参与了绑架，且是绑架的主要参与者。单凭现有材料，除石某未满18周岁这一法定从轻或减轻情节外，似乎再无有效的辩护空间。尽管如此，我并没有放弃查找案件中的行为细节。通过数遍阅卷，发现刘某陈述："石某还问他（指受害人）渴不渴、饿不饿"；"石某在原地照看余某，我骑摩托车去接其他两个人"等语句，我随即与石某会见并仔细追问，帮助石某回忆当初行为的具体细节。终于，这位义字当先的小伙子，彻底地向我敞开了心扉，回忆并讲述了一些对自己非常有利的行为细节：首先，石某与刘某相识后逐渐成为了"铁哥们"，刘某家境不好，石某想帮他一把。案发后，虽然害怕法律制裁，但为了讲义气，仍不忘着帮刘某一把，能扛的都由自己扛。其次，石某在单独照看受害人期间，放弃了索要赎金的想法，并让余某回家。最后，我了解到石某跟随其父亲上班，有一定的收入，家庭条件也比较殷实，手头并不缺钱，而且刘某等 4 人当初索要赎金的数额也不过是区区数千元。了解到这些细节后，我再次查阅了卷宗，后期又多次会见石某进行问询和验证，确定了最终的辩护方案，力争让石某得到较轻处罚。

庭审时，公诉人围绕着绑架人质的行为、打电话索要赎金等事实对石某进行讯问，力图证明石某的行为构成犯罪团伙的主犯，相应地应当承担较重的刑事责任，量刑建议为 5 年左右的有期徒刑。公诉人讯问结束后，我分别对 4 名被告人进行发问。我的发问主要集中在石某如何对余某嘘寒问暖、石某看管余某时与其相处情况，以及石某有意放走余某等一些细节。

通过发问，刘某陈述：石某与余某相谈甚欢，两人不像是绑匪与人质，更像是两个多年不见的朋友。石某对余某嘘寒问暖，他们吃东西，石某就分给余某一份，其间一直问余某饿不饿、渴不渴。

石某陈述：大部分时间是我看着他。他跟我年龄相差不大，都爱好上网、打游戏。聊着聊着，我觉得我们就是好朋友，所以我不会刻意看管余某，更不会捆绑、威胁他。在刘某去接其他两人的时候，我一个人照看余某，我就让余某回家。余某走出离我 10 米左右，被赶来的刘某等三人拦住并带回来。刘某还责备我，说我连看个人都看不住。

我随后分别向其他两人发问，得到的陈述一致。

通过上述发问，对石某有利的细节一一呈现在法官面前。随即，除其他从轻或减轻情节外，我当庭新增了两个主要的辩护观点。

1. 被告人石某不是本案的主犯，其参与到绑架行为当中，只是盲目跟从，盲目讲求哥们感情，听从主要参与人的指挥。刘某在网上问石某怎样弄到钱，当时石某正在电脑上看带有绑架情节的影视剧，没有经过任何思考就玩笑式地对刘某说绑架可以搞钱，是刘某先有搞钱的想法和念头。而石某因家庭经济条件较好，事实上并没有搞钱的想法和动机，并且两人没有再继续深聊绑架话题。在此之后，石某没事一样，继续观看警匪影视剧。不久，刘某、江某去城区邀约石某、程某一起玩。见面之后刘某提出绑架，询问石某、程某是否同意。石某听到刘某提议时还很诧异，之后回想或许真的是因为自己的一句玩笑话被他当真了，害怕拒绝刘某会导致自己被孤立，遂答应参与绑架。后期在绑架行为的实施中，石某始终处于从属地位，听从刘某的指挥，按他的指示做出看管、打电话索要赎金等行为。这些细节在被告人刘某、江某、程某讯问笔录的只言片语以及当庭发问中均得以印证。自此可以看出：第一，绑架一词虽然由石某提出，但这纯粹是石某的玩笑之语，话说出后根本没当回事，反而是刘某提议绑架并主导实施。第二，石某家庭经济条件较好，区区千元的赎金，不能成为石某参与绑架的动机，其参与绑架考虑更多的是兄弟面子、哥们义气。第三，在看管余某期间，石某与余某交谈甚欢，还时不时地问他渴不渴、饿不饿，完全忘记了是在实施绑架行为，更多的像是朋友在聊天、玩耍。第四，从购买电话卡、余某被石某短暂放走而受到刘某责怪、后期受刘某指使打电话索要赎金等情节来看，石某在绑架行为的实施中始终处于从属地位。因此，石某绑架他人的主观意愿不强，绑架的意志没有其他人坚定，在绑架案件中没有起到决定性或重要的作用；对被绑架人的嘘寒问暖，更能表明其主观恶性不大。公诉人指控石某在本案中起主要作用等情节不实。

2. 被告人石某具有犯罪中止行为，虽然因为刘某的制止，犯罪中止的效果未能实现，但该从轻情节不应被忽视。刘某去接回被告人江某和程某的过程中，由石某单独看管余某。通过当庭发问，了解到两人独处时发生的事实。虽然只有石某单独看管，但是石某并没有按先前 4 人商量的，用事前购买的胶带对余某实施捆绑，而是继续聊天，对余某是否会逃走持放任态度；然后，石某放弃继续实施绑架行为，主动让余某离开现场并回家睡觉。余某离开石某 10 米左右，来到了相对安全的地带，并已经脱离了石某的控制，但因遇上刘某等三人，其又将余某带至原地。尔后，刘某不断责备石某，说石某“看个人都看不了”。由此可知，石某主动放弃实施犯罪，属于刑法意义上的犯罪中止，只是因为意志之外的原因，其目的没有实现，但不能否定其具有法定从轻情节。

不久，法院判决：判处刘某有期徒刑 5 年，石某有期徒刑 2 年 6 个月。两从犯分别判决有期徒刑 2 年 3 个月。刘某不服上诉，二审法院裁定驳回上诉，维持原判。

复　盘

本案中，对于石某犯绑架罪并没有争议，关键是在从轻情节的认定、量刑上存在不同认识，即石某除了具有实施犯罪行为时未满 18 周岁这一法定从轻或减轻情节之外，是否还具有其他从轻情节。从案卷的材料来看，只记载了石某参与了劫持人质的行为，以及石某拨打要赎金电话等情节，我通过仔细翻阅讯问笔录，锲而不舍地追问当事人，发现了大量关于石某对余某嘘寒问暖和实施绑架的深层次原因，以及主动让被害人离开等有利情节。这些重要情节通过当庭发问、经刘某等 4 人加以核实，得以完整且精彩地呈现在法官面前，最终连公诉人对该部分有利事实都没有提出异议。正因为具有对当事人认真负责的态度，对案件细节的追求，通过一次又一次的会见，案件事实逐渐地被还原，当事人的合法权益才得到充分有效的保护。

庭审结束后，承办法官及公诉人对本人关注细节的态度，以及运用庭审发问来印证有利情节的娴熟技巧表示赞赏。部分被告人家属旁听了庭审，均称赞辩护人的专业、细致，当事人家属更是连连表示感谢，为我的辩护意见所体现的高度专业性，以及我对细节的把控、对庭审技巧的熟练运用均感到非常钦佩。

思维运用

司法工作者在办案过程中要有工程师一般的“匠人精神”，而关注办案中的细节是律师打造“匠心”的最佳途径。细节思维的应用要求我们在面对案件、面对当事人时，不仅要关注已有的证据和事实，发掘讯问笔录中对当事人有利的信息，而且还要引导当事人回忆对自己有利的情节，获取可能被侦查人员所忽略的、有可能决定案件审判走向与量刑轻重的细节。老子曾云：“天下难事，必做于易；天下大事，必作于细。” 侦查机关出于打击犯罪的需要，其重点在于搜集犯罪证据，而对罪轻情节往往疏于搜集。这要求我们律师在办案中，应着重做到“身临其境”，以当事人的视角，完整无误地“经历”一次案件的全部过程，不放过任何一个有利细节。

《礼记·经解》云：“差若毫厘，谬以千里。”刑事案件往往关系重大，牵扯到的不仅仅是涉案人员及其家庭，还有社会的关注。因此，案件中的细节并不仅仅是个“细节”而已。作为律师，应当具有敏锐的洞察力，在细微处见真功夫，不仅要注重案件的事实、证据以及法律法规的适用研究，更要对细节高度重视，因为微不足道的一个细节就有可能影响整个案件的定罪与量刑。

点睛思维：如何掌握无罪辩护的策略和技巧？

郝兴利[1]

思维边界

点睛思维，是指画龙点睛式的思维，就是在众多思维中，运用点睛思维，寻找到决定案件定性的突破点，该突破点对案件的结论起到决定作用；尤其是在复杂、疑难的案件中，辩护人面对案件事实中众多的案件疑点、难点、矛盾点，如何厘清思路，如何清晰地找到案件真正的疑点，并从中找到有效的突破点，显得尤为重要。

案情简介

王某（男）、李某（女）双方于2004年7月21日登记结婚，婚后于2007年12月13日生育长子王大，于2010年2月6日生育次子王小，双方于2014年11月10日在Q市A区民政部门协议离婚。离婚协议约定：第一，子女安排：婚生子王大、王小归女方抚养，且女方自理王小抚养费至其18周岁，男方随时可以探视两个儿子；第二，财产处理：位于A区兴隆小区房产及绿

1　盈科青岛刑事法律事务二部主任。

地小区房产各一处归女方；存款归双方所有；无债务。双方在离婚协议上签名，并书写“我自愿离婚，完全同意协议书的各项安排，亦无其他不同意见”。

2015年9月1日，王某诉李某婚后财产纠纷一案，经A区法院受理后，依法组成合议庭，因案情复杂法院决定延期审理，分别于2016年6月3日、8月13日公开开庭审理了本案。王某及其委托代理人到庭参加诉讼，李某经法院依法送达开庭传票后无正当理由拒不到庭。经王某申请，A区法院调取了李某名下某银行账户，确定在双方离婚之日2014年11月10日，李某名下的银行账户存款本金为701.1万元。

A区法院认为，双方离婚时约定“存款归双方所有”，未明确约定存款的时间及数额，应理解为离婚当时的存款归双方所有，故应将701.1万元予以分割。王某主张319万元，自愿放弃剩余部分。A区法院依据最高人民法院《关于民事诉讼证据的若干规定》第2条，最高人民法院《关于适用〈中华人民共和国婚姻法〉若干问题的解释（二）》第8条，《民事诉讼法》第144条，判决：李某于本判决生效后15日内给付王某共同存款319万元。

判决生效后，王某向A区法院申请强制执行。在执行过程中，经A区法院执行法官查实被执行人李某多次转移其银行存款，导致该案件无法执行。A区法院根据法律规定依法移送至A区公安局刑事侦查，A区公安局于2017年6月6日出具拘留决定书，7月25日10时，将涉嫌拒不执行判决、裁定罪的李某刑事拘留。2019年2月11日，因A区公安局撤案，A区检察院对李某解除取保候审措施。

办案过程

辩护人在接受李某的委托后，通过阅卷和多次会见嫌疑人，发现该案据以定罪的关键证据——A 区法院民事判决书存在重大程序错误，李某的行为不符合全国人民代表大会常务委员会《关于〈中华人民共和国刑法〉第三百一十三条的解释》中第 1~4 条的相关规定，也不符合最高人民法院《关于审理拒不执行判决、裁定刑事案件适用法律若干问题的解释》中第 2 条第 1~8 款的规定，存在送达、侦查超期等程序性违法情况。

辩护人在侦查阶段、审查起诉阶段分别提交了法律意见书，在审查起诉阶段，公诉机关对辩护人提出的法律意见予以采纳，并向公安机关提出撤销案件的建议，公安机关采纳了该建议，最终从公诉机关撤案。

第一部分　侦查阶段的法律意见

一、本案证据中存在的疑点

1. 本案涉及的民事判决书可能存在的问题。本案涉及的民事判决书系缺席判决，而李某声称自己并不知情，对民事判决书的送达存有质疑。

2. 民事案件执行过程中可能存在的问题。李某对执行案件中的送达、冻结账户通知书、冻结账户回执单、划走李某账户资金的通知书等相关手续和材料存在质疑，这是因为，上述证据无李某本人的签字。

二、关于侦查期限

根据《刑事诉讼法》及相关法律的规定，本案不属于犯罪集团案件，流窜作案等案情复杂的案件，鉴于侦查期限已超过 3 个月，A 区公安机关对李某采取强制措施时间已经超过 3 个月。

辩护人请 A 区公安机关考虑本案现有的证据是否能够充分证明李某的行为构成拒不执行判决、裁定罪。如果证据不够充分的话，请结合取保候审对李某的影响、侦查期限已经超过 3 个月等因素，综合考虑是否可以撤销对李某的刑事立案。

第二部分　审查起诉阶段的法律意见

一、本案据以定罪的关键证据——A 区法院民事判决书存在重大程序错误，应依法认定不具有法律效力

1. 该民事判决书载明："2016 年 5 月 9 日、9 月 26 日公开开庭审理了本案，李某经本院依法送达开庭传票无正当理由拒不到庭。"

辩护人认为，该送达行为不符合留置送达的法律规定，不能视为法院已经依法送达开庭传票。也就是说，对于 2016 年 9 月 26 日的开庭，A 区法院并未履行完毕依法向李某送达开庭传票的法定义务。

2. 对于 2016 年 9 月 26 日进行的公开开庭审理，整个卷宗中没有任何证据证明 A 区法院向李某送达了开庭传票。

综上所述，在李某未收到开庭传票的情况下，在没有证据证明 A 区法院向李某已经履行了送达开庭传票义务的情况下，A 区法院缺席判决，属于重大程序错误，该判决书应依法认定不具有法律效力。

这是本案中一个最为重要的突破点，即 A 区法院民事判决书的送达问题。本案涉及的民事判决系缺席判决，而李某声称自己并不知情，对该民事判决存有质疑。本案中，该份讯问笔录和卷宗中的其他材料充分证明该判决书未按照法律规定及时送达李某。

二、本案民事案件执行过程中存在的问题

1. 李某对执行案件中相关法律文书的送达、执行通知书、限报财产令、冻结账户通知书、冻结账户回执单、划走嫌疑人账户资金的通知书等相关手续和材料不认可，所有证据均李某本人签字。

2. 卷二第 70 页显示，送达人系衣某，且情况说明中并没有衣某的签字，无法确认该情况说明中说明事项的真实性。

3. 在衣某的询问笔录中阐述，在 2016 年 10 月 24 日，其用手机给李某录像，能否从录像中证明执行法官完成了相关法律文书的送达及通知等事项，需要进一步核实。

但是辩护人在阅卷光盘中并未发现上述录像。

综上所述，卷宗中现有证据无法证明执行法官完成了上述法律规定的送达及通知义务。

【点睛思维】：辩护人通过阅卷，发现案件存在诸多问题，其中，最为重要的：一是发现 A 区法院民事判决中存在重大程序性错误；二是认定李某“拒不执行判决、裁定罪”的事实不清，证据不足。

对此，辩护人要把握、运用好上述案件疑点、矛盾点。在此情况下，点睛思维可以发挥重要作用。

实战：本案中 A 区法院民事判决书的合法性，是本案“拒不执行判决、裁定罪”的前提和基础，这是一个至关重要的突破点。

运用点睛思维的角度，认定 A 区法院民事判决存在重大程序错误，依法不具有法律效力，就是本案的点睛之笔。只要认定 A 区法院民事判决书不具有法律效力，本案就不需要探讨执行的问题，拒不执行判决、裁定的行为更是无从谈起。

复　盘

本案据以定罪的 A 区法院民事判决书具有重大的程序错误，在案件的事实认定上，事实不清，证据不足，在审判过程、审判程序、法律文书送达方面程序不合法。本案执行中在传票、执行通知书、限报财产令等法律文书的送达、告知等事项，事实不清，证据不足。

综上所述，本案是一起典型的无罪案件，依法应认定嫌疑人不构成拒不执行判决、裁定罪。A 区公安机关在听取辩护人的意见后，审慎地审查了全案的所有证据，最终对李某作出撤案的决定，2019 年 1 月 9 日，因 A 区公安机关撤案，A 区检察院根据《刑事诉讼法》第 79 条的规定，决定解除对李某的取保候审措施。至此，辩护人的无罪辩护获得成功。

思维运用

一、在无罪辩护的点睛思维中，寻找突破点是关键，寻找突破点的要领在于：

1. 该突破点必须是影响案件定性的关键证据、关键事实；

2. 该突破点的存在需要具有较强证明力的相关证据予以证实；

3. 该突破点需要以明确的法律依据或者法学理论作为支撑；

4. 该突破点具有被司法机关采纳的较大可能性。

二、律师在辩护工作中运用点睛思维，主要有以下作用：

1. 可以抓住案件的主要疑点，忽略甚至放弃次要疑点；

2. 避免因为案件疑点较多，而失去清晰的辩护思路；

3. 更加容易找到案件的突破点，且容易找到最佳突破点，从而一举辩护成功。

三、无罪辩护之点睛思维，需要避免以下问题：

1. 需要摒弃一些不能够真正改变案件事实的证据瑕疵，不能揪着一些小的证据瑕疵过分较真。

2. 需要避免对案件的所有疑点面面俱到，对案件定性影响不大的疑点，仅仅需要点到为止。

3. 需要避免对所有的疑点进行深入的剖析、论证，避免拖泥带水。

综上所述，点睛思维，是无罪辩护的策略和技巧，是无罪辩护成功的诀窍，能够大大提高无罪辩护成功的概率。尤其对于重大复杂的疑难案件，点睛思维更加实用，更加有效，将会获得事半功倍的效果。

统计思维：如何将144万元诈骗金额辩至18万元？

蒋军堂[1]

思维边界

一起诈骗罪案在历经公安机关数月侦查、检察院退回补充侦查，被起诉至法院后，想要大幅度打掉检察院指控的诈骗罪金额，几乎是不可能的。但是如果巧妙地将统计思维加入到自己的辩护思路及辩护方案中，期待的结果就有可能发生。本案中，辩护人将统计思维巧妙地运用到辩护方案中，起到了“挽狂澜于既倒，扶大厦之将倾”的作用。

案情简介

2017年3月30日，河南省H市Q区检察院以闫某昆涉嫌诈骗144万元向H市Q区人民法院提起公诉。

案件回顾：2014年5月，闫某昆因经营不善欠下债务，为偿还债务及资金周转，找到经常放贷款的刘某杰借款150万元，并口头约定4分利息，刘某杰称现在他手头上没有这么多资金，但是他知道魏某伟手里有资金，可以找他

1 盈科郑州刑事法律事务部主任。

借。闫某昆称并不认识魏某伟，担心魏某伟不会借款给他，刘某杰称他来想办法。几天后，刘某杰将闫某昆约到家里，刘某杰拿出一份准备好的收购 H 市某宾馆的协议，让闫某昆签字。刘某杰称直接借这么多钱不太好借，弄一份闫某昆收购该宾馆的协议更有借款的说服力。后来，魏某伟出于对刘某杰的信任，取出 144 万元现金交给刘某杰，然后刘某杰通过其家属的银行卡转给闫某昆 94 万元，并给闫某昆 50 万元现金（来自刘某杰的口供，但闫某昆否认收到该 50 万元现金）。此后，闫某昆每月不定时通过银行卡账户转账的方式，偿还向魏某伟的借款。在偿还几个月之后，由于闫某昆的资金链断裂，再无力偿还向魏某伟的借款，于是外出山西打工挣钱以便尽快还债。魏某伟在联系不上闫某昆后，询问了 H 市某宾馆的转让情况，得知该宾馆从未转让过，于是魏某伟便到 H 市 Q 区公安局报案，称自己被闫某昆诈骗 144 万元。H 市 Q 区公安局受理了该案件，并对闫某昆进行了刑事拘留，经过逮捕及数月的侦查后，向 H 市 Q 区检察院移送审查起诉。

H 市 Q 区检察院认为，闫某昆在无偿还能力的情况下，伪造收购 H 市某宾馆的协议，以其收购该宾馆需要资金为由虚构借款用途，取得魏某伟的信任，骗取魏某伟人民币 144 万元，闫某昆以非法占有为目的，虚构事实，骗取他人财物，数额特别巨大（注：在河南省诈骗罪“数额特别巨大”的标准为 50 万元），应当以诈骗罪追究其刑事责任。

办案过程

我在 H 市 Q 区检察院提起公诉后的审判阶段受聘担任闫某昆的辩护人。在侦查阶段以及审查起诉阶段时，已有辩护人就相关意见与办案人员进行了沟通，如案件定性问题（不应评价为诈骗，应为民事纠纷）、指控的诈骗金额问题（不应为144万元，应为闫某昆实际收到的金额减掉已还款的金额）等意见均未被办案机关采纳。时间紧迫，任务繁重，辩护人接受委托后，立即到H市Q区人民法院复制了全案的证据材料，并第一时间会见了委托人，并详细了解了案情。通过反复阅卷及多次会见，辩护人发现检察院起诉书中认定的闫某昆的诈骗事实以及诈骗金额，明显事实不清，证据不足，且检察院认定的闫某昆已偿还的借款金额与实际已偿还金额存在严重出入。

经过反复思考研究，充分论证，并通过对案件现有人物列表图示、对有利证据筛选，以及对卷宗中各人员间银行流水记录的每一笔的比对及表格统计，辩护人最终确定以统计思维为突破点形成辩护策略及思路，分别从案件事实、犯罪构成部分、犯罪金额统计等方面着手确定辩护意见。

首先，辩护人认为起诉书所指控的事实存在明显错误。辩护人通过对案件现有人物列表统计，确定了各人物间的关系、所起的作用、所处地位，以及各人物行为对案件应承担责任的大小等。通过人物间关系列表统计可以看出，刘某杰系闫某昆与魏某伟间借款的介绍人，案涉收购某宾馆的协议系刘某杰提议并提供的，是刘某杰事先准备好拿给闫某昆签字的，也是刘某杰提供给魏某伟的。闫某昆为了能借到钱，在刘某杰的授意下在虚假协议上签字，故该收购协议并不是闫某昆主动虚构的。

魏某伟本身存在过错，魏某伟并不认识闫某昆，作为精明的商人，魏某伟在出借巨额资金时，在完全有能力和条件核实借款资料真实性的情况下，并没有去核实，也未对借款人本人进行考察，且在自己没有足够资金的情况下，转借别人资金借款给闫某昆。针对如此大额款项的出借，魏某伟未作基本的尽职调查，其本身存在过错，这也说明了协议的真假并不是魏某伟出借款项的决定性因素。

另外，在向魏某伟借款时，闫某昆具有偿还能力。根据卷宗汇总的银行明细，闫某昆及其亲属累计向刘某杰转账 241.8 万元（该金额是辩护人根据卷宗材料中的相关人员的银行流水记录逐笔统计出来的），故检察院指控的闫某昆在无偿还能力情况下，虚构事实、骗取钱财等事实不清，证据不足。

其次，辩护人认为闫某昆的行为不符合诈骗罪的犯罪构成要件。闫某昆借款是用于生意周转和偿还外债，借款后并未恶意挥霍或者消失不见以躲避债务，而是陆续支付了高额利息并归还了部分借款本金。可见闫某昆并未打算不归还借款，不能认定闫某昆具有非法占有他人财物的主观故意。

闫某昆虽然参与了虚构收购某宾馆的协议，但魏某伟出借款项时并不在意对方的借款用途，之所以出借完全是出于对刘某杰的信任。若魏某伟非常在意对方的借款用途，一定会亲自核对借款用途的真假，魏某伟在未对借款人及借款用途做基本的尽职调查的情况下，从别处周转资金交给刘某杰，说明魏某伟并不在意借款用途，其出借行为与借款资料（收购某宾馆协议）的真假并无太大关系。诈骗罪在客观方面表现为行为人虚构事实或隐瞒真相，使被害人“陷入错误认识，从而处分自己的财产”。

本案中，被害人之所以愿意出借资金，并非闫某昆的欺骗行为使其陷入错误认识，而是出于对刘某杰的信任和对高息的追求。故此“收购某宾馆的协议的虚构行为”并未达到足以使被害人魏某伟“基于错误认识从而处分自己财产”的标准。因此，闫某昆的行为不符合诈骗罪的犯罪构成要件。

最后，即使法院认定闫某昆构成诈骗罪，但检察院指控的“闫某昆犯罪金额为 144 万元、闫某昆已偿还魏某伟 51 万元”也与实际情况存在严重出入。根据卷宗证据材料可知，闫某昆通过刘某杰共计从魏某伟处拿到 94 万元，并非起诉书指控的 144 万元。现有证据只能证明魏某伟给过刘某杰 144 万元现金，刘某杰通过妻子的银行卡转账 94 万元给闫某昆，没有直接证据证明闫某昆收到了来自魏某伟或刘某杰的 50 万元现金。证据材料中闫某昆签字的 50 万元借据，系闫某昆借刘某杰钱时给刘某杰出具的，此 50 万元闫某昆已经偿还完毕，且刘某杰已为闫某昆出具了 50 万元的收据。证据材料中闫某昆的借据及闫某昆家人提供的收据可以形成证据链条证明以上事实。故闫某昆通过刘某杰共计向魏某伟的借款金额为 94 万元。

侦查机关根据涉案人员间的银行流水统计认为，闫某昆已还款魏某伟 51 万元，但既然是统计数额，就有出错的可能，辩护人反复逐笔进行核对，并使用表格将每一笔转账记录进行统计汇总，通过对多达数百页密密麻麻的相关人员的银行流水记录进行核对及统计，辩护人将所有闫某昆及闫某昆通过家人转账给魏某伟和刘某杰等人的转账明细，分别统计汇总成非常直观的统计表，并标明卡主、转出银行、转出卡号、转出金额、转入卡号、转入卡主以及卷宗坐标等，最终统计出闫某昆以及其家人共计转账给魏某伟的金额为 76 万元。起诉指控的现金 50 万元因不能排除合理怀疑不能认定。

至此，通过统计思维辩护人找到了最关键的数额辩护突破点。即使法院认定闫某昆构成诈骗罪，其涉案金额也不是检察院指控的 144 万元，而应该是 18 万元（起诉指控的 144 万元 – 证据排除的 50 万元 – 已偿还的 76 万元 =18 万元）。

在确定了以上辩护方案后，辩护人在有限的时间内，加班整理了所有支撑辩护观点的证据材料，准备了充分的开庭材料，并在接受委托后不到一个月的时间参加了一审开庭审理。由于庭前准备工作做得比较细致，提交的证据（根据卷宗材料统计的被告人与被害人间转账记录汇总表等）比较确实、充分，开庭取得了很好的效果。根据庭审情况，并以确定的辩护思路及要点为基准，在庭后，辩护人全面整理了辩护词内容，并多次与法院承办人员沟通意见，主审法官在慎重考虑辩护人提供的材料后，将案件情况上报审委会讨论。经过多次沟通，辩护人利用统计思维制作金额明细表的辩护思路及认真、专业的精神深深打动了审委会，一审庭审后历经1年3个月的等待，最终收到了采纳辩护人观点的一审判决书。

至此，辩护人运用统计思维，将检察院指控的诈骗金额144万元成功辩至18万元。法院最终采纳了辩护人的观点，认定被告人闫某昆诈骗金额为18万元，判处有期徒刑3年6个月。

复　盘

本案中，H市Q区人民法院审委会，深入贯彻刑事诉讼法对证据"排除合理怀疑"的证明标准，对案件中涉及的所有证据材料非常慎重，并对辩护人提出的几个关键性的问题，如"借款事件中魏某伟给刘某杰的款项数额""作为介绍人的刘某杰实际给闫某昆的具体金额""闫某昆对魏某伟的实际借款本金、实际归还魏某伟的金额、剩余欠魏某伟的金额"等给予了高度的重视，并对辩护人提交的核心证据（统计的相关人员间的转账明细表）一一进行核对，每次都认真听取辩护人的意见及建议。本案的关键是辩护人运用了统计思维，对证据材料中较难核对的多达上百页的银行流水进行反复比对及统计，最终找到案件最关键的金额辩护突破点，使法院采纳了辩护观点，成功将起诉书认定的144万元的诈骗金额降至18万元。认真、用心、专业的工作态度及素养得到了办案人员的认同及委托人及其家属由衷的感谢。正如陈瑞华教授所言，你只有足够专业，才可能说服有良知的法官。法院采纳辩护人的观点，是对辩护人最高的褒奖。

思维运用

检察院起诉书指控闫某昆诈骗金额为144万元，根据《刑法》第266条、

“两高”发布的《关于办理诈骗刑事案件具体应用法律若干问题的解释》第1条等相关规定，如果闫某昆的诈骗行为事实清楚、证据确实充分，将会被判处10年以上有期徒刑甚至无期徒刑。经过辩护，最终将诈骗金额定为18万元，体现了该案全体办案人员和辩护人谨慎的工作态度，体现了刑事诉讼法对证据“排除合理怀疑”证明标准的正确运用，体现了“疑点利益归于被告人”原则的贯彻，个案的成功对推动新时代中国特色社会主义法治国家的建设和发展具有重要意义。

全面论证思维：如何正确理解虚假诉讼罪的法律适用？

李婉娟[1]

思维边界

面对新罪名，公检法办案人员会有思维局限，也有对法律理解和适用的需求。现实中，办案人员常存在法律知识的局限或者办案时间有限、无法深入研究等现实问题，导致理解可能存在偏差。这就要求律师在对新罪名进行辩护时，一定要尽可能全面地分析论证，在对罪名进行分析的同时，对其他相关法律应注重更加全面的解读，继而再结合案情进行沟通，从而达到辩护意见被采纳的目的。

案情简介

2014年，吴某经朋友毛某介绍，准备向刘某的公司进行投资，毛某提出如果吴某投资，他可以协调当地信用社提供担保。但经考察，吴某认为投资风险太大，明确表示拒绝。后来，毛某又找吴某商量，请求以吴某的甲公司名义借款给刘某的乙公司，借款由某信用社提供担保，借款资金由毛某自行筹集，

1 盈科郑州刑事法律事务部执行主任。

只借用吴某甲公司的名义作为出借人。在毛某的一再请求下，吴某出于朋友关系的考虑，同意将公司印章、银行卡、U盾等借给毛某，用于签订合同和转账借款。

2014年8月8日，出借人甲公司（吴某的公司）与借款人乙公司（刘某的公司）签订借款协议，约定甲公司向乙公司借款1000万元，该借款由某信用社提供担保，信用社主任赵某在协议上签字盖章。当日，毛某将筹集的1000万元资金转入甲公司账户，再由甲公司账户转到乙公司账户，自此，借款过程完成。

吴某不知情的是，毛某、刘某、信用社主任赵某，在此之前早有多笔借款，并且还有信用社主任赵某个人担保的借款未偿还。此笔借款于当日经过甲公司转给乙公司后，随即就转到了毛某控制的银行卡上，用于归还之前的借款，并未用于乙公司的生产经营。

2015年8月，借款到期后，毛某公司的顾问律师找到吴某，称需要以甲公司的名义向乙公司和信用社提起民事诉讼，追要借款。吴某经咨询会计后得知如果不起诉，将来有可能被人起诉要求归还1000万元，遂同意委托该律师进行诉讼。一审判决乙公司承担清偿责任，信用社不承担责任。2017年，甲公司以有新证据为由，提出再审申请，某市中级人民法院决定提审，再审改判信用社和乙公司承担连带清偿责任。2018年甲公司申请强制执行，执行的信用社400余万元，甲公司全部转到毛某控制的出资人账户上。

2018年，信用社对赵某违规对外担保一事进行清查，并向公安机关进行控告，犯罪嫌疑人毛某、刘某、赵某、吴某，均被公安机关以涉嫌虚假诉讼罪刑事拘留。同时，信用社向民事案件执行法院申请中止执行，并向某市检察院提出抗诉。

该案是某市第一起虚假诉讼案。

办案过程

吴某的家属前来咨询时，吴某已被拘留近 30 天，我所在的律师团队听取了家属对民事诉讼过程的描述，并仔细阅读了民事判决书，经过研讨后认为，民事诉讼证据真实合法，没有进行虚假诉讼，不构成犯罪。家属听了我们的分析后，立即办理了委托手续。因为时间紧、任务重，我们将工作安排分为两步同时进行，团队成员张律师到经历了民事诉讼的两级法院调取案卷材料，我立刻赶往看守所会见了吴某，进一步了解案件的细节，并向公安机关提交手续。在提交手续时，我口头提出了不构成犯罪的意见，有关人员称，该案是本市第一起虚假诉讼案件，相关部门已经进行多次研讨，听到这一消息，我遂立刻返回郑州。

当天晚上，团队律师加班研讨民事案件，结合会见了解到的细节，撰写了书面辩护意见，标题为“关于吴某涉嫌虚假诉讼一案无罪辩护意见书”。之后，再次和公安机关的承办人员进行沟通但仍旧没有任何效果。当然，这也是意料之中的事。公安机关既然已经实施了拘留，此案就不会那么简单，或许本案有信用社领导甚至更高层领导的关注。

考虑到本案是该市第一起虚假诉讼刑事案件，根据我们的经验判断，公安机关势必会向检察院申请批捕，并且在拘留 30 天到期前，一定会和检察院提前沟通。事已至此，不如同检察院试着进行沟通，如果能和批捕科的负责人提前沟通最好，根据预估，这“第一起”虚假诉讼案应该非他办理不行。经过努力，下午我顺利地和批捕科长联系上了，果不其然，在他的办公桌上我看到了本案的卷宗材料。几句寒暄之后，我直接说明了对案件的看法，并表示对民事卷宗材料也进行了调取和分析，没有发现有虚假证据，并对虚假诉讼罪的刑法规定进行解释。通过我的观察，我感觉检察官对提起民事诉讼、提出再审申请和决定再审等相关民事诉讼的法律规定并不熟悉，但他能够认真倾听的我解释已实属难得，这也为后续的沟通打下了基础。于是，我趁机把准备交给公安机关的无罪意见书给了他一份，并表示会尽快提交不批捕意见书。

返回郑州后，我开始准备撰写不批捕意见书。经过深入的思考，我围绕虚假诉讼的犯罪构成，给意见书加了一个很长的副标题——“民事证据真实合法，更无恶意串通，没有捏造事实；行为时新法尚未颁布，无论是否虚假，均应适用旧法不认为是犯罪”。无罪意见书中的主要观点如下。

1. 民事诉讼证据真实合法有效，吴某没有“捏造事实”，即没有凭空编造不存在的事实，甲公司作为独立法人，亦未以“捏造的事实”提起诉讼，本案没有犯罪事实。

从本案来看，根据辩护人从法院调取的一审民事案卷可以看出，甲公司提起诉讼依据的是真实的借款协议，时间真实、签字真实、盖章真实，有相关转账凭证可以相互印证。因此，借款事实真实存在，担保事实真实存在，民事法律关系清楚，证据充分，根本不存在任何“凭空编造”的行为，总之，本案没有犯罪事实。

辩护人认为，如果要认定吴某虚假诉讼，起码要有证据证明其实施了“什么手段”，捏造了“什么事实”。

2. 乙公司将款项转账给毛某的行为，不能理解为是对甲公司履行了借款协议约定的还款义务，甲公司从未指定或同意将借款归还给毛某。根据合同相对性原则，甲公司有权依法提起民事诉讼，乙公司依法应承担违约责任，信用社依法应承担担保责任。

第一，借款协议合法有效。

根据我国《合同法》及相关司法解释、最高人民法院《关于审理民间借贷案件适用法律若干问题的规定》的规定，除存在《合同法》第52条或最高人民法院《关于审理民间借贷案件适用法律若干问题的规定》第14条的情形外，借款合同均属于有效，受到法律保护。本案中借款协议不存在以上法条规定的情形，因此，合法有效，应受法律保护，对此也已经被两级法院的生效判决所确认。

第二，根据合同相对性原则，甲公司作为借款合同的出借人，有权依法提起民事诉讼。

结合本案，甲公司作为借款合同的出借人，有权利向借款人和担保人提起民事诉讼。

第三，再根据合同相对性原则，乙公司将款项转账给毛某的行为，不能理解为是对甲公司履行了借款协议约定的还款义务，甲公司从未指定或同意将借款归还给毛某。

结合本案，只有甲公司享有此借款协议约定的收回借款本息的权利，其他任何第三人不能主张此合同中约定的权利。也就是说，即使乙公司曾向毛某支付款项，但因未经甲公司指定或同意，均不能视为履行了借款协议约定的还款义务。甲公司有权依法主张权利，乙公司应向甲公司承担违约责任，信用社应承担担保责任。

至于甲公司出借的款项源于谁，是其与他人之间的另一个民事法律关系，与此民事诉讼涉及的法律关系无关。

信用社是借款合同的保证人，并非与案件无关的“他人”，其“合法”权益亦未受到侵害，案涉民事诉讼未侵害他人合法权益，不符合虚假诉讼的构成要件。

建议检察院重点审查一审民事案卷中关键证据借款协议，信用社是借款合同的保证人，有法定代表人签字，有信用社盖章。借款协议第8条约定：“丙方（信用社）已充分了解乙方上述款项的用途并自愿为乙方的上述借款承担连带保证责任。”

信用社作为独立的法人，依法具有民事权利能力和民事行为能力，依法独立承担民事责任。结合本案，在借款协议中，其应对自己的担保行为承担责任。

至于信用社对此借款为何进行担保，或者相关人员是否存在违法犯罪，均不影响信用社在本借款协议中的担保责任。

在民事诉讼中，信用社是借款协议的担保人，不是与民事诉讼无关的“他人”。并且，在民事诉讼中，信用社的“合法”权益并未受到侵害。因为信用社作为借款合同的担保人，依法就应该承担担保责任。作为民事案件的一方当事人，其若对法院判决不服，应通过法定途径解决。信用社意图通过刑事控告逃避担保责任，纯属异想天开。

3. 根据“从旧兼从轻”的刑法适用原则，甲公司“提起民事诉讼”的时间为 2015 年 8 月 3 日，在《刑法修正案（九）》颁布以前，即使贵院认为存在虚假诉讼，也应适用旧刑法，不认为是犯罪。

虚假诉讼罪，是我国《刑法修正案（九）》第 35 条新增加的罪名，自 2015 年 11 月 1 日起开始施行。

“从旧兼从轻”原则是我国刑法适用的一项基本原则，即指刑法不得有溯及既往的效力。即一个行为如果是发生在新刑法颁布以前，此时要考虑的是先适用旧刑法，即行为时的法律规定（从旧），但如果适用新的刑法更有利于被告人的话，如不认为是犯罪或者是新刑法处罚较轻的话，则应该对被告人适用新刑法（从轻）。如果是适用旧法更有利于被告人的话，如旧法不认为是犯罪或者是旧法规定的刑罚更轻时，则对被告人适用旧法（从轻）。用最简单的话理解，“从旧兼从轻”原则就是“有利于被告人”的准则。

辩护人查阅民事一审案卷发现，民事起诉状的递交时间为 2015 年 8 月 3 日。

也就是说，“提起民事诉讼”行为发生是在《刑法修正案（九）》颁布以前。因此，根据“从旧兼从轻原则”，刑法不得溯及既往，旧刑法没有关于虚假诉讼罪的规定，更有利于嫌疑人，故本案应适用旧法，不认为是犯罪。

即使检察院认为本案存在“以捏造的事实提起民事诉讼”的行为，那么，根据“从旧兼从轻”的刑法适用原则，也应当适用旧法，认为吴某不构成犯罪。

综上所述，恳请检察院正确理解“虚假诉讼罪”的定义和立法本意，根据我国“罪刑法定”的刑法基本原则、“以事实为根据，以法律为准绳”的刑事诉讼法基本原则，以及“从旧兼从轻”的刑法适用原则，认定吴某没有犯罪行为，并作出不批准逮捕的决定。

终于，在审查逮捕的最后一天，检察院作出了不批捕决定。

复　盘

因本案涉及新罪名，对辩护思路和技巧都提出了更高的要求：一是审查案件事实的认定时，需全面了解案件发生的整个过程，涉及的民事案卷要全部调取进行研究；二是在对事实熟悉的基础上，需准确理解民事相关定义。刑民交叉案件要求在刑事范畴下准确理解民事定义，全面论证罪与非罪。本案中，如何理解“以虚假证据”“提出诉讼”，如何理解合同相对性，担保人信用社能否认定为“第三人”，以及本案能否适用“从旧兼从轻”的溯及力原则，都是需要论证的关键点。另外，面对新罪名，在辩护时也要求充分理解立法目的，这也是辩护的一个重要方面。

至此，辩护人想说，办案人员的时间精力有限，对法律法条的分析，不可能面面俱到，这就需要律师把自己当成办案人员的助理，事无巨细，提前准备，甚至带上教科书都不为过，当然，沟通的技巧更重要。本案最终取得不批捕的结果，也得益于检察官的认真，在短短的 7 天时间内，两次到看守所会见，两次听取律师意见，进行了两次讨论，方才作出决定。我们也不得不为检察官的敬业精神点赞，其在无形的巨大压力下作此决定，也是心怀对法律的敬畏之心，坚信任何人都不能利用法律，把法律当成工具来践踏。

思维运用

本案结束后，吴某及其爱人在其圈内为我进行了广泛的宣传，并对我所在团队的作战能力给予了充分肯定。仔细想来，本案的成功，得益于检察官的审慎审查，也得益于我对案情和罪名的全面论证。关于全面论证思维，我认为在辩护中需要充分注意以下几点，供大家参考。

1. 要充分熟悉案件，能够根据案情预测办案人员可能存在的知识盲区和法律盲区。这就要求辩护人要有一定的知识储备，要对法律事实具有较强的分析能力，能够延伸思维，提前做好准备。

2. 撰写辩护意见要全面分析、层次分明，这是基本要求。对新罪名进行辩护，还要从立法目的出发，充分理解立法本意和犯罪构成要件，合理运用罪刑法定等基本原则，全面论证辩护观点。

3. 更重要的是，与办案人员沟通时，首先要充分尊重他们，在此基础上，用探讨的态度进行新罪名释义及观点展现。同时注意沟通的方式方法，切不可让办案人员产生被说教的感觉，否则结果会适得其反。

4. 言语上，要给予办案人员信心和力量，特别强调维护公平正义的使命，维护法律的实施，当然还是要依靠办案人员的法治信念，从而推动案件取得好的结果。

工匠思维：如何运用匠心精神寻找案件的辩点？

秦 厦[1]

思维边界

辩护律师应当认真对待所承办的每一个案件，从访谈到会见，从阅卷到与办案人员的沟通，每一步，我们都要做到细致入微。我们自己就像是一个花匠，案件就是放在花钵中的种子，我们要用严肃的法律思维，扎实的工作作风，将每一个案件潜在的辩点挖掘出来，用工匠精神将我们的精力倾注到每个案件中，就不愁没有精品出炉。

案情简介

2013 年 12 月，某市公安局侦破了一起特大贩卖毒品案件，先后抓获了熊某、赵某等 26 名毒品犯罪成员。该案案情重大复杂，先后退卷补充侦查两次。2016 年 8 月，经某市中级人民法院审理，熊某、赵某等 8 名被告人被判处死刑，其中 5 人被判处死刑立即执行，另外 3 人被判处死刑缓期 2 年执行，未判死刑的其余被告人，有的被判处 10 年以上有期徒刑或无期徒刑，其余被告人的刑

1 盈科武汉刑事重案法律事务部主任。

期在3~9年不等。

本案中的一名被告人任某，被捕前系某食品公司的业务经理，被法院依法认定贩卖毒品咖啡因80千克。任某的下线买家姚某（另案处理），从事食品添加剂的销售工作。姚某在购买咖啡因时向任某表明其用途是生产饮料，但姚某到案后交代，实际上卖给了熊某及赵某，并可能用于配制麻果。公安人员据此认定下线姚某将咖啡因卖给了本案熊某、赵某等的事实。依据其二人的口供，公安机关以任某明知是毒品而非法销售获利，认定其构成贩卖毒品罪。检察机关依法提起了公诉，法院经过审理认为，任某能够如实交代自己的罪行，系初犯，以贩卖毒品咖啡因80千克判处有期徒刑9年。

任某任职的公司是一家调味品公司，多年来一直销售各种食品添加剂。本案中涉及的咖啡因也是食品添加剂的一种，在红牛、可乐等多种饮料中都含有该成份。一审判决后，该公司的总经理蒋总及任某的妻子来到北京盈科（武汉）律师事务所找到我，希望委托于我承办此案。他们认为任某一审判刑太重，希望我能以专业的水准为其进行辩护，在二审中使任某能够获得轻判。

蒋总及任某的妻子认为，任某并不认识熊某、赵某团伙的成员，本案中另外25名被告人与任某也根本互不相识。任某将咖啡因卖给了同行业的食品添加剂公司的姚某，然而姚某被另案处理，任某却以贩卖毒品被定罪，一审判刑9年，实在太重。因此，公司的蒋总和任某妻子希望在二审中能减轻任某的量刑处罚。在简短的接待交流后，我作出分析思考，若任某任职的公司拥有出售咖啡因的资质且已进行备案，那么任某根本就不构成犯罪。另外，任某下线姚某的公司也销售食品添加剂，任某所在的公司没有合法销售的资质，应该认定为超越了经营范围。根据《刑法》第225条的规定，本案应该只构成非法经营罪。

此外，任某所在的公司还认为任某实际销售咖啡因的数量并没有达到80

千克，该公司的财务数据显示只有43千克，那么任某在一审中被认定的80千克数量是否有误？如果事实上只有43千克咖啡因又该如何突破一审认定的事实？

案件一旦有了可突破的辩点，律师就应该发挥工匠精神，从实体到程序，每个节点都精雕细琢，极力维护当事人的合法权益，将匠心之精神发挥到极致！

办案过程

一、运用工匠精神的第一招——抽丝剥茧法

在接受任某亲属的委托后，我第一时间到某省高级人民法院阅卷并复制备份，仔细阅读了判决书及与任某有关的卷宗笔录。此案卷宗材料共有47本，仅运输这些卷宗就使用了一辆专车，可见工作量之大！阅卷后我及时到看守所会见了任某，发现本案中与任某有关的毒品咖啡因数量上的确存在诸多矛盾之处，且任某的交代笔录存在多处相互矛盾之处，与其下线交代的数量也不一致。在我询问任某为何前后的交代不一致时，任某激动地撸起衣袖，露出左手腕上的疤痕，告诉我这是在审讯时被殴打逼供所致。此外，我仔细收集了书面证据，到任某所在的公司认真核实了书面证据的真实性。这些书面证据客观地记载了任某贩卖咖啡因的数量为43千克，与口供交代的80千克相差很大。

在运用抽丝剥茧的方法时，我们取证时一定不要先入为主。对任某陈述的刑讯逼供，不要制作笔录，以免有串供和指使之嫌。即使需要反映被打的事实，也应当由任某自己写下被打的事实和经过，然后签名捺印，并且在结尾处注明："以上事实属实，且与审讯视频一致，我愿意对以上事实承担全部责任。"这样做既是为了防止出纰漏，也是为了保护我们律师自身的安全。在取得了任某的被刑讯的书面陈述后，基本完成了第一阶段的抽丝剥茧工作。

二、运用工匠精神的第二招——归纳演绎法

这一阶段要沉下心来认真归纳总结，分析犯罪构成，包括犯意构成、犯罪行为构成。我们团队通过认真的研究、讨论，最后一致认为：本案任某不构成贩卖毒品罪，原因如下。

其一，贩卖毒品罪从犯罪构成来讲，主观方面必须是故意，并且是直接故意，即明知是毒品而予以贩卖，否则不构成犯罪。任某的下线姚某的公司因生产可乐才购买的大批咖啡因，同时在姚某卖给下线时，其下线贩毒人员也讲明是生产饮料使用的，所以任某不具备犯罪构成中的犯罪故意，应按无罪处理。其二，本案姚某被人利用而实施了贩卖的行为，没有被追究刑事责任。这样来说，任某是被姚某的下线间接利用，更不应该构成犯罪，况且任某根本没有接触任何一名贩毒成员。其三，本案任某所在的公司经营食品添加剂，品种很多。按常理，咖啡因是食品添加剂的一种，在红牛、可乐、星巴克及各种茶品饮料中都含有咖啡因，本案只能认定为超出经营范围的违规经营。

三、运用工匠精神的第三招——合理怀疑法

合理怀疑并不是怀疑一切，打倒一切，而是根据前面的调查总结，对其部分证据的真实性依法予以排除。此时要依法申请排除非法证据，依法申请调取审讯视频录像资料，依法申请审讯人员出庭质证。总之，不放过辩护的每一个环节。

在掌握对任某有利的一手材料及证据后，我让任某亲自书写了被刑讯逼供的事情经过，并签名捺印，在结尾承诺："我敢对以上事情经过的真实性负法律责任，并保证以上书写的经过与审讯视频一致。"我的辩护工作先从某省人民检察院开始，在法律意见书中说明了任某不具有贩卖毒品的故意，不应构成贩卖毒品罪。同时还书面申请要求调阅审讯视频录像资料，以证实任某陈述的行为是否为刑讯逼供。此外，我作为辩护人不仅向检察院提交了非法证据排除申请书，还向某省高级人民法院提交了非法证据排除申请书，并书面申请审讯人员出庭质证。但在此过程中，我在检察院与法院碰到了很尴尬的问题，他们直接告知辩护律师，没有审讯视频！我据理力争，“那又如何证实没有被刑讯逼供呢？辩护方强烈要求启动非法证据排除”。在庭审中，检方在辩方有力的证据面前，认为辩方出具的法律意见书有道理，并通过阅卷，认为其他证实任某的口供的证据也存在与销售咖啡因的数量上不一致的情况，现在旁证口供不一致，检方基本同意了辩护观点，犯罪数量以客观证据为准，同意了辩方43千克咖啡因数量的观点，但要求不再启动非法证据排除程序。首战告捷，我们主张的43千克的客观证据已被确认。

四、运用工匠精神的第四招——理论探讨法

在本案中任某如果被定为贩卖毒品罪，并且认定咖啡因数量为43公斤，将适用刑法的从旧兼从轻原则量刑。《刑法》第12条规定，中华人民共和国成立以后本法施行以前的行为，如果当时的法律不认为是犯罪的，适用当时的法律；如果当时的法律认为是犯罪的，依照本法总则第4章第8节的规定应当追诉的，按照当时的法律追究刑事责任，但是如果本法不认为是犯罪或者处刑较轻的，适用本法。根据该条规定，任某如果构成犯罪，但行为时（任某的所有行为发生在2014年以前）的毒品咖啡因以数量50千克为数量较大，在2015年任某公司所在地会议精神以后的行为才能认定毒品咖啡因数量以40千克为数量较大，因此，任某涉案的毒品数量不应构成数量较大。

由于本案被告人数众多，又是该地1949年以来最大的毒品案，开庭那天，法院外荷枪实弹的武警押着一辆又一辆的囚车至法院警戒线以内，某省高级人民检察院的公诉人检察官及该省高级人民法院的主审法院在开庭时准时就位。8时30分，随着审判长的法槌落下，庭审开始，26名被告分二排依次站立，虽然法庭是威严的，但辩论是激烈的，在任某的罪与非罪，此罪与彼罪，罪重与罪轻的辩论中，检方与辩方在毒品数量上已达成一致，检方虽然当庭认可辩方关于毒品咖啡因只有 43 千克的主张，但仍不同意采纳不构成贩卖毒品罪的辩论意见，也就是说被告人任某在辩方强有力的辩护下，犯罪主要事实至少被改变，改判成轻罪已无悬念。

最后，某省高级人民法院依法采纳了关于予以轻判的犯罪事实，也就是说，任某的口供被全部推翻，而是采纳了辩方提供的客观书面证据，认定贩卖毒品咖啡因 43 千克，否定了一审认定的 80 千克咖啡因数量。任某随后被宣判，撤销一审法院 9 年的判决，以贩卖毒品罪改判为 4 年 6 个月，任某是本案中唯一因改变犯罪事实而予以轻判的被告人。

复　盘

本案的争议焦点在于证据的客观性，也就是毒品咖啡因的数量问题以及犯罪构成问题，本案究竟定贩卖毒品罪还是非法经营罪。从任某提供的证据看，任某手腕上有明显的伤疤；交代笔录前后不一致，与他人的口供也相互矛盾；所有关于任某的审讯视频丢失，因此，启动非法证据排除程序就很有必要。

采纳以上任意一个辩点都将会是有效的突破，如果在罪名的定性上突破罪名就会变成非法经营罪，根据《刑法》第 225 条的规定，非法经营罪的量刑在 5 年以下。本案被告人任某没有贩卖毒品的故意，所销售的咖啡因在其公司经营的范围内，只是没有相应的资质，所以属于违法经营，本案认定为非法经营罪是符合实际情况的。

如果法院不采纳非法经营罪的辩点，贩卖毒品的数量上将成为最后的突破口。辩护人收集了相关刑讯逼供的证据，包括任某手书的刑讯经过，调取了出入监室的申请及体检报告单，然后分别向某省高级人民法院及该省检察院递交了非法证据排除申请书。在启动排除非法证据程序的过程中，公诉检察官也发现了口供相互矛盾的情况，客观证据的咖啡因数量要小于主观交代的数量，最终采纳了辩护人提出的以毒品客观数量为据，排除非法证据程序就不再启动。

思维运用

工匠思维就是一种工匠精神，一个案件从实体到程序，我们都要像工匠一样精雕细琢，不放过每一个疑点，仔细斟酌每一个辩点。毒品案件是有天然缺陷的案件，往往很多案件都是零口供，因此定案的证据中隐藏着许多辩点，毒品的数量、成份、含量，以及贩卖的次数等，从实体到程序往往都能找到有利于被告人的辩点，把握好程序公正与实体公正才能将辩护策略发挥到极致。

要有匠心独具的精神，从实体和程序上发掘案件的蛛丝马迹。本案工匠思维体现在如下方面：

1. 从我与被告人任某的会见中寻找有利于他的蛛丝马迹。我受到委托后第一次会见，任某就说自己是冤枉的，陈述审讯过程中第一次就对其有逼供，但卷宗中没有收录第一次审讯的笔录，任某交代的口供前后多份记载不一致，因此被冤枉，据此辩护律师抓住了客观证据与言词证据的矛盾，由此提出排除非法证据，法院据此采纳了客观证据，并且在庭前也得到了承办检察官的认可。

2. 从关押被告人至看守所监室的程序中寻找有利于任某的蛛丝马迹。本案被告人任某书面陈述遭遇刑讯殴打，手背、面部等被打伤，并有结疤的伤痕。辩护律师据此申请检察院和法院调取疑犯出入监室体检表，以证实是否有逼供行为，虽然未成功调取，但为非法证据排除做好了铺垫，从而最终排除了不利于被告人任某的言词证据！

3. 要从案件的定性中寻找有利于被告人的蛛丝马迹。本案任某的定罪有二选，定非法经营罪和贩卖毒品罪。非法经营如果辩护成功也会是轻罪，将在5年以下量刑，也会改判。定贩卖毒品罪，必须将涉案毒品咖啡因数量减少，以客观证据为基础而辩护，数量将会从较大数量变成数量少，量刑也会变成3年以下，事实证明以上辩护思路正确。

4. 要善于与法检人员及时有效沟通。我在接受委托后，很快就与被告人任某会见并阅卷，制定了辩护方案后，并要求调取审讯视频，在检察院被告知无视频的前提下，开始申请排除非法言词证据，在庭前多次出具法律意见书，要求对任某轻罪处理，由于倾注匠心所做的扎实工作，最终说服检察官和法官才能成功改判。

如果每个案件我们都倾注我们的匠心，运用匠心思维去浇灌每个辩点，认真、细致地把握每个细节，案件成败足以在法庭见分晓。

法律事实思维：如何用证据认定法律事实？

周 彦[1]

思维边界

以事实为依据，以法律为准绳，是刑事诉讼法规定的刑事诉讼活动的基本原则。这里的事实，是指法律事实。也就是说，这个事实必须为法律所规制，必须有证据支撑，证据必须确实充分。根据刑事诉讼法的规定，人民法院确认一个或多个法律事实，进而判决被告人的行为构成犯罪，应当符合“定罪量刑的事实都有证据证明；据以定案的证据均经法定程序查证属实；综合全案证据，对所认定事实已排除合理怀疑”。

案情简介

起诉书指控：2015年1月21日20时许，为索要某市安置区施工款项，时系湖南某企业集团有限公司总裁助理兼总裁办主任的被告人周某某召集了担任项目施工负责人的被告人唐某某、负责项目现场的被告人袁某以及洪某某、吴某某、罗某等人开会，策划组织聚集民工前往金山安置区堵门堵路，意图通过该方式向某市某区人民政府施压以获取工程款。会议决定由被告人唐某某负责现场指挥和后勤保障；由被告人袁某配合被告人唐某某进行现场指挥，维持

1 盈科长沙刑事法律事务部主任。

民工秩序，对外进行答复；由被告人洪某某、吴某某、罗某等人负责组织召集各自所辖民工参与围堵安置区大门、道路。2015年1月26日、27日，被告人唐某某、袁某、洪某某、吴某某、罗某等人分别按照被告人周某某在会上所做安排，组织聚集民工围堵金山安置区大门、道路，并使用渣土、混凝土封堵安置区大门，同时摆放花圈、播放哀乐，被告人洪某某、吴某某安排所辖民工与湖南人建企业集团有限公司工程师龚某一同截断安置区水电，严重扰乱了安置区的公共秩序以及该安置区居民的正常生活。

公诉机关认为：被告人周某某、唐某某、袁某、洪某某、吴某某、罗某为讨要工程款，罔顾法律与社会公共秩序，聚众扰乱公共场所秩序，情节严重，且均系首要分子，应当以聚众扰乱公共场所秩序罪追究各被告人的刑事责任。

办案过程

我接受第三被告人袁某的委托担任其辩护人。经与袁某会见，我了解到本案是一起民营企业与政府因工程结算发生纠纷进而引发冲突导致的刑事案件。涉案企业湖南某企业集团有限公司承包某市某区人民政府安置小区建设工程。企业垫付部分建设资金，工程竣工交付后，因未及时结算工程款，分包单位多次组织民工围堵承包人的办公场所。承包人为尽快获得工程款，由总裁助理兼总裁办主任周某某安排唐某某、袁某以及分包人洪某某、吴某某、罗某等人，组织召集各自所辖民工参与围堵安置区大门。由于被告人围堵小区过程中，采取了停水停电、在小区摆放花圈、播放哀乐的极端行为，持续有两三天之久，影响非常恶劣。当地政府领导对此十分关注，要求司法机关对各被告人的行为予以严惩。

应该说本案的起因与当地政府缺乏诚信有很大的关系。民营企业垫付巨资为地方政府建设安置小区，并且按照合同约定交付了合同标的，有关政府部门却一而再再而三违约，企业迫于被拿不到工资的民工多次围堵后才出此下策。被告人组织围堵安置小区后，所有参与人员在公安机关要求清场时，没有发生任何抗拒、阻碍治安管理人员执法的行为。国家大力倡导建设法治政府，国务院也三令五申要求地方政府诚信履约。当地政府不但不诚信履约，还随意动用公权力狂抓滥捕，无限扩大打击面，将稍有牵连的人员悉数尽入囊中的行为非常不妥。

针对袁某的行为，通过阅卷和会见，我认为公诉机关指控的犯罪不能成立。理由主要如下。

1. 现有证据不能证明袁某参与围堵安置小区的组织、策划和指挥。

根据《刑法》第 291 条的规定，聚众扰乱公共场所秩序罪的主体是聚众扰乱公共场所秩序的“首要分子”。根据《刑法》第 97 条的规定，首要分子是指在犯罪集团或者聚众犯罪中起组织、策划、指挥作用的犯罪分子。

本案袁某虽然参与了周某某组织对安置小区的围堵，但是其没有组织、策划和指挥，相反现有证据证明其仅仅起到辅助、配合的作用。

首先，袁某没有组织、策划。从同案被告人的供述看，无论是周某某、洪某某、唐某某、吴某某、罗某，还是袁某本人，都一致供述到安置区堵门堵路，是由周某某组织大家开会，安排唐某某负责后勤、搭棚子、拖渣土、混凝土堵路、租赁音箱用于播放哀乐；洪某某、吴某某负责组织民工，以及安排民工断水电。袁某虽然参加了这次会议，但一方面他是集团产品研发部的负责人，又是项目公司负责产品设计、规划报建、物业管理及营销的副总经理，周某某是集团总裁助理兼总裁办主任，袁某接到周某某开会的通知后，从履职角度他当然应当参加会议；另一方面，会议决定采用的断水断电堵路等方式，不是由袁某建议、发起或者安排实施的。

其次，袁某没有参与现场指挥。周某某主持会议时，分工的安排是要袁某配合唐某某，同时负责维持现场民工的秩序。那么袁某是如何负责维持现场民工秩序的呢？袁某对此的供述是“要做民工的思想，要他们不要有过激行为，不要与老百姓发生冲突”。很显然，这不是要指挥民工去妨害公共秩序。

那么，袁某在案发现场实际又做了什么呢？从所有证据看，其唯一做的就是在唐某某接到洪某某要求买二十几个花圈送到现场的电话通知后，袁某和唐某某一起到商店买了10个花圈，然后安排车辆送到现场交给洪某某，由洪某某和民工负责摆放。至于公诉机关对被告人袁某配合唐某某在现场维持民工秩序的指控，虽然周某某供述其在会议上安排了袁某，但袁某是否按照分工实施，是否配合唐某某，却没有相关证据证明。

因为现有证据不能证明袁某参与组织、策划和指挥对安置小区的围堵，因此，其不构成刑法规定的首要分子。

2. 案发的居民安置小区是否属于《刑法》第291条规定的公众场所。

《刑法》第291条规定的聚众扰乱公众场所秩序罪中，对公众场所的内涵采用了列举和概括相结合的方式，包括车站、码头、民用航空站、商场、公园、影剧院、展览会、运动场或者其他公共场所秩序。

本罪属于《刑法》第6章妨害社会管理秩序罪规定的犯罪之一，这类犯罪侵犯的客体是国家对社会日常生活进行管理而形成的有条不紊的秩序。本章第290条第1款、第2款和第291条规定了4种聚众型扰乱社会管理秩序的犯罪，分别为聚众扰乱社会秩序罪、聚众冲击国家机关罪和聚众扰乱公共场所秩序、交通秩序罪。4种犯罪均有其特定的侵害对象和不同客体，聚众扰乱社会秩序罪针对的是企事业单位、人民团体正常的工作、生产、营业或教学、科研秩序，聚众冲击国家机关罪针对的是国家机关的正常秩序，聚众扰乱公共场所秩序、交通秩序罪针对的是公共场所的秩序以及交通秩序。

关于公共场所，汉语字典的解释是：（1）公众可以去的地方；（2）对公众开放的地方（如夜总会、饭店或旅馆）。其中“公共”是指属于社会的，公有公用的。“公众场所”应当具备的特征是针对不特定公众开放，供社会公众公用。《刑法》第291条所列举“公众场所”，同样应当具备以上特征。

本案发生的地点为居民安置小区，不属于《刑法》第291条中涵盖的“公共场所”。首先，居民安置小区即我们统称的居民小区，属于特定居民的生活场所，不对不特定公众开放，未经许可，无关人员不得随意进入；其次，按照国务院《物业管理条例》第2条的规定，居民小区由全体业主行使管理权，业主通过选聘物业服务企业，按照物业服务合同约定，对房屋及配套的设施设备和相关场地进行维修、养护、管理，维护物业管理区域内的环境卫生和相关秩序。可见居民小区并没有纳入法律或行政法规关于“公共场所”管理的范畴。因此，对物业小区秩序的妨害不属于妨害国家对社会日常生活进行管理，不能适用《刑法》第291条关于妨害公共场所管理秩序的规定。

确定对本案的观点后，辩护人和案件承办法官进行了深入的沟通交流。令人欣慰的是，在案件开庭半年之后，公诉机关以证据不足，不符合起诉条件为由申请撤回对被告人袁某的起诉，湘潭市岳塘区人民法院予以准许。

复盘

本案的焦点在于法律事实的认定，即被告人袁某是否有通过聚众的方式，在公众场所组织、策划或指挥扰乱公共管理秩序的行为。

湖南某公司管理人员试图通过组织农民工围堵安置小区的方式，给当地政府施压，并且也确实组织了大量的农民工，在安置小区播放哀乐、摆放花圈和断水断电。从表象上看，袁某是公司的管理人员之一，参加了筹备会议和现场围堵，其应该是组织、策划或者指挥者之一。但是，辩护人通过阅卷和会见充分了解案情后发现，本案中袁某在围堵行为中，对于公诉机关指控的犯罪事实，有两点需要确证：一是控方现有的证据，能否证明袁某存在实施组织、策划和指挥的行为，从控方提供的证据看并不足以支持其指控；二是本案案发地安置小区是否属于刑法意义上的公众场所，本案的侵害对象是否为国家的公共管理秩序。

关于公众场所的内涵，除了《刑法》第291条的列举式规定外，国务院《公共场所卫生管理条例》对此也有类似概念界定，其规定的公共场所包括7类：宾馆饭店等住宿消费类、公共浴室理发室、影剧院音乐厅、体育场馆和公园、展览馆图书馆、商场和医院及候车室等。虽然《公共场所卫生管理条例》属于行政法规，但是其对公共场所的定义，与刑法关于公共场所的定义，本质上是相似的。

思维运用

刑事诉讼中的法律事实思维，要求法律人严格遵守刑事诉讼法关于证据规则的规定。

第一，对被告人定罪量刑的法律事实，必须要有证据支持。证据应当能够形成一个完整的证据系统，且排除合理怀疑。

第二，严格区分刑事诉讼与民事诉讼中法律事实的区别。我曾遇到这样的案例，某刑事判决以民事生效判决查明的事实作为定案依据。我们知道，刑事诉讼中的证据规则与民事诉讼中的证据规则是不同的，民事诉讼证据强调“高度盖然性”，即根据现有证据虽不能证明事实必然如此，但能达到使人高度确信事实应该如此的程度，即可作为证明标准。但刑事诉讼要求所有证据都能形成“一个完整的证据链条”，并且排除合理怀疑。因此，生效民事判决查明的法律事实不能当然作为刑事判决认定事实的依据。

第三，关于“拟制法律事实”，如《道路交通安全法》规定的“逃逸负全责”。如果行为人在交通肇事致人重伤后逃逸，能否依据交通事故责任认定的责任划分追究肇事人的刑事责任。我认为，按照法律事实的观点，应当查明肇事人在交通事故中是否“负事故的全部或主要责任”。如果答案是肯定的，则应按司法解释的规定，并因具有逃逸加重情节而入刑；如果答案是否定的，或无法查明，则不能根据“拟制法律事实”追究刑责。

战略思维：如何从实际出发，实现有效辩护？

张　冰[1]

思维边界

所谓思维，是指通过概括、抽象、比较、综合、具体化、系统化等一系列对感性材料进行加工并转化为理性认识从而有效解决问题的过程，而战略思维则是对关系事物全局的、长远的、根本性的重大问题的谋划，包括分析、判断、预见、决策的思维过程。在刑事辩护工作中，鉴于当前现实的司法环境及本地区的审判工作特点，灵活运用战略思维，为案件设定务实的战略战术，为当事人争取最为有利的裁判结果，才是行之有效的思维模式。

案情简介

赵某，1961年出生，系新疆维吾尔自治区昊龙公司、吉泰公司、禾合公司的实际控制人。2010年12月，禾合公司将其所持有的100%股权及固定资产作抵（质）押向融资担保公司，即银桥公司借款400万元，2011年1月，昊龙公司以其所持有的吉泰公司80%股权、吉泰公司的固定资产、采矿权证

1　盈科乌鲁木齐刑事法律事务部主任。

等做抵（质）押向银桥公司借款4000万元（合计借款4400万元），哈密市工商行政管理局对该借款设立股权质押登记。

2012年5月，赵某与邱某签订协议，将吉泰公司所属的哈密鱼峰山铁矿及禾合公司选矿厂以7260万元的价格进行转让，约定交割方式以吉泰、禾合两个公司完成法人过户为据。协议签订后，邱某陆续向赵某指定账户打款500万元。同年5月28日，赵某授意公司会计又与袁某签订公司股权转让协议，将昊龙公司（吉泰、禾合公司的母公司）的全部股权以5800万元的价格进行转让，合同约定由袁某负责偿还银桥公司4400万元的借款及利息，至2013年5月，袁某从第三人融资归还了银桥公司的借款4400万元及利息1380万元，银桥公司收到全额还款后解除了吉泰公司、禾合公司的股权质押，随后，昊龙公司、吉泰公司、禾合公司的股权及法定代表人均变更至袁某本人及袁某指定的人员名下。

2013年7月，邱某得知公司另行转让他人并办理了过户登记后，遂向赵某索要其支付的500万元，赵某收取的500万元已投资其他项目，当时无钱给付，遂安排公司会计以吉泰公司的名义出具500万元借据一张。

2013年9月，邱某持借据向哈密市人民法院提起民事诉讼，法院在审理期间认为此案涉嫌刑事诈骗，但并未依职权将案件移送公安机关，而是告知邱某另行向公安机关报案，邱某遂向哈密市公安机关报案。案件经公安机关正式立案侦查、检察院审查起诉（包括两次退补侦查）两个阶段，历时三年多时间，最终起诉到哈密市人民法院，指控赵某罪名为合同诈骗罪和妨害作证罪两个罪名，一审法院经审理认定被告人赵某构成两罪，数罪并罚判处赵某有期徒刑13年，并当庭将被告人赵某羁押。

办案过程

我受托担任赵某二审辩护律师之后，第一时间赶赴哈密市看守所会见当事人。赵某见到我时情绪顿时失控，痛哭流涕，反复念叨自己根本没有骗钱的想法，收的钱也没有挥霍，都投资到其他项目中了，后来该项目投资失败，才没能归还邱某的500万元。法院一审开庭之后迟迟没有结果，当天法院工作人员通知他去法院时，他压根就没有想到自己会被判刑，他在进法院大门时还给妻子打了一个电话，让妻子做好中午饭等他回家吃。从当事人无助的眼神中，我觉得他说自己没有占有他人钱财的想法应该是实话，如果赵某主观上没有非法占有他人财物的目的，就不符合诈骗罪的条件。但是一审已经判决了，律师如何做好二审的辩护工作呢？

接手这个案子后，我注意到一个细节，受害人邱某从报案到案件起诉到法院历时三年多，这么长的侦查期限到底是什么原因呢？经多方了解，邱某在2013年向哈密市公安机关报案后，公安机关认为所报案件属于经济纠纷，便一直没有正式立案。直到2016年，公安机关才正式立案。案件诉到法院之后，有关部门还专门召开过协调会。鉴于这个现实情况，一般认为二审改判的可能性非常小。赵某是一个年届60、身高1.8米的大男人，他因痛哭而扭曲的面庞、无助的眼神常常在我眼前萦绕，受人之托忠人之事，我决定先从案件事实查证角度着手开展辩护工作。

经过详细的阅卷，我发现一审认定被告人构成合同诈骗罪、妨害作证罪的证据体系并不坚固。经过与被告人所在公司的知情人员进行交谈，深入了解被告人在哈密市三个公司的经营状况、公司名下矿山的实际情况、收取500万元的资金去向等情况后，我更坚定了做无罪辩护的想法。但是本案的背景比较复杂，一审庭审是检察长作为公诉人亲自出庭支持公诉，而该检察长刚刚升任上级检察院的领导职务，一审已判处被告人 13 年有期徒刑，本地案件的二审改判率非常低。种种外因好像都对我不利，几经思考，我决定从战略思维的角度进行分析和判断，我认为二审法院直接改判无罪的可能性极小，但二审法院经过审理作出发回重审的可能性就大得多。案件如果能够发回重审，就从事实是否清楚、证据是否确实充分的角度和一审法院沟通，说服一审法院依据现有证据判处被告人构成犯罪是错误的，建议一审公诉机关撤回起诉。我们确定了这一方案后，便及时和被告人及委托人进行沟通，大家均予以认可。另外，被告人年龄偏大、身体不好，当务之急是要想尽一切办法先将被告人取保候审。

万变不离其宗，律师最重要的还是对案件抽丝剥茧的剖析，找到可能影响案件结果的关键节点。本案中，一审认定构成诈骗的主要情节有两个：一是被告人隐瞒了公司股权、资产抵押（质押）事实，公司转让给邱某的合同目的根本不可能实现；二是赵某将收到的邱某的 500 万元挪用他处且债台高筑，赵某是否有能力偿还 500 万元款项，这关系到能否推定赵某是否具有非法占有之目的。开庭时间很快到了，因被告人在当地也是知名人士，旁听席上座无虚席。针对争议焦点，辩护人在庭审举证环节重点提出受害人在报案后的多份笔录中，有一份笔录记载了其与赵某协商购买矿业公司的过程中，赵某带他到银桥公司董事长办公室与公司董事长李某面谈，谈到了公司资产抵押、股权质押的事。该董事长李某的一份笔录中也陈述了赵某经常将有意向购买矿业公司的客户带到办公室，谈资产股权解押的事，因赵某经常带人来，事隔多年已记不清邱某是否来过，但不论是谁，只要还清借款本息，就能办理解押手续。这一证据直接否定了受害人所称的被告人隐瞒了公司股权被质押、公司根本不可能办理股权变更登记的事实。同时，辩护人向法庭另行提交了两组证据，一是被告人的身份及资产证明，证实被告人在本地有固定住址和固定职业，名下固定资产上亿元，收取的500万元均投入到另外的一个矿业公司，并不属于挥霍或转移资产，进而推论被告人主观上不存在非法占有的目的，主观上只是想占用受害人的资金；二是收集到受害人的收条等证据，证实被告人事后存在向受害人归还过部分款项的事实，进而证实被害人的陈述有不实之处。法庭辩论非常顺利，法槌敲下后，主审法官直接对检察官说，本案指控的证据太薄弱，这个案件一审判的确实有问题。听到此话，我立刻感到有希望，于是将早已准备好的取保候审申请书递交给了主审法官，同时解释，如果这个案件的一审判决可能存在问题，降低错误的最好方式是先对被告人变更强制措施为取保候审，法官接受了律师的申请书。数天之后，被告人给我打来电话，说法官给他办理了变更强制措施手续，现已取保出来，对我表示感谢。感谢的话不重要，但我知道，法官只有内心确认被告人无罪的情况下，才可能冒着风险为二审被告人办理取保候审。

等待是漫长的，半年之后法院通知我案件需要复庭，有些证据需要再质证，主审法官告诉我，一定要把第一次开庭的辩护意见再详细发表一下，我似乎感觉到了什么。这次复庭时旁听席坐着法院全体审委会委员，相对第一次开庭检察官对案件也熟悉了很多，但事实胜于雄辩，在座的都是法律人，大家都听清楚了案件的脉络。在一个雨后天晴的日子，我收到了法院送达的案件发回重审的裁定书，一年之前设定目标的第一步终于到来，虽然姗姗来迟，虽然曲折艰难，但终于还是来了！

按照战略计划，我们的第二步工作是和一审法院沟通建议检察院撤诉，当然这个工作相比二审就简单多了。我知道，不经历风雨怎能见彩虹，对这个案件的结果，我充满信心！

复盘

本案的争议焦点是罪与非罪，具体是构成合同诈骗罪的两个基本条件是否具备，即是否有虚构事实、隐瞒真相的行为，是否具有非法占有的目的。因本案的案卷材料非常多，三年多来受害人在公安机关作的陈述笔录有十几份之多，一审法院主要以被告人赵某隐瞒公司股权质押这一事实，以签订协议的方式向受害人转让公司股权，并收取转让款500万元，实际上公司因借款4400万元股权被质押，根本无法办理股权转让，进而认定被告人构成诈骗罪。二审中，律师经过仔细阅卷，并向相关人员了解案件事实，发现并收集了对被告人有利的证据，并针对哈密市刑事审判工作的特点，通过运用战略思维的方式，制定有效的辩护目标，确定尽快办理取保候审、二审发回重审、一审公诉机关撤诉的切实可行的办案思路，并在确定办案思路后，细致地做好庭前准备工作，与办案人员保持及时有效的沟通，最终达到了预期的目的。

在庭审中，通过举证质证环节打破公诉机关构建的证据体系，并出示新证据以证实被告人主观上不存在非法占有他人财产的目的，从情理法三维度充分阐释无罪辩护的理由。当辩护效果显现后，及时递交取保候审申请书，在极少办理变更强制措施的二审阶段，将被告人成功取保，为当事人争取了最大利益，也为当事人能够与受害人积极沟通解决退赔问题创造了条件。本案中，被告人取保之后主动与受害人联系，双方就偿还款项事宜达成协议，后法院又以新证据需要质证为由组织复庭程序，并邀请审委会成员旁听庭审过程，在艰难的环境下最终做出有利于被告的裁判结果。

思维运用

本案件到目前这个阶段，其实还没有得到最后的结果，但一个人的进步是在不断总结中实现的。辩护人常常在思考，工作中对战略思维运用得当，往往对一个案件的走向有着重大的影响。

1. 首先要进行全面分析和综合判断，需要分析和判断的不只是案件的事实和证据本身，更重要的是可能影响这个案件的外部因素，从战略思维角度考虑问题，设定切实可行的目标和路线图。

2. 目标确定之后，为目标的实现制定严密的计划和安排，步步为营，让每个阶段的工作都见成效。

3. 机会都是留给有准备的人的，设立的目标能否实现，一定是建立在对案件深入研究和全面掌握的情况下，这样才能在战略运用中做到游刃有余。

我想起印度法学家 D.N 辛哈的一句话：“一位优秀律师的素质就是勇气，优秀律师所具有的这种勇气并不是出于盲目和莽撞，而是来自深刻的知识、正确的思维和正直的品格。”这句话激励我不断加强自身修养，并在刑辩之路上勇往直前！

偏差思维：如何认识偏差、调整偏差，走进法官内心？

张羽呈[1]

思维边界

不同认知主体在认知主客观事物时，会因不同职业、个性、地域等综合因素的影响而体现出不同的思维特点，得出的结论常常与主客观事物的本质与真相产生一定偏差。作为法律人的律师与法官，因其肩负的使命与职责的不同，对同一案件的事实认定、法律适用会体现出明显的思维偏差，最后得出的结论可能差异巨大。只有正视并正确认识律师与法官之间的思维偏差，并不断调整偏差才能走进法官内心，达到最终裁判结果的趋同，实现当事人利益的最大化。

案情简介

2018 年 7 月 29 日 23 时许，孙某与其朋友在某 KTV 唱歌，醉酒后与 KTV 的工作人员发生纠纷，随后 KTV 工作人员报警。贵州省贵阳市某分局民警罗某接到 110 指令后即与三名辅警赶到现场，在 KTV 工作人员的指引下，发现孙某正坐在广场边的石阶上。正当 KTV 工作人员用手指着孙某向民警罗某指

1 盈科贵阳经济职务犯罪法律事务部主任。

认时，孙某从地上突然起身冲向罗某，一边骂“你什么事，这脚上全是血！”一边用脚踢踹民警罗某，民警罗某与同行的辅警立即将孙某“反剪”（编者注：两手交叉地放在背后或绑在背后）双手按倒在地，随后用手铐将孙某双手反铐推上警车带走。民警罗某经医院检查，除身上多处软组织损伤外无其他损伤。孙某被带上警车后当晚一直处于醉酒状态人事不省，直至第二日7时多才醒来。

2018年7月30日，孙某被贵阳市公安局刑事拘留并经区人民检察院批准逮捕，后区人民检察院以孙某涉嫌妨害公务罪将其诉至区人民法院，量刑建议为6个月至1年。

本案的关键在于：

1. 孙某在醉酒状态下是否明知民警罗某是警察这一国家机关工作人员身份？

2. 孙某向民警罗某进行辱骂、踢踹的行为是否构成刑法上的暴力或暴力威胁？

3. 孙某对民警罗某进行辱骂、踢踹的行为是否意在阻碍并迫使其停止执行职务行为？

4. 民警罗某是否向孙某表明了警察的身份，或民警罗某的行为是否足以使孙某认识到其是在依法执行公务？

5. 民警罗某对处于醉酒状态下的孙某使用手铐等械具执行公务是否符合法律规定？是否存在执法瑕疵？

在我国《治安管理处罚法》和《刑法》中，均对“阻碍国家机关工作人员依法执行职务”的行为进行了规定，针对孙某实施的辱骂、踢踹的行为究竟应由《治安管理处罚法》予以规制还是由《刑法》予以规制，关键还要看“暴力”的程度如何，是否达到了阻碍或足以阻碍执行公务的程度，是否造成了执行公务人员或阻碍执行公务的严重后果。孙某作为成年人，醉酒到无法控制自己行为的程度，显然是不妥当的，我国的法律亦明文规定，醉酒的人犯罪，应当承担刑事责任。对于孙某而言，侵犯的是国家机关的正常管理活动，必然会受到处罚，也理应受到处罚，但这个处罚是否一定要上升到刑事制裁的高度？对孙某的行为，如果采取治安处罚的行政手段足以达到惩戒的效果，又有什么必要对之科以刑罚呢？否则，入罪标准过低，刑法的谦抑性如何体现？

办案过程

一、与公安机关的初次交锋

孙某于 2019 年 8 月 10 日被执行逮捕，2018 年 8 月 12 日委托我作为其辩护人。经依法会见孙某后，我认为孙某的行为不构成妨害公务罪，遂于 2018 年 8 月 13 日向公安机关提交了无罪的辩护意见，并申请取保候审。但公安机关认为孙某的行为非常恶劣，已严重影响到了公安机关的执法权威，是对公安机关执行职务、履行职责行为的重大挑衅，明确拒绝取保候审，并于 2018 年 9 月 5 日向检察院移送审查起诉。

二、满怀期望，遭遇打击

经详细查阅卷宗材料，反复、仔细并分帧解读办案民警的执法记录仪，并再次会见孙某后，辩护人坚持认为孙某的行为不构成妨害公务罪，遂于 2018 年 9 月 10 日向检察机关提交了无罪辩护意见，并再次申请取保候审。同时说服委托人做好受害民警的安抚工作。于 2018 年 9 月 24 日获得了受害民警的书面谅解，我于 2018 年 9 月 25 日向检察机关提交了受害民警的谅解书并再次提交了不予起诉的辩护意见。在与承办检察官的充分沟通后，我信心满满地等待着检察机关不起诉意见书的到来。然而，2018 年 10 月 9 日，辩护人等来的却是孙某因妨害公务被检察机关公诉至人民法院的消息。

三、主动出击，提前递交辩护意见

与承办检察官良好的沟通没能换来满意的结果，是什么原因？我不得其解。接下来，我决定审判阶段主动出击，2018年10月17日，在我再次提交取保候审申请的同时，我提前向法官提交《关于孙某不构成妨害公务罪、不宜继续羁押的辩护意见》及《关于对执法记录仪视频的解读》的辩护材料，明确提出以下辩护意见。

1. 孙某对办案民警踢的第一脚不能被认定为具有妨害公务的主观故意。

孙某由于饮酒过度，坐在广场边的石阶上时已完全丧失意识能力和行为控制能力。办案民警并没有出示证件表明身份，也未穿戴反光服装，导致光线昏暗的深夜且在执法记录仪强光的照射下，孙某根本看不见和分辨不出是办案民警，也听不懂办案民警说话的内容，故在极其短暂的时间内，孙某对办案民警踢的一脚，不能被认定为是在明知警察执行公务的情况下而实施的妨害行为。

2. 孙某对办案民警踢的第二脚、第三脚，是在办案民警对其实施抓捕或强行控制身体时的一种本能抵御性反抗行为，不能被认定为妨害公务的行为。

执法记录仪的视频显示，孙某对办案民警踢了第一脚后即被办案民警及几名辅警反手控制并被强行戴上手铐。根据《公安机关办理行政案件程序规定》第46条的规定，违法嫌疑人在醉酒状态中，对本人有危险或者对他人的人身、财产或者公共安全有威胁的，可以对其采取保护性措施约束至酒醒，也可以通知其家属、亲友或者所属单位将其领回看管，必要时，应当送医院醒酒。对行为举止失控的醉酒人，可以使用约束带或者警绳等进行约束，但是不得使用手铐、脚镣等警械。孙某案发当时处于严重的醉酒状态，办案民警应当对孙某使用保护性措施约束至酒醒，而不应当使用强制措施，更不应当使用手铐等警械。在办案民警对孙某进行强制措施及不当使用手铐的情况下，孙某本能地做出乱踢的行为属于抵御性反抗行为，不是针对执行的公务本身，不能视为妨害公务的行为。

3. 孙某在醉酒状态下对办案民警进行的脚踢行为，不属于刑法所规制的暴力、威胁行为，且情节显著轻微，危害不大，不应当认为是犯罪。

我国《刑法》第 277 条规定的妨害公务罪的暴力、威胁行为，是针对正在执行的公务所实施的足以妨害公务执行的恶意行为。本案中，孙某醉酒后已经处于意识不清和行为控制能力丧失的状态，其对办案民警实施的脚踢行为虽然对办案民警顺利开展工作有一定程度的影响，但并未达到暴力妨害公务的程度，也没有暴力妨害公务的主观恶意，情节显著轻微，危害不大，不应当认为是犯罪。对此种行为进行批评教育或治安处罚即可，完全不具有刑事违法性和刑事处罚必要性。

4. 孙某系初犯、偶犯，其行为并未造成严重后果，且孙某已深刻认识到错误，已取得受害民警的谅解，不应再予以刑事制裁。

孙某的社会表现一贯良好，没有其他犯罪前科，此次行为完全系偶然原因醉酒而失去意识能力和行为控制能力所导致。案发后，孙某已深刻意识到自己行为的危害性，多次表达了对被踢民警的歉意且已取得被踢民警的谅解，至今被羁押近 90 天，已经为其违法行为接受了惩罚、付出了代价，根据刑法谦抑原则，不应再予以刑事制裁。

上述意见向法官提交后，法官虽对辩护人的专业能力和敬业精神表示认同和赞许，但却轻轻地说了一句，“比孙某情节还轻的案件，我们都定了罪量了刑，而且是实刑，等开庭审理了再说吧”，法官的态度让辩护人感到案件结果不容乐观。

四、法庭审理，层层雾霭

2018 年 11 月 7 日，法庭审理中，检法两家以醉酒的人犯罪不免除刑事责任为由，对孙某的态度极其强硬，但辩护人据理力争，坚持无罪辩护，法庭气氛非常紧张，空气好像凝固了一样。

五、不屈不挠，终于走进法官内心

2018年11月12日，我抓住庭后提交书面辩护词的机会，再次与法官沟通了无罪的观点，但法官的态度仍然坚决。我该怎么办？

2018年11月26日，我向法官提交了中国政法大学阮齐林教授编写的《中国刑法各罪论》（2016年12月第1版）第323~324页中关于妨害公务罪的学术观点，即“关于主观故意，必须明知是国家机关工作人员正在依法执行职务，而以暴力、威胁或者其他方法阻碍，希望迫使其停止执行职务或者改变执行职务。如果不知其正在执行职务，或者虽然明知但不是意在阻碍其执行职务，而是基于其他目的，则不构成本罪；关于定罪，即使对于蛮不讲理、妨碍公务的行为，也应当根据行为的危害程度，确定是否给予治安管理处罚还是以本罪追究刑事责任。司法实务认定妨害公务行为构成犯罪需要较为严重的危害程度（罪量），暴力行为造成执行公务人员轻微伤以上的结果的，或者阻碍公务执行造成严重后果的，是立案追究刑事责任的一般尺度；关于量刑，因执行公务行为不规范而导致妨害公务犯罪的，可以减少基准刑的20%以下。”

另外，辩护人还向法官提交了收集的大量妨害公务罪的相似案例，这些案例虽然被告人以妨害公务定罪但都给予了免予刑事处罚或缓刑的判决。

同时，我向法官提交补充辩护意见，提出，第一，孙某主观上确实不明知对方是警察，主观目的也并不是阻碍其执行公务；第二，孙某的行为没有造成警察轻微伤以上的结果，也没有对公务执行造成严重阻碍的后果，不具备刑事违法性和应受刑法惩罚性。根据《刑事诉讼法》第16条、《刑法》第37条及《最高人民法院关于贯彻宽严相济刑事政策的若干意见》第19条、第23条之规定，孙某的行为即便认为是犯罪，也应当免予刑事处罚。

六、曙光一现，问题迎刃而解

终于，2018 年 12 月 3 日，当我再次与法官沟通辩护意见时，虽然法官仍然不接受免予刑事处罚的辩护意见，但理由已改变为“办案民警的谅解不能等同于办案民警所在公安机关的谅解”。辩护人挂断电话，掩不住的兴奋。

2018年12月5日，经努力争取，我拿到了办案民警所在公安机关的谅解书。

2018 年 12 月 17 日，法院组织二次开庭，对办案民警所在公安机关的谅解书进行质证并当庭宣判。被告人孙某被判处 5 个月拘役，实报实销！

复 盘

律师的思维总是习惯性地考虑当事人无罪或罪轻，法官虽然应当独立审判并具有公正立场，但在犯罪嫌疑人、被告人已经被逮捕羁押的情况下，法官的思维同检察官一样，习惯性地认为当事人有罪。

本案例中，辩护人坚持认为孙某的行为不构成犯罪，而法官却认为，孙某的行为不但构成犯罪，而且还应当从重处罚，两方的思维一开始就存在巨大差异。但通过律师主导的一次次耐心沟通、反复交流，律师辩护从无罪——免予刑事处罚——缓刑——实报实销，而法官心证从有罪——从重处罚——实刑——实报实销，经历的虽是漫长的过程，但律师与法官之间的思维差异逐渐缩小并最终趋同。作为律师，最终能走进法官内心靠的是能清楚认识彼此思维的差异，能及时调整思维方法缩小思维差异产生的偏差，并敏锐抓住最终达到思维趋同的目的。每个案件的决胜之匙都不是一成不变的，它或为关键物证、原始书证，或为在场证人，更或为敏感的时机等。

本案的决胜之匙之所以是办案民警所在公安机关的谅解书，实在是因为该谅解书之前一直无法拿到，也许该谅解书本身并不具有直接解决问题的能力，只是恰好一架天平里的一个砝码而已。

思维运用

美国著名法学家霍姆斯曾说过：“法律显示了国家几个世纪以来发展的故事，它不能被视为仅仅是数学课本中的定律及推算方式。”法律的适用是一个极其复杂的过程，由于每个人所站的角度不同、承担的社会职责不同及个体之间受教育程度的差异，每个人对同一事物会具有不同看法，认识会存在较大偏差，正如莎士比亚所说，一千个读者眼中就会有一千个哈姆雷特！

作为刑辩律师，想要案件承办人认可我们的法律意见，该如何应对这普遍存在的思维偏差呢？

首先，认识偏差。认识偏差、发现偏差的最好途径是沟通。无论是交流辩护意见、跟进案件进展，抑或是获取承办人对案件的处理态度，都是在相互沟通中实现的，这就要求辩护律师在每个阶段，都必须勤于和承办人沟通，了解承办人的案件处理思路，交流能否接受辩护意见，听取达到预期辩护效果的途径及机会。如此沟通的过程，才是认识偏差、发现偏差的过程，在沟通中去体会、领悟承办人真正的关注点，我们才能更好地对症下药。

其次，调整偏差。调整偏差是解决思维差异的关键，就如同分析问题后需要解决问题一样。

如在本案中，作为警察，由于职业的特殊性和敏感性，会不由自主地在不同场合处理问题时，把警察职业这一身份在其意识中不断强化和突出，一旦事情出现不利局面，妨碍公务、袭警等判断就自然地被强化和突出，至于事情真相是否符合该判断，理性剥离真相的意识完全被削弱，偏差思维在这里发挥了非常大的作用，故孙某没有取得办案民警的谅解，不可能作为一般治安管理案件处理，只能是提请批捕、移送起诉的结果。

最后，思维趋同。通过调整偏差，在控、辩、审各方间寻找到一个平衡点，才能最大限度地达到预期效果，妥善处理案件。

图书在版编目(CIP)数据

“盈”的秘密：有效辩护的47个制胜思维 / 盈科律师事务所编；赵春雨主编. -- 北京：法律出版社，2020(2025.6重印)

ISBN 978-7-5197-4412-0

Ⅰ. ①盈… Ⅱ. ①盈… ②赵… Ⅲ. ①刑事诉讼-辩护-研究-中国 Ⅳ. ①D925.210.4

中国版本图书馆CIP数据核字(2020)第060167号

“盈”的秘密：有效辩护的47个制胜思维
“YING” DE MIMI: YOUXIAO BIANHU DE 47 GE ZHISHENG SIWEI

盈科律师事务所 编
赵春雨 主编

策划编辑 杨大康
责任编辑 何照新
装帧设计 汪奇峰 鲁 娟

出版发行 法律出版社
编辑统筹 法律与生活
责任校对 李景美
责任印制 吕亚莉
经　　销 新华书店

开本 710毫米×1000毫米 1/16
印张 22.75　**字数** 300千
版本 2020年6月第1版
印次 2025年6月第2次印刷
印刷 唐山玺诚印务有限公司

地址：北京市丰台区莲花池西里7号(100073)
网址：www.lawpress.com.cn
投稿邮箱：info@lawpress.com.cn
举报盗版邮箱：jbwq@lawpress.com.cn
销售电话：010-83938349
客服电话：010-83938350
咨询电话：010-63939796

书号：ISBN 978-7-5197-4412-0　**定价**：68.00元